逮捕手続の実務

～疑問解消 110 事例～

東山 太郎　　編著

吉野 太人
津田 敬三
松本 貴一朗　　著
相原 健一
髙橋 理恵

立花書房

はしがき

　編者は，平成28年夏に，立花書房から，主として第一線で活躍している警察官向けに，逮捕手続について問答形式で分かりやすく解説した書籍を執筆してほしいとの依頼を受けた。この分野での好著としては，逮捕手続研究会編著『事例で学ぶ捜査手続Ⅰ　緊急逮捕・現行犯逮捕』及び『事例で学ぶ捜査手続Ⅱ　通常逮捕』（立花書房）が挙げられるが，これらの書籍はいずれも平成14年刊行で，残念ながら既に絶版となっているようである。

　確かに，逮捕手続の適否は，その後の捜査・公判に重大な影響を及ぼし得るものであるため，混乱する現場で瞬時の判断を要求される警察官に向けた書籍を編む必要性はあるものと思われた。他方で，編者は，当時，東京高検から東京大学・中央大学の各法科大学院に派遣されていたが，せっかくこのような書籍を執筆する機会をいただけるのであれば，警察官のみならず，法科大学院の学生や若手法律家の学習にも耐え得るものとしたいと考えるようになった。そこで，編者としては，自身も含め，当時，東京高検から法科大学院に派遣中の検事で，本書を共同執筆することとした。

　本書の構成については，基本的に，前記「事例で学ぶ捜査手続」シリーズの一問一答形式を踏襲したが，主として，捜査の現場等で活用されることを目的としているため，全ての問を具体的な事例形式の設例とすることとした。また，解説では，なるべく多くの判例・裁判例に言及することに努めたので，実際に取り扱う事件が微妙なものであれば，できるだけ，判例・裁判例の原典に当たっていただきたいところである。

　本書が，少しでも読者諸兄の執務上・学習上の参考になれば，幸いである。また，本書の刊行に当たっては，立花書房出版部の金山洋史氏に大変お世話になった。この場を借りて，お礼を申し上げる。

平成29年5月

東山太郎

#　　凡　　例

【法令表記】

引用した関係法令については，有斐閣の六法全書に準じた略語を用いているが，正式名称や定着している略語（刑訴法，刑訴規則等）で表示する場合もある。

【判例表記】

判例の表記方法については，以下のような略語を用いるなど大方の慣例によった。

最高裁判所判決昭和52年7月19日最高裁判所刑事判例集38巻7号111頁
＝最判昭52・7・19刑集38・7・111

仙台地方裁判所石巻支部判決昭和53年7月19日刑事裁判月報37巻8号777頁
＝仙台地石巻支判昭53・7・19刑裁月報37・8・777

【判例集等略語】

刑　録	大審院刑事判決録
刑　集	大審院刑事判例集
刑　集	最高裁判所刑事判例集
裁集刑	最高裁判所裁判集刑事
高刑集	高等裁判所刑事判例集
東　時	東京高等裁判所刑事判決時報
高検速報	高等裁判所刑事裁判速報（集）
高刑判特	高等裁判所刑事判決特報
高刑裁特	高等裁判所刑事裁判特報
下刑集	下級裁判所刑事裁判例集

刑裁月報　　刑事裁判月報
刑　資　　　刑事裁判資料
裁集民　　　最高裁判所裁判集民事
下民集　　　下級裁判所民事裁判例集

【雑誌類略語】

警　学　　　警察学論集
警　研　　　警察研究
判　時　　　判例時報
判　タ　　　判例タイムズ
法　教　　　法学教室
法　時　　　法律時報
刑ジャ　　　刑事法ジャーナル
ジュリ　　　ジュリスト
訟　月　　　訟務月報

【文献略語】

〈個人・共編著〉

渥美・刑訴	渥美東洋著　全訂刑事訴訟法［第2版］　平成21年・2009年　有斐閣	
池田＝前田・刑訴	池田修＝前田雅英著　刑事訴訟法講義［第5版］　平成26年・2014年　東京大学出版会	
伊藤・実際問題	伊藤榮樹著　刑事訴訟法の実際問題［3訂版］　昭和59年・1984年　立花書房	
井戸田・要説	井戸田侃著　刑事訴訟法要説　平成5年・1993年　有斐閣	
宇井＝萬羽・外国人犯罪捜査（手続編）	宇井稔＝萬羽ゆり著　Q＆Aでわかる外国人犯罪捜査（捜査手続編）　平成26年・2014年　実務法規	
川出・判例講座	川出敏裕著　判例講座刑事訴訟法〔捜査・証拠篇〕　平成28年・2016年　立花書房	
川出・別件逮捕	川出敏裕著　別件逮捕・勾留の研究　平成10年・1998年　東京大学出版会	
酒巻・刑訴	酒巻匡著　刑事訴訟法　平成27年・2015年　有斐閣	
団藤・綱要	団藤重光著　新刑事訴訟法綱要［7訂版］　昭和42年・1967年　創文社	
団藤・条解	団藤重光著　条解刑事訴訟法（上）　昭和25年・1950年　弘文堂	
平野・刑訴	平野龍一著　刑事訴訟法（法律学全集43）　昭和33年・1958年　有斐閣	

廣上・令状ハンドブック	廣上克洋編　令状請求ハンドブック　平成26年・2014年　立花書房
古江・演習	古江頼隆著　事例演習刑事訴訟法第2版　平成27年・2015年　有斐閣
松尾・刑訴	松尾浩也著　刑事訴訟法（上[新版]，下[新版補正第2版]）　平成11年・1999年　弘文堂
松尾・条解	松尾浩也監修　条解刑事訴訟法[第4版]　平成21年・2009年　弘文堂
三浦=北岡・令状101問	三浦正晴=北岡克哉編著　令状請求の実際101問〔改訂〕　平成14年・2002年　立花書房
宮下・逐条解説Ⅱ	宮下明義著　新刑事訴訟法逐条解説（2）　昭和24年・1949年　司法警察研究会公安発行所
安冨・刑訴	安冨潔著　刑事訴訟法[第2版]　平成25年・2013年　三省堂
横井・ノート	横井大三著　刑訴裁判例ノート（1〜6）　昭和46〜48年・1971〜1973年　有斐閣
研究会・警察法	警察制度研究会編　全訂版警察法解説　平成16年・2004年　東京法令出版

〈注釈書〉

刑訴規則逐条説明	法曹会編　刑事訴訟規則逐条説明（第2編第3章公判，第2編第1章捜査・第2章公訴）　平成元年・1989年，平成5年・1993年　法曹会

新基本法コメ刑訴	三井誠＝河原俊也＝上野友慈＝岡慎一編　新基本法コンメンタール刑事訴訟法［第2版］（別冊法学セミナー）平成26年・2014年　日本評論社
新コメ刑訴	後藤昭＝白取祐司編　新・コンメンタール刑事訴訟法　平成22年・2010年　日本評論社
大コメ刑訴	河上和雄＝中山善房＝古田佑紀＝原田國男＝河村博＝渡辺咲子編　大コンメンタール刑事訴訟法［第2版］（1～10巻）　平成22～25年・2010～2013年　青林書院
大コメ刑法	大塚仁＝河上和雄＝中山善房＝古田佑紀編　大コンメンタール刑事訴訟法［第3版］（1～11巻）　平成25～28年・2013～2016年　青林書院
注解刑訴	平場安治＝高田卓爾＝中武靖夫＝鈴木茂嗣著　注解刑事訴訟法［全訂新版］（上，中，下）　昭和57年・1982年，昭和58年・1983年，昭和62年・1987年　青林書院新社，青林書院
註釈刑訴	青柳文雄＝伊藤榮樹＝柏木千秋＝佐々木史朗＝西原春夫ほか著　註釈刑事訴訟法（1～4巻）　昭和51～56年・1976～1981年　立花書房
注釈刑訴	伊藤榮樹＝亀山継夫＝小林充＝香城敏麿＝佐々木史朗＝増井清彦ほか著　注釈刑事訴訟法［新版］（1～7巻）　平成8～12年・1996～2000年　立花書房
ポケット刑訴	小野清一郎監修　刑事訴訟法［新版］（上，下）（ポケット註釈全書）　昭和61年・1986年　有斐閣

〈講座, 判例解説等〉

警察基本判例	長沼範良＝櫻井正史＝金山薫＝岡田雄一＝辻裕教＝北村滋編　警察基本判例・実務200（別冊判例タイムズ26号）　平成22年・2010年　判例タイムズ社
警察実務判例（任意同行・逮捕篇）	河上和雄＝渥美東洋＝中山善房＝垣見隆編　警察実務判例解説（任意同行・逮捕篇）（別冊判例タイムズ11号）　平成2年・1990年　判例タイムズ社
実務講座	団藤重光編　法律実務講座刑事編（1〜12巻）　昭和28〜32年・1953〜1957年　有斐閣
実務大系	河上和雄編　犯罪捜査（刑事裁判実務大系11）　平成3年・1991年　青林書院
実務ノート	河村澄夫ほか編　刑事実務ノート（1〜3）　昭和43〜46年・1968〜1971年　判例タイムズ社
捜査法大系	熊谷弘＝松尾浩也＝田宮裕編　捜査法大系（1〜3）　昭和47年・1972年　日本評論社
判例解説（刑）	最高裁判所調査官室編　最高裁判所判例解説刑事篇（昭和29年度〜）　昭和30年・1955年〜　法曹会
判例百選5	平野龍一＝松尾浩也＝田宮裕＝井上正仁編　刑事訴訟法判例百選［第5版］（別冊ジュリスト89号）　昭和61年・1986年　有斐閣
判例百選6	松尾浩也＝井上正仁編　刑事訴訟法判例百選［第6版］（別冊ジュリスト119号）　平成4年・1992年　有斐閣
判例百選8	井上正仁編　刑事訴訟法判例百選［第8版］（別冊ジュリスト174号）　平成17年・2005年　有斐閣

判例百選9	井上正仁＝大澤裕編　刑事訴訟法判例百選［第9版］（別冊ジュリスト203号）　平成23年・2011年　有斐閣
令状基本	新関雅夫＝佐々木史朗ほか著　増補令状基本問題（上，下）　平成8年・1996年，平成9年・1997年　一粒社
令状Ⅰ	髙麗邦彦＝芦澤政治編　令状に関する理論と実務Ⅰ（別冊判例タイムズ34号）　平成24年・2012年　判例タイムズ社
例題解説	例題解説刑事訴訟法（1～2［三訂版］，3［改訂補訂版］，4［三訂版］，5［改訂版］，6）　平成6年・1994年，平成7年・1995年，平成9～11年・1997～1999年　法曹会

目　次

はしがき

凡　例

第1　緊急逮捕

1　緊急逮捕の要件 ………………………………………………… 2

　(1)　重罪性 ………………………………………………………… 2

　(2)　嫌疑の充分性 ………………………………………………… 5

　(3)　緊急性 ………………………………………………………… 10

　(4)　理由の告知 …………………………………………………… 17

　(5)　司法巡査による逮捕の場合の引致手続等 ………………… 21

　(6)　逮捕状の請求 ………………………………………………… 24
　　　ア　「直ちに」の意義 ………………………………………… 24
　　　イ　逮捕状の請求権者 ………………………………………… 29
　　　ウ　逮捕状請求書の記載事項，疎明資料等 ………………… 30
　　　エ　釈放した場合等における逮捕状請求の要否 …………… 34

2　緊急逮捕をめぐる諸問題　　　　　　　　　　　　　　40

(1)　任意取調べと緊急逮捕 …………………………………………40

(2)　通常逮捕状の緊急執行と緊急逮捕 …………………………………41

(3)　緊急逮捕後に被疑者が逃走した場合の再度の身柄拘束方法 ………43

(4)　緊急逮捕手続に重大な瑕疵がある場合の対応 ……………………48

(5)　逮捕状請求が却下された場合の再度の身柄拘束方法 ………………50

(6)　逮捕状の呈示の要否 …………………………………………52

(7)　逮捕状未発付のままの検察官送致の可否 …………………………53

(8)　48時間の時間制限と緊急逮捕 ……………………………………55

第2　現行犯逮捕

1　現行犯逮捕　58

(1) 軽微事件と現行犯逮捕 …………………………………… 58

(2) 犯罪の現行性 …………………………………………… 61

(3) 犯罪と犯人の明白性 …………………………………… 76

(4) 現行犯人性の認定 ……………………………………… 85

(5) 現行犯逮捕の必要性 …………………………………… 98

(6) 私人による現行犯逮捕 ………………………………… 102

2　準現行犯逮捕　114

(1) 「間がない」の意義 …………………………………… 114

(2) 犯罪と犯人の明白性 …………………………………… 118

(3) 「犯人として追呼されているとき」 ………………… 122

(4) 「贓物又は明らかに犯罪の用に供したと思われる兇器その他の物を所持しているとき」 ……………………… 127

(5) 「身体又は被服に犯罪の顕著な証跡があるとき」 …… 135

(6)　「誰何されて逃走しようとするとき」 ……………………………… 140

3　現行犯逮捕をめぐる諸問題　　　　　　　　　　　　　142

　(1)　共犯者の現行犯逮捕 ………………………………………………… 142

　(2)　現行犯逮捕における有形力の行使 ………………………………… 144

　(3)　現行犯逮捕に着手した後に被疑者が逃走した場合 ……………… 149

　(4)　現行犯逮捕に先立つ捜索・差押えの適法性 ……………………… 151

　(5)　緊急逮捕すべきところを現行犯逮捕した場合 …………………… 154

　(6)　準現行犯逮捕すべきところを現行犯逮捕した場合 ……………… 156

第3　通常逮捕

1　逮捕状の請求　　160

(1)　被疑者特定の程度 …………………………………… 160

(2)　「被疑者が罪を犯したことを疑うに足りる相当な理由」………… 162

(3)　有効期間を7日未満とする逮捕状請求の可否 …………… 165

(4)　逮捕状請求後の撤回の可否 ……………………………… 167

(5)　被害者特定事項の記載 …………………………………… 169

(6)　逮捕の必要性 ……………………………………………… 172

(7)　同一事実による再逮捕の可否 …………………………… 174

(8)　余罪による再逮捕の可否 ………………………………… 180

2　逮捕状の発付　　187

(1)　複数の逮捕状発付の可否 ………………………………… 187

(2)　逮捕状発付後，逮捕前の引致場所の変更の可否 ………… 189

(3)　逮捕状発付後に，逮捕状請求書に記載漏れがあったことが発覚した場合の措置 ……………………………………………… 190

(4)　逮捕状の有効期間が経過した場合の措置 ……………… 192

3　逮捕状の執行　　　　　　　　　　　　　　　　　195

　(1)　逮捕状に重大な瑕疵がある場合の執行の可否 ………… 195

　(2)　逮捕状の呈示 ………………………………………………… 197

　(3)　逮捕に伴う第三者に対する有形力行使の可否 ………… 202

　(4)　逮捕状の緊急執行 …………………………………………… 206

4　引　　致　　　　　　　　　　　　　　　　　　　218

　(1)　司法警察員から司法警察員への引致 …………………… 218

　(2)　司法巡査による逮捕後引致前の釈放の可否 …………… 220

5　逮捕後の手続　　　　　　　　　　　　　　　　　222

　(1)　弁解録取手続の時間的限界 ………………………………… 222

　(2)　逮捕後に被疑者が逃走した場合 …………………………… 224

　(3)　逮捕後に逮捕状記載の被疑事実に誤りがあることが判明した
　　　場合 ………………………………………………………………… 230

第4　その他

1　逮捕に関する諸問題　234

（1）　令状によらない捜索・差押えの可否 …………………………… 234

（2）　逮捕状記載の引致場所と異なる警察署における留置の可否 …… 248

（3）　任意同行が先行する場合の48時間の起算点 ………………………… 251

（4）　検察官送致の例外 …………………………………………………… 253

（5）　検察官送致と逮捕前置主義 ………………………………………… 257

判例索引 …………………………………………………………………… 259

編著者紹介 ………………………………………………………………… 265

第1 緊急逮捕

1 緊急逮捕の要件
  - (1) 重罪性（Q1～Q2） ……………………………… 2
  - (2) 嫌疑の充分性（Q3～Q4） ……………………… 5
  - (3) 緊急性（Q5～Q6） ……………………………… 10
  - (4) 理由の告知（Q7～Q8） ………………………… 17
  - (5) 司法巡査による逮捕の場合の引致手続等
    （Q9～Q10） ……………………………………… 21
  - (6) 逮捕状の請求 …………………………………… 24
    - ア 「直ちに」の意義（Q11～Q12） ……………… 24
    - イ 逮捕状の請求権者（Q13） …………………… 29
    - ウ 逮捕状請求書の記載事項，疎明資料等
      （Q14～Q15） …………………………………… 30
    - エ 釈放した場合等における逮捕状請求の要否
      （Q16～Q17） …………………………………… 34

2 緊急逮捕をめぐる諸問題
  - (1) 任意取調べと緊急逮捕（Q18） ………………… 40
  - (2) 通常逮捕状の緊急執行と緊急逮捕（Q19） …… 41
  - (3) 緊急逮捕後に被疑者が逃走した場合の再度の
    身柄拘束方法（Q20～Q21） …………………… 43
  - (4) 緊急逮捕手続に重大な瑕疵がある場合の対応
    （Q22） …………………………………………… 48
  - (5) 逮捕状請求が却下された場合の再度の身柄拘束
    方法（Q23） ……………………………………… 50
  - (6) 逮捕状の呈示の要否（Q24） …………………… 52
  - (7) 逮捕状未発付のままの検察官送致の可否
    （Q25） …………………………………………… 53
  - (8) 48時間の時間制限と緊急逮捕（Q26） ………… 55

1 緊急逮捕の要件

(1) 重罪性

Q1

甲警察署の司法巡査Kは，自転車に乗っていた挙動不審者Aを職務質問したところ，Aが自転車に係る遺失物横領罪の被疑者であることが分かった。Kは，Aを緊急逮捕できるか。

A

緊急逮捕できない。

解説

　刑訴法210条1項は，緊急逮捕の要件として，「死刑又は無期若しくは長期3年以上の懲役若しくは禁錮にあたる罪」を犯したことを疑うに足りる充分な理由がある場合を挙げている。すなわち，緊急逮捕においては，そこに列挙された罪状の重い一定の犯罪が対象となっている（重罪性）。

　ここに列挙された刑は，法定刑（刑罰法令の各条文に，犯罪構成要件に対応するものとして規定されている刑罰）である（渡辺・大コメ刑訴4巻463頁）。処断刑（法定刑を加重減軽して処罰の範囲を画する刑罰）や宣告刑（裁判所が量定して具体的に宣告する刑罰）ではない。したがって，「死刑又は……にあたる罪」とは法定刑としてこれらの刑が定められている罪をいう（藤永・注釈刑訴3巻161頁，高田・注解刑訴（中）112頁，ポケット刑訴（上）481頁）。

　「長期」の期間については，3年「以上」であるから3年を含むことは当然である（渡辺・大コメ刑訴4巻463頁）。この点，刑訴法289条1項所定の必要的弁護事件の範囲（「死刑又は無期若しくは長期3年を超える懲役若しくは禁錮にあたる事件」）よりも広い。

　したがって，緊急逮捕は，法定刑として①死刑，②無期懲役，③無期禁錮，

④長期が3年以上の有期懲役，⑤長期が3年以上の有期禁錮のうちのいずれかが定められている犯罪に限って許される。

これを本問設例についてみると，Aについて嫌疑のある犯罪は遺失物横領罪である。遺失物横領罪の法定刑は，「1年以下の懲役又は10万円以下の罰金若しくは科料」（刑法254条）であって，懲役刑は長期が1年であり「3年以上」には当たらないから，緊急逮捕の対象犯罪ではない。

よって，Aについては緊急逮捕の要件を満たさないから，KはAを緊急逮捕できないこととなる。

なお，本問設例における遺失物横領罪のほかに，緊急逮捕が許されない主な刑法犯としては，単純逃走罪（刑法97条：1年以下の懲役），自己所有建造物等以外放火罪（刑法110条2項：1年以下の懲役又は10万円以下の罰金），放火予備罪（刑法113条：2年以下の懲役），失火罪（刑法116条：50万円以下の罰金），公然わいせつ罪（刑法174条：6月以下の懲役若しくは30万円以下の罰金又は拘留若しくは科料），賭博罪（刑法185条：50万円以下の罰金又は科料），暴行罪（刑法208条：2年以下の懲役若しくは30万円以下の罰金又は拘留若しくは科料），脅迫罪（刑法222条：2年以下の懲役又は30万円以下の罰金），侮辱罪（刑法231条：拘留又は科料），信書隠匿罪（刑法263条：6月以下の懲役若しくは禁錮又は10万円以下の罰金若しくは科料）等がある（以上，全体につき，廣上・令状ハンドブック43頁）。

Q2

甲警察署の司法巡査Kは，挙動不審者Aを職務質問したところ，器物損壊罪の幇助犯であることが分かった。Kは，Aを緊急逮捕できるか。

A

緊急逮捕できる。

解説

緊急逮捕の対象犯罪として規定する「死刑又は無期若しくは長期3年以上

の懲役若しくは禁錮にあたる罪」（刑訴法210条1項）に列挙された刑は，法定刑をいうのであり，処断刑や宣告刑ではない。

例えば，幇助犯（従犯）については，正犯の刑が減軽されるので（刑法62条1項，63条），当該犯人を懲役刑に処する場合，減軽された刑が実質的な法定刑に当たるようにも思えるが，従犯についても，正犯の法定刑によるのであり，従犯の減軽後の刑によるのではない（渡辺・大コメ刑訴4巻463頁）。また，累犯加重された刑によるものではないことも当然である（渡辺・大コメ刑訴4巻463頁）。

宣告刑についていえば，対象犯罪の犯人が，懲役2年の有罪判決を宣告されたとしても，これは宣告刑であって法定刑ではないから，当該犯人を緊急逮捕したことは適法である。

これを本問設例についてみると，Aについて嫌疑のある犯罪は器物損壊罪の幇助犯である。器物損壊罪の法定刑は，「3年以下の懲役又は30万円以下の罰金若しくは科料」（刑法261条）であって，懲役刑の長期が3年であり，「長期3年以上」には3年を含むから，緊急逮捕の対象犯罪である。幇助犯は従犯として正犯の刑が減軽され（刑法62条1項，63条），有期の懲役を減軽するときはその長期及び短期の2分の1を減ずるから，器物損壊罪の幇助犯の刑期は，2分の1月以上1年6月以下となる（刑法68条3号，14条2項）。しかし，これは，刑法上の刑の加重減軽の結果得られた処断刑であり，法定刑は，正犯と同じく長期3年の懲役刑であるから，緊急逮捕の対象犯罪となる。

よって，Aについては緊急逮捕の要件を満たすから，KはAを緊急逮捕できることとなる（以上，全体につき，廣上・令状ハンドブック43頁）。

(2) 嫌疑の充分性

Q3

Vは、Aを同道して甲警察署を訪れ、同署司法警察員Kに対し、「私の畑で育てていた麦をAが勝手に刈り取りました。Aを窃盗で捕まえてください。」と述べ、窃盗の被害届を提出した。Kは、直ちにAを取り調べたところ、Aは、「私は、Vさんから、Vさんの畑に麦を植えてよいと言われていました。ところが、Vさんは、私との約束を反故にして、自ら麦を植えていたのです。私がVさんに『約束が違うじゃないか。』と詰問したところ、Vさんは、『ごめんごめん。じゃあ、この麦はAさんが刈り取ってくれていいよ。』と言ってくれたので、私が刈り取ったのです。」と述べた。Kは、Aが前記のように被疑事実を否認していたことから、罪証隠滅のおそれがあると認め、Aを直ちに窃盗罪の被疑事実で緊急逮捕した。この緊急逮捕は適法か。

A

違法と判断される可能性が高い。

解 説

刑訴法210条1項は、緊急逮捕の要件として、「罪を犯したことを疑うに足りる充分な理由がある場合」を挙げている（嫌疑の充分性）。この要件は、通常逮捕の要件である「相当な理由」（刑訴法199条1項）より一層嫌疑の程度が高いことを要する。しかしながら、嫌疑の充分性の要件は、あくまでも捜査の初期である逮捕の段階に要求されるものであるから、公訴を提起するに足りる程度の客観的嫌疑であることは要しないし（団藤・条解398頁、ポケット刑訴（上）481頁）、勾留の要件としての「相当な理由」（刑訴法60条1項柱書）よりもその嫌疑の程度は低くてよいと解するのが通説的立場である（藤永・注釈刑訴3巻161頁、渡辺・大コメ刑訴4巻463頁）。

これを本問設例についてみてみると、少なくとも、A及びVの各供述から、AがVの畑に植えてあった麦を刈り取ったという事実は認められる。しかしながら、Aの供述が真実だとすると、当該畑について、AとVとの間で使用貸借等の契約が成立し、Aがその占有権を有していた可能性があり、また、

かかる私法上の契約関係がないとしても、Aにおいて、自己が当該畑の占有権を有していると考えていたのであれば、窃盗罪の故意を欠くこととなる。さらに、Vから当該麦の刈り取りを許されたというのであれば、そもそも、麦の占有を奪取するという窃盗罪が成立しないこととなる。

本問設例は、名古屋高金沢支判昭31・4・27下民集7・4・1071を題材としたものである。

同判決は、「若し被控訴人（筆者注：本問設例のAに該当）の右云分が真実であるとすれば……法律に素人の被控訴人自身としては右契約丈で完全に所有権や占有権を取得したものと思つたかも知れない。そうすれば窃取の犯意があつたとは速断できない、また少くとも麦そのものの処分権は……被控訴人に移転していたことになり被控訴人が之を刈取つても窃盗罪を構成しないわけであつて被控訴人の右云分は前掲各証拠により認められないこともないのである、従て本件窃盗被疑事件は被控訴人に麦の処分権があるかどうか並窃取の犯意の有無が重要な点であつて之に関し当事者間に民事的紛争が介在するので之が私法上の権利関係を究明しなければ犯罪の成否を断ずることは出来ないのである……然れば右訴外人両名（筆者注：警察官）が本件につき被控訴人に一応の嫌疑を抱き捜査に当たつたことは勿論相当であるけれどもその捜査により判明した……事実丈では被控訴人に嫌疑をかける充分の理由とすることはできないものと謂わなければならない、……従て前段認定のような事実関係の下に於ては緊急逮捕を為し得べき事情にあつたとは到底認められない」と判示した。

確かに、緊急逮捕の現場において、被疑者が弁解することはよく見られる現象であり、その弁解が一見して不合理であると認められるのであれば、被害者の申告に基づき、嫌疑の充分性があるとして、緊急逮捕することは当然許されよう。

しかしながら、本問設例のように、被疑者の弁解の真偽が、私法上の権利関係をある程度精査しなければ確定できないような場合等においては、被害者の申告があったとしても、嫌疑の充分性があるとは認められないであろう。

かかる場合には、被疑者をいきなり緊急逮捕するのではなく、任意捜査を

継続し，被疑者の弁解の真偽を究明した上で，これが虚偽であるとの証拠を収集できたならば，その時点で通常逮捕するのが妥当と思われる。

Q4

強制性交等事件の被害者Vから受理した被害届に記載された犯人の人相（短髪，色黒，黒縁眼鏡着用）とAの人相が合致しており，かつ，当該被害届に記載された犯人の着衣（赤色柄付Tシャツ，ジーパン）と合致する着衣をAが着用していることが認められる場合において，Aを強制性交等の事実で緊急逮捕することができるか。

A

緊急逮捕できないとまではいえないものの，なお慎重な捜査を要する。

解説

　緊急逮捕における嫌疑の充分性については，通常逮捕の要件である「相当な理由」（刑訴法199条1項）より一層嫌疑の高いことを要するものの，公訴を提起するに足りる程度の客観的嫌疑であることは必要なく，また，争いはあるものの，緊急逮捕の段階は，勾留の段階に比して捜査の初期の段階であることなどから，勾留の要件としての「相当な理由」（刑訴法60条1項柱書）よりも嫌疑の程度は低くてもよいと解されている（藤永・注釈刑訴3巻161頁，渡辺・大コメ刑訴4巻463頁等）。

　嫌疑の充分性の第一次的な判断は，捜査機関に委ねられているから，「充分な理由」とは，当該捜査官において（逮捕前に収集した証拠によって）特定の者がある特定の重大犯罪を犯したとの確信を持てる場合をいう（中島卓治「勾留及び保釈に関する諸問題の研究」司法研究報告書8巻9号60頁，例題解説(4)84頁）とされている。

　さらに，嫌疑の充分性等の緊急逮捕の要件は，逮捕時において逮捕状なくして被疑者を逮捕し得るための要件であるから，逮捕時において存在することが必要であり，しかもその判断資料は逮捕者が認識し得た具体的状況に基づくことを要する（松尾・刑訴59頁，藤永・注釈刑訴3巻165頁，小田・令状

基本（上）178頁等）。この緊急逮捕の要件は，逮捕状発付時まで存していなければならないが，その後それが失われても緊急逮捕の適法性に影響しない（藤永・注釈刑訴3巻166頁，小田・令状基本179頁）。しかし，緊急逮捕の場合，事後に発せられる逮捕状は通常の逮捕状であって，緊急逮捕状という特別の逮捕状があるわけではない（犯罪捜査規範120条も，刑訴法210条の規定による逮捕状を便宜上「緊急逮捕状」と呼称しているにすぎない。）ことから，緊急逮捕後に裁判官が逮捕状を発付する要件は通常逮捕の要件があれば足りるものの，当該通常逮捕の要件は，逮捕状発付の時まで存していなければならない（藤永・注釈刑訴3巻166頁，小田・令状基本（上）180頁）。

なお，「緊急逮捕状」という特別の逮捕状があるわけではないが，本書においては，分かりやすさの観点から，通常逮捕と区別するため，緊急逮捕において発付される逮捕状についてはあえて「緊急逮捕状」と呼称することがある（以下のQにおいても同じ。）。

したがって，逮捕状の請求を受けた裁判官は，逮捕時における緊急逮捕の要件の存否のほか，発付時における通常逮捕の要件の存否をも審査しなければならない。そして，後者のための資料は，前者の場合と異なり，逮捕後の事情も考慮に入れるべきであって，逮捕後に生じた一切の事情を含むとされる（藤永・注釈刑訴3巻166頁，小田・令状基本（上）180～181頁）。

本問設例の題材は，最判昭25・6・20刑集4・6・1025である。被告人は，強姦，強盗傷人の被疑事実により，緊急逮捕されたところ，逮捕状請求書には，「充分な理由」の欄に，「被害者の届出，被疑者の自供並びに犯行時着衣人相に一致しあり充分なり」との記載があったが，「被疑者の自供」は逮捕後に得られたものであった。なお，弁護人の上告趣意に引用された被害女性の被疑者逮捕前に録取された犯人識別供述は，「ひどい目にあった人の人相は……年齢は20歳か21歳位で，背は5尺か5尺1寸位の小柄で中肉位の男の方で，顔は面長の様で髪は2寸位……油気はなく服装は半袖黒色の開襟シャツに黒の長ズボンに古い女の下駄を履いて居た様に思います。」というものであった。

これに対し，弁護人は，被疑者の自白は被疑者の緊急逮捕時には存在せず，被疑者の緊急逮捕後に得られたのにもかかわらず，司法警察員は，被疑者を

緊急逮捕し，逮捕状請求書の「充分な理由」欄に「被疑者の自供」と記載したのであるから，被疑者の緊急逮捕は当初から違法であるなどと主張した。

これに対し，前記判決は，「本件逮捕状請求書に被疑者が罪を犯したことを疑うに足りる充分な理由として『被害者の届出，被疑者の自供並びに犯行時の着衣，人相に一致しあり充分なり』と書いてあって，……（筆者注：弁護人の主張のように）『被疑者の自供』が挙げており，かつ，その自供が逮捕後のものであることは……認められる。しかし，これが故に直ちに逮捕及び逮捕状を無効のものとすることは出来ない。」「本件では逮捕手続書の記載と，それ以前即ち昭和23年7月9日に作成された被害者……の訊問調書によれば巡査において被疑者が罪を犯したことを疑うに足りる充分な理由ありと判断したことは一応肯定されるところであり，又逮捕状請求書に『被疑者の自供』の記載が無かったとしてもその他の記載『被害者の届出，犯行時の着衣，人相の一致』ということにより逮捕の理由のあることは一応肯定され逮捕状は発せられたであろうと判断されるからである。」として本件逮捕の無効を前提とする論旨は前提を欠き，理由がないとした。

前記判決は，逮捕後に収集された証拠が逮捕状請求書に記載されていても，これを除いてもなお「充分な理由」が認められれば逮捕の適法性は肯定されるとした点に意義があることは異論がないところである（小田・令状基本（上）179頁，小池健治「緊急逮捕の嫌疑の充分性」警察基本判例232頁）。

また，その前提となる具体的事実が判然としないことから即断はできないものの，被害者の被害届にある犯行時の犯人の着衣及び人相と被疑者の犯行時の着衣及び人相とが一致しているという事実が認められる場合には，緊急逮捕の要件である「充分な理由」が認められる場合もあるとした一つの事例判断であると解すれば，嫌疑の充分性の程度に関する前記通説的見解に沿う判断といえるものの，嫌疑の充分性の判断は個別的事件における緊急逮捕時までに得られた証拠により第一次捜査機関において認定できる具体的事実関係に基づくべきであり，このような事実関係を離れて「被害届の存在と犯行時の着衣，人相の一致という点を平板的に見て，低い嫌疑で足りる」と判示したものと理解することは危険であろう（小池・前掲232頁）。

以上を踏まえて本問設例を検討する。

短髪，色黒及び黒縁眼鏡着用という人相の点に関し，犯人とＡとが合致しており，赤色柄付Ｔシャツとジーパンという着衣の点に関し，犯人とＡとが合致したということであるところ，前記昭和25年最判の判示を形式的にあてはめれば，本問設例でも緊急逮捕における嫌疑の充分性は認められるとも思われる。

しかしながら，本問設例にいう犯人の特徴は顕著なものであるとは到底いえず，これらの一致点のみで，捜査官においてＡが本件強制性交等の犯人であるとの確信を持てる場合であるといい得るかは疑問がある。例えば，本問設例においては，更にＶの供述する被害状況のうち，被害日時，場所，犯人の視認状況及び識別根拠，被害から被害申告までの状況等の詳細な事実関係を効率良く聴取し，吟味し，短時間において可能な程度の裏付け捜査を遂げる必要があるといえよう。また，Ａの緊急逮捕に当たっては，Ａの緊急逮捕時までに得た証拠資料による犯人とＡとの結びつきに関する積極証拠のみならず，消極証拠関係等も踏まえ，捜査機関においてＡが犯人であるとの確信を持てる場合であるのかという点について十分吟味し，慎重に行動すべきであろう。

(3) 緊急性

Q5

7月1日午前11時40分，甲工場内において，Ａら相当名が同工場従業員に暴行，脅迫を加えているのを乙警察署司法警察員Ｋらが現認した。Ｋらは，集団暴行等の犯人であるＡらの氏名，住所は未把握であり，具体的にＡらの人相，体格又は服装等の特徴を具体的に表現することは難しかったものの，Ａらの人相，体格等を見れば犯人かどうかを識別できる状況であった。その後，Ａらは甲工場から出て，アジトに戻った。Ｋらは，その間Ａらの動向を継続的に監視していた。Ｋらは，乙警察署捜査本部との2時間の協議を経て，同日午後3時30分頃，同アジトにおいて，Ａらを緊急逮捕すべくＡらの捜索に着手したところ，Ａらが抵抗したため，Ｋらは，Ａらを公務執行妨害罪で現行犯逮捕した。かかる逮捕は適法か。

A

Kらが着手した緊急逮捕行為は適法であり，Aらの現行犯逮捕も適法であると解する。

解　説

　本問設例においては，KらのAらによる犯行現認から緊急逮捕行為への着手までは，3時間以上が経過していることから，刑訴法210条1項の「急速を要し，裁判官の逮捕状を求めることができないとき」，すなわち，緊急性が認められるのかが問題となる。

　緊急性とは，「裁判官に通常逮捕状を請求していたのでは，仮に逮捕状が発付されたとしても，これにより逮捕することが被疑者の逃亡又は罪証隠滅によって不可能若しくは著しく困難になる場合」をいうとされる（藤永・注釈刑訴3巻162頁，例題解説（4）87頁，佐々木・令状基本（上）166頁）。

　緊急性の要件の判断時については争いがある。

　まず，逮捕しようとする時点における事情に基づいて判断するとする説（中島卓治「勾留及び保釈に関する諸問題の研究」司法研究報告書8巻9号61，67頁，佐々木・令状基本（上）166頁，例題刑訴（4）87頁）がある。

　一方において，緊急逮捕は令状主義の合理的例外であるべきで，通常逮捕と緊急逮捕とは競合関係にあるのではなく，択一関係にあるとし，緊急性の要件を厳格に解さなければならないとする立場から，犯人発見から逮捕しようとする時点までの間の事情も含めて判断すべきであり，その時間的間隔がいかに短くとも，逮捕状を求めることが，捜査官がもっと賢明な方法を採っていれば十分可能であったと考えられる場合には緊急性は認められないとする説（吉川義春「緊急逮捕の例外性と緊急性の要件」佐伯千仭編著『続生きている刑事訴訟法』（日本評論社，1970）81〜82頁，森井・捜査法大系（1）112頁）もある。

　例えば，①職務質問により初めて犯人を発見した場合，②被疑者が自首して犯人が発覚した場合，③参考人取調べ中に参考人が犯行を自供した場合，又は④被害者が犯人を同行したことから犯人が発覚した場合などのように，

実務上緊急逮捕によることが多い典型的なケースでは，前説及び後説のどちらの立場によっても緊急性が認められる（例題解説（4）86頁，吉川・前掲87頁）。

しかし，被疑者が犯人であることが既に捜査機関に明らかになっており，あらかじめ逮捕状を請求する時間的余裕があったのに，逮捕状を準備していなかったところ，突然被疑者が警察に出頭してきたので，任意取調べをした上で逮捕した場合には，前説では緊急性の要件を満たす場合があるが，後説では緊急性の要件を満たさないこととなる（三浦＝北岡・令状101問49頁）。

そのような場合に一律事前に逮捕状を準備しておかなければ一切緊急逮捕が認められないとする後説は厳格に過ぎると考えられる。もっとも，前説に立ったとしても，捜査機関が適切な逮捕状請求手続を怠っていたような場合にまで緊急性を認めるのは，結局，捜査機関が安易に緊急逮捕を行うことにつながりかねず，妥当ではないといえよう（三浦＝北岡・前掲101頁）。

そこで，緊急性の判断に当たっては，逮捕に至るまでの事情を考慮せざるを得ないが，事件の性格，犯行の態様，捜査の進展状況等に照らし，捜査機関が適切な逮捕状請求手続を懈怠していないと認められる場合において，裁判官に通常逮捕状を請求していたのでは，逮捕状による逮捕が被疑者の逃亡又は罪証隠滅によって不可能若しくは著しく困難になる場合には緊急性が認められると解すべきであろう（三浦＝北岡・前掲101頁，児島章朋「緊急逮捕の要件と逮捕状請求の手続」令状Ⅰ79頁）。

緊急性の要件について判断した判例は極めて少ないが，本問設例の題材とした最判昭32・5・28刑集11・5・1548は，事例判断ではあるものの，緊急性の要件について判示しており，参考になるので紹介しておく。事案の概要は以下のとおりである。

山口県下から多数の外国人が在日本朝鮮人民主青年同盟山口県本部結成大会を開催するため参集し，その数三百余名に達し，そのうち数十名が工場に不法に侵入し，暴行，脅迫，傷害を加えた上で，解放救援会事務所に合流して気勢を揚げていた。司法警察員は，午前11時40分頃，前記暴行等の事実を現認し，午後3時30分頃，前記事務所において緊急逮捕行為に着手したのに対し，被疑者が抵抗して司法警察員に暴行を加えたことから被疑者らを

(3) 緊急性　13

公務執行妨害罪で逮捕したというものである。

　同事案において，弁護人は，緊急性を満たしていないと主張したのに対し，最高裁は，「原判示によれば，……（集団暴行の犯人らが）事務所に引き揚げそこで他の多数朝鮮人と混在し結成大会を開いていたというのであるから，司法警察職員が同日逮捕状を得て逮捕するにしても緊急逮捕をするにしても右大会の現場に赴き被疑者に接近対面してこれが逮捕を全うするには周囲を警戒し妨害を排除し平穏裡に職務を執行し得るだけの多数の警察職員の応援を要すると考えられ，そのためには事前に右会場における被疑者その他の多数朝鮮人の動向を探知し，応援警察職員を手配し，その状況に応じて逮捕は後日逮捕状を得てなすべきか或は即日逮捕の方法によるべきかを協議検討しなければならず，このためには宇部市警察当局が右犯行を知った後即日逮捕を決定するまでに2時間余を要したとしてもやむを得ないところといわなければならない。そして，また，当時の事態が判示のようなものであつた以上，司法警察職員が工場における集団犯行の被疑者として確認した各人につきたとえその人相，体格等被疑者を特定するに足りる事項と被疑事実の要旨とを記載し資料をととのえて裁判所に赴き逮捕状請求手続をし，若干時間後これを得て帰り逮捕に赴いても，被疑者達が判示解放救援会事務所内外より立ち去り若しくは服装を変へ或は同所で警察職員に対する反抗態勢を愈々強化するような虞があることは考えられるところであり，従つて，司法警察職員が逮捕状を得て逮捕に赴いても逮捕の実を挙げ得る可能性は甚だ乏しかつたものといわねばならず，これがため緊急逮捕の方法によるべきことの決定に到達したものと考え得るのである。してみれば，判示のような状況の下においては，司法警察職員は逮捕状を得る余裕なく緊急逮捕の方法によることができる事情であつたというほかない。原判決のこの点に関する説示は相当である。」と判示して，緊急性を満たすとした。

　同判示のうち，「逮捕状請求手続をし」，「逮捕に赴いても，被疑者らが事務所内外より立ち去る（などして）」，「逮捕の実を挙げ得る可能性は甚だ乏しかったものといわねばなら（ない）」と判示している部分は，緊急性の意義についての学説に沿った判断であるといえよう。

　問題は，午前11時40分頃の司法警察員による集団暴行の現認から同日午

後3時30分の緊急逮捕着手までの時間的経過に関する評価の部分である。

前記判示は，これらの時間的経過のうち約2時間は即日逮捕するか否かの決定のために費やされたものと認められるから，裁判官の逮捕状を求める余裕があったとはいえないとしたものである（青柳・判例解説（刑）昭32・279）から，最高裁は，前記事実関係の下においては，逮捕までの事情を含めて緊急逮捕の要件該当性を判断しているものと思われる。

また，緊急性を判断するに当たっての司法警察員の行動を考慮するに当たり，捜査官が他に採り得る賢明な方法を講じていれば逮捕状を請求することが十分可能であったと考えられる場合には緊急性を認めないとする前記の厳格な立場に立っているのか，それとも，捜査機関が適切な逮捕状請求手続を懈怠していない場合において，裁判官に通常逮捕状を請求していたのでは，逮捕状による逮捕が被疑者の逃亡又は罪証隠滅によって不可能若しくは著しく困難になる場合には緊急性が認められるとする立場であるのかは判然としないものの，どちらの立場に立ったとしても，前記事案であれば，緊急性が認められるといえよう。

もっとも，同判決は，騒乱罪（刑法106条）に近いような特別な状況下において緊急性を認めたものであって，2時間程度の余裕が，常に逮捕状を求めるには足りないというものではないことに留意しなければならない（青柳・判例解説（刑）昭32・279，渡辺・大コメ刑訴4巻465頁参照）。

以上を踏まえ，本問設例について検討する。

司法警察員Kらにおいて，Aらに対する緊急逮捕に及んだ時刻が午後3時30分頃となった点については，その大部分の時間は騒乱罪に近いような特別の状況下においてAらを即日逮捕するかの判断のために費やされたものといえるから，これをもって緊急性の要件を欠く事情とはいえないであろう。また，Kらにおいて緊急逮捕に及んだ午後3時30分頃の時点において，仮に裁判官に逮捕状の発付を求めたのであれば，その後Aらがアジトから離れたり，服を着替えるなどして逮捕状による逮捕をすることが著しく困難になると認められること，また，Kらにおいて他に採り得る懸命な方法を講じていれば逮捕状請求が可能であった事情もないことからすれば，いずれの立場に立っても，緊急性の要件を満たしていると解される。

Q6

司法巡査Kが交番で勤務中，Aが付近で以前に発生した強盗事件の犯人であるとして自首してきたため，詳しく事情を確認したところ犯人に間違いないとの心証を得たが，Aが精神的に不安定で「やっぱり帰る。」などと言い出した。Kとしては，Aの身柄についてどのような手続を執るべきか。

A

緊急逮捕することを検討すべきである。

解　説

　Aに対し強盗という重大事件の嫌疑が存在し，Aは自首してきたとはいえ，帰宅を申し出るなど逃亡のおそれや罪証隠滅のおそれも認められることから，逮捕して捜査を継続するべきであろう。

　もっとも，逮捕をするには，現行犯逮捕の場合を除いては裁判官の発付する逮捕状を得て逮捕（通常逮捕）するのが原則であるが，令状請求が間に合わない場合には緊急逮捕が可能である。緊急逮捕の要件は，「死刑又は無期若しくは長期3年以上の懲役若しくは禁錮にあたる罪を犯したことを疑うに足りる充分な理由がある場合で，急速を要し，裁判官の逮捕状を求めることができないとき」（刑訴法210条1項）である。強盗罪は法定刑が5年以上の有期懲役刑と定められている（刑法236条1項）ので，緊急逮捕の可否は，「急速を要し，裁判官の逮捕状を求めることができないとき」に該当するかが問題となる。

　この「急速を要し，裁判官の逮捕状を求めることができないとき」とは，「その場で逮捕しなければ逮捕を困難にする事情をいう。」と解され（高田・注解刑訴（中）113頁，藤永・注釈刑訴3巻162頁，渡辺・大コメ刑訴4巻464頁），「逃走のおそれがある場合に限らず，この場で逮捕しなければ証拠隠滅のおそれがある場合もこれにあたる。」と解されている（松尾・条解404頁）。

　ところで，本問設例の場合，Aは自首してきた上で任意の取調べに応じていたものであり，出頭後直ちに緊急逮捕したわけではなく，任意の取調べを行っていたことからすれば，「急速を要し，裁判官の逮捕状を求めることが

できないとき」には該当しないのではないかとも考えられる。この点，捜査官が逮捕権を放棄して任意の取調べを進めた以上，緊急性は認められないとの考え方もあるが，現実的には，強盗犯人として自首してきたからといって直ちにその場で緊急逮捕するというのは相当でなく，自首してきた者から詳しく事情を聞き，その嫌疑を固めた上で逮捕の要否を考えることが相当であろう。そもそも任意捜査が原則とされる以上（犯罪捜査規範99条），その任意捜査の過程で逃亡・罪証隠滅のおそれが明らかになり，その時点で逮捕の要件を具備していれば逮捕は可能と考えられ，捜査官が直ちに逮捕権を行使しなかったことをもって以後の逮捕権を放棄したとみるのは相当でない。また，このような場合に必ず通常逮捕によらなければならないとすると，かえって，逮捕状が発付されるまでの間，「任意」の名目で実質的には身柄拘束がなされるおそれもあろう。

　この点，大阪地決昭39・2・25下刑集6・1＝2・150は，警察官が1月31日に被害者から詐欺の被害申告を受けていたところ，同年2月22日夜，被疑者が元同僚と被害者とに付き添われ警察署に出頭してきたので，被疑者に対し任意の取調べをなした上，罪証隠滅及び逃亡のおそれありと判断して被疑者を緊急逮捕したとの事案につき，「被害者が本件被害を申告した当時既に被疑者が所在不明であつて，被害者等が被疑者を発見し警察に同行して初めて警察はその所在を確認し，被疑者を取調べたものであり，被疑者を警察において連行出頭させたものでない事情を考慮すれば，右逮捕手続には格別違法の点があるとは考えられない。なるほど，警察が本件被害を知つたのが右逮捕より22日以前であり，また遅くとも4日前には被疑者の所在不明であることを知つていたことは，原裁判官指摘のとおりであつて，その間通常逮捕状請求の余裕があつたことは明白である。しかしながら，本件事案の特殊な性格，犯行の態様，被害額等を考慮するとき，警察がその段階で直ちに強制捜査に踏み切らず任意捜査を続けたことは一応理解できるところであり，このような場合，あらかじめ通常逮捕状を準備しなかつたことから直ちに緊急逮捕手続の緊急性の要件を欠くとは云い得ないものと考える。」と判示して，かかる緊急逮捕手続を適法としている。

　もっとも，任意出頭等に基づく任意の取調べを先行させた緊急逮捕に関し

ては，捜査官が警察における48時間の身柄拘束の持ち時間の制限を免れるというような，いわば時間稼ぎの意図をもって任意出頭を求めて取調べを行ったときには，違法とされる余地が生じ得る。出頭自体が純粋に任意なものであれば，かかる捜査手法が違法の誇りを受けるものではないが，捜査官側において逮捕するに足る資料を得ている場合においては，「捜査官が被疑者の居宅等の赴きそれを被疑者に知らせることが，その際の捜査官の態度とも関係して，任意出頭を求められた被疑者をして事実上これを拒み得ない心境に追いやるということもあると思われる。」との指摘（小林・令状基本（上）127頁）もあるところである。

本問設例の場合は，司法巡査Kが交番での勤務中にAが自首してきたものであり，Kにおいて逮捕時間の制限を潜脱するような意図は何らないのであるから，緊急逮捕が違法となることはないであろう。

(4) 理由の告知

Q7

司法巡査Kは，自動車盗の嫌疑を抱いたAに「緊急逮捕する。」旨告げて所轄署に連行して司法警察員Lに引致した。Lは，そこで初めてAに対し被疑事実の要旨及び急速を要し逮捕状を求めることができない旨告げた上で，裁判官に対し緊急逮捕状を請求した。かかる手続に問題はあるか。

A

Kが緊急逮捕をする際に，被疑事実の要旨及び急速を要し逮捕状を請求できない事情にあることを告げる必要があった。

解説

緊急逮捕に関する刑訴法210条1項は，「検察官，検察事務官又は司法警察職員は，死刑又は無期若しくは長期3年以上の懲役若しくは禁錮にあたる罪を犯したことを疑うに足りる充分な理由がある場合で，急速を要し，裁判官の逮捕状を求めることができないときは，その理由を告げて被疑者を逮捕

することができる。」と規定する。憲法34条前段は，「何人も，理由を直ちに告げられ……なければ，抑留又は拘禁されない。」と規定し，これを受けて，刑訴法は，通常逮捕の場合には，理由を告知する方法として逮捕状の呈示（刑訴法201条1項）を求めており，緊急逮捕の場合には，逮捕状の呈示に代えて，「被疑事実の要旨」と「急速を要し，裁判官に逮捕状を求めることができない事情にあること」を告知することを求めたものである。これらの告知については，通常逮捕における逮捕状の呈示と同様，逮捕行為に着手する前に告知することが法の趣旨に沿うといえるが，必ず逮捕行為の着手前に告知する必要まではないであろう（なお，通常逮捕における逮捕状の呈示につき，本書Q86（197頁）参照）。もっとも，逮捕状の呈示よりも口頭での告知の方が行うに支障は少ないであろうから，例外的に告知が遅れることの許容性は低いと思われる。

　緊急逮捕に際し告知すべきは，「被疑事実の要旨」と「急速を要する事情にあること」の両者であり，これらの告知のいずれか一方を欠いても緊急逮捕手続は違法とされる（最大判昭24・12・14刑集3・12・1999）。これらの告知を欠いて違法とされた事例としては，窃盗事件につき，警察官が午前11時35分頃に被疑者を捕まえ手錠をかけて緊急逮捕を行い，警察署に連行後取調べを先行させ，同日午後4時まで被疑事実等の告知をしなかったとの事案につき，その違法は重大な瑕疵であるとして，同逮捕に基づく勾留請求が却下された事例（大阪地決昭35・12・5判時248・35），競馬法違反での緊急逮捕の際，「お前競馬やっとるやろ。灘署に連れて行く。」とのみ告げた事案において，「右告知は刑事訴訟法210条所定の被疑事実の告知として粗笨（筆者注：やりかたが荒っぽく雑なこと）のそしりは免れないにせよ，一応右所定の要件を満たすものであると解せられる」としつつ，「急速を要して令状を求め得ない理由については何ら告知していない」とし，逮捕手続を違法として同逮捕に基づく勾留請求が却下された事例（神戸地決昭46・9・25刑裁月報3・9・1288），別件公務執行妨害罪で第三者を緊急逮捕しようとした警察官が，「これや。」とのみ言ってその者の逮捕行為に着手したところ，これを妨害した被疑者につき，「緊急逮捕の要件である被疑事実などの理由の告知はおろか，逮捕する旨さえ告知したとは認められない」として緊急逮捕行為を

違法な職務執行とし，公務執行妨害罪の成立を否定した事例（大阪地判平3・3・7判タ771・278）などがある。

　もっとも，緊急逮捕は，重大事件の犯人に対して急を要する事態で行われるものであるから，逮捕の時点で被疑事実を詳細に告知することまで求められるものではない。被逮捕者がどの件で逮捕されるのか，また，逮捕状を請求できないほど急速を要する事態であることを理解できる程度の告知であれば，この要件を満たすものと考えられる（伊藤・実際問題133頁）。

　本問設例の場合，司法巡査KはAに「緊急逮捕する。」としか告げておらず，これでは「被疑事実の要旨」も「急速を要する事情にあること」のいずれも告知されたとは解することができない。また，司法巡査Kは所轄署の司法警察員Lに引致し，そこでLがAに対し被疑事実の要旨及び急速を要し逮捕状を求めることができない旨を告げているが，これでは遅きに失し，逮捕の際にこれらの告知があったと解することはできない。したがって，緊急逮捕手続には違法がある。

Q8

　甲警察署の司法巡査Kは，外国人被疑者Aを傷害の事実で緊急逮捕することとしたが，Aは日本語を理解できず，その場に通訳人もいなかった。Kは，どのようにして逮捕の理由を告げればよいか。

A

　その場で日本語により逮捕の理由を告知し，その後できるだけ速やかに通訳人を確保して，通訳人を介して，Aが理解できる言語で逮捕の理由の告知を行うべきである。

解　説

　緊急逮捕においては，「その理由を告げて」（刑訴法210条1項）逮捕することが必要である（理由の告知）。

　理由の告知においては，「その理由」すなわち，本条所定の罪を犯した嫌疑が充分であること及び急速を要する事情にあることの両者を告げなければ

ならない（藤永・注釈刑訴3巻162頁，高田・注解刑訴（中）114頁，ポケット刑訴（上）482頁）。前者については，被疑事実の要旨を意味する（渡辺・大コメ刑訴4巻467頁）。これらの告知を欠く緊急逮捕行為は違法であり，最大判昭24・12・14刑集3・12・1999は，刑訴応急措置法8条2号による緊急逮捕について，「司法警察官が右告知（筆者注：裁判官の逮捕状を得ることができない理由の告知）をしないで逮捕したものとすれば右逮捕は正に違法である」として，裁判官の逮捕状を得ることができない理由を告知しなかった逮捕を違法としている。また，大阪地判平3・3・7判タ771・278は，緊急逮捕に際していずれの告知もなかった公務執行妨害事件において，「重大な違法がある」として，当該緊急逮捕に抵抗した被疑者の公務執行妨害罪の成立を否定している（本書Q7（17頁）参照）。

　もっとも，緊急逮捕が一定の重罪の犯人に対して，しかも，急を要する事態で行われることを考えると，逮捕の時点で，詳細な被疑事実の告知が求められているわけではなく，被逮捕者において，「どの件で逮捕されるのか」を理解し，しかも，急速を要する事態であることが分かれば足りる（渡辺・大コメ刑訴4巻468頁）。

　被疑者が外国人であっても，緊急逮捕の際に，理由の告知が必要であることは日本人と同様であって，当然のことであるから，外国人である被疑者において，どの件で逮捕されるのかを理解し，急速を要する事態であることが分かるように告げる必要がある。

　しかし，緊急逮捕の場合には，まさに緊急で行われるのであるから，あらかじめ通訳人を同行したり，翻訳文を準備したりすることなどは想定されないため，逮捕の時点で外国人被疑者の理解することができる言語で告知することが困難である場合が想定される。

　したがって，外国人被疑者を緊急逮捕する場合には，当該被疑者に対し，その場では，日本語により，逮捕の理由，すなわち，被疑事実の要旨及び急速を要する事情であることを告知し，その後できる限り速やかに通訳人を確保し，通訳人を介して，当該被疑者の理解する言語で，逮捕理由の告知を行うことにより，外国人被疑者の権利を実質的に保障する措置を講ずるべきである（廣上・令状ハンドブック131頁）。

なお，外国人被疑者が内容を理解することが必要であるから，通訳は，母国語でなされるのが望ましいといえるが，少数言語の通訳人の確保には多くの困難が伴うとの実情の下では，相互の意思疎通を図ることができる限り，母国語以外の言語による通訳も許容される（東京高判平4・4・8判時1434・141は，母国語がペルシャ語の被疑者に対して英語で通訳した事案であり，東京高判平4・7・20判時1434・143は，パキスタンのパンジャブ語圏出身の被疑者に対してウルドゥー語で通訳した事案である。）。また，通訳人は，相互の意思疎通を図るようにするという性格から，言動等に注意し公平性や中立性に懸念を抱かれないように配慮する限り，通訳能力のある警察官が通訳人を務めることに問題はない（廣上・令状ハンドブック132頁）。

　これを本問設例についてみると，Aは外国人被疑者であり，日本語を理解できず，その場には通訳人もいなかったというのであるから，Kとしては，Aを緊急逮捕するに当たり，その場では，日本語により，被疑事実の要旨及び急速を要する事情であること（逮捕の理由）を告知し，その後できるだけ速やかに，Aが理解できる言語の通訳人を確保して，通訳人を介して，Aが理解できる言語でこれらの告知を行うべきである。

(5) 司法巡査による逮捕の場合の引致手続等

Q9

　司法巡査Kは，被疑者Aを窃盗の被疑事実で緊急逮捕し，甲警察署に連行したが，司法警察員がいずれも他の事件の対応で忙しそうにしていたため，自らAの弁解録取手続を行った。かかる手続に問題はあるか。

A

　司法巡査は被逮捕者を司法警察員に引致しなければならず，弁解録取の手続は引致を受けた司法警察員において行わなければならない。

解　説

　緊急逮捕に関する刑訴法210条1項は，「検察官，検察事務官又は司法警

察職員は、死刑又は無期若しくは長期3年以上の懲役若しくは禁錮にあたる罪を犯したことを疑うに足りる充分な理由がある場合で、急速を要し、裁判官の逮捕状を求めることができないときは、その理由を告げて被疑者を逮捕することができる。」と規定しており、緊急逮捕の権限を検察官、検察事務官のほか司法警察職員に委ねている。したがって、司法巡査KがAを窃盗の被疑事実で緊急逮捕したことは問題ない。なお、同条は、それに引き続いて、「この場合には、直ちに裁判官の逮捕状を求める手続をしなければならない。」と規定し、緊急逮捕状の請求権者についても、司法巡査を排除していない。犯罪捜査規範120条1項本文も、緊急逮捕状の請求者につき「指定司法警察員又は当該逮捕に当った警察官がこれを請求する。」と規定しており、逮捕者が司法巡査の場合には司法巡査による緊急逮捕状の請求を許容している（本書Q 13（29頁）参照）。

　しかし、被疑者を緊急逮捕した場合には、刑訴法211条により通常逮捕に関する規定が準用される。これにより、「検察事務官又は司法巡査が逮捕状により被疑者を逮捕したときは、直ちに、検察事務官はこれを検察官に、司法巡査はこれを司法警察員に引致しなければならない。」とする刑訴法202条の規定も緊急逮捕手続に準用されるので、司法巡査が被疑者を緊急逮捕した場合にも、司法巡査は被疑者を司法警察員へ直ちに引致しなければならない。

　また、同様に刑訴法203条の規定も緊急逮捕手続に準用され、被疑者の引致を受けた司法警察員において、被疑者に対する犯罪事実の要旨及び弁護人選任権の告知、弁解録取手続及び釈放の要否の判断等がなされることになる。

　緊急逮捕においても「逮捕の必要性」の要件が必要と一般に解されており、緊急逮捕する際に、逮捕者である司法警察職員において逮捕の必要性が判断されているところであるが、逮捕後においても、逮捕にかかる被疑事実を告知し被疑者に弁解の機会を与え、改めて留置の必要があるかどうかを検討させるのがこの引致後の手続の趣旨であり、刑訴法は、その判断は検察官と司法警察員のみに委ねている。引致後の手続にはかかる目的があるため、法は「直ちに」司法警察員等に引致することを求めており、引致が直ちになされ

なかった場合には，逮捕手続は違法となる。

なお，大阪地決昭58・6・28判タ512・199は，引致に約11時間15分要したものを違法としているが，他方，盛岡地決昭63・1・5判タ658・243は，引致まで約23時間50分を要したものを適法としており，「直ちに」といえるかは，必ずしも時間的長短のみで決せられるわけではなく，地理的関係や交通事情等を踏まえ，事案ごとに個別具体的に判断される。

本問設例を見てみると，司法巡査であるKが被疑者を緊急逮捕することは問題はないが，Kは被疑者を司法警察員に「直ちに」引致しなければならず，また，司法巡査であるKにおいて犯罪事実の要旨や弁護人選任権を告知し，弁解録取の手続を行ったとしても，刑訴法211条で準用される同法203条の求める手続を履践したことにはならず，手続としては違法である。他の司法警察員の繁忙度にかかわらず，司法巡査であるKとしては，逮捕した被疑者Aを司法警察員に引致し，司法警察員において，弁解録取手続等，法の求める手続を履践しなければならなかった。

Q10

甲警察署の司法巡査Kは，被疑者Aを緊急逮捕したが，甲警察署の司法警察員Lに引致する前に，緊急逮捕の要件を欠いていたことに気付いた。この場合であっても，Kは，Aの身柄について，Lに引致しなければならないか。

A

Lに引致しないで釈放することができると解される。

解 説

刑訴法211条は，被疑者が緊急逮捕された場合には，刑訴法199条による通常逮捕の場合の諸規定を準用することを規定する。

「逮捕された場合」とは，被疑者が緊急逮捕された後の手続を指すものと解すべきであるから，逮捕についての刑訴法199条の規定そのものは除外されることになる（高田・注解刑訴（中）117頁）。したがって，刑訴法211条により準用されるのは，刑訴法202条ないし209条である（高田・注解刑訴

(中) 117 頁, 渡辺・大コメ刑訴4巻481頁, ポケット刑訴（上）483頁, 藤永・注釈刑訴3巻169頁）。

　司法巡査が緊急逮捕したときは，刑訴法202条の準用により，直ちに司法警察員に引致しなければならない。被逮捕者の身柄の処置を決める権限を有する者，すなわち，司法警察員に身柄を引き渡す必要があるからであり，司法巡査は自らの判断で釈放する権限はないから，司法巡査が被逮捕者を引致前に自らの判断で釈放することは許されない（松尾・条解388頁, 渡辺・大コメ刑訴4巻290頁）。

　しかし，緊急逮捕の要件を欠くことが明らかとなったときは，緊急逮捕した司法巡査は，被疑者を司法警察員に引致する前でも，これを釈放すべきと解されている（渡辺・大コメ刑訴4巻481頁）。身柄の拘束を続けることが誰が見ても不当といえる例外的な場合には，司法警察員による身柄の処置の決定を待つまでもなく，引致手続を継続すべきではないからであろう。

　これを本問設例についてみると，司法巡査であるKは，Aを緊急逮捕したのであるから，原則として司法警察員であるLに引致しなければならない。しかし，Kは，引致する前に，緊急逮捕の要件を欠いていたことに気付いたのであり，このような場合には，不当な身柄拘束であることが明らかであって，前記例外的な場合に当たるものといえよう。

　したがって，Kは，Lに引致せずに，Aを釈放し得るものと解される。

(6) 逮捕状の請求

ア 「直ちに」の意義

Q11
　〇月×日午後1時20分頃，甲警察署刑事課の巡査部長Kは，Aについて非現住建造物放火の疑いで緊急逮捕し，弁解録取手続をしたが，その後火災現場の実況見分，取調べを行った上，同日午後8時に緊急逮捕状の請求を行った。かかる手続は適法か。

A

違法と考える。

解 説

　緊急逮捕をした場合，刑訴法210条1項により逮捕後「直ちに」逮捕状の請求をする必要がある。

　同条同項の「直ちに」の意義については，まさしく「即刻」と言い換えてよいくらいの短時間の猶予しか認めない趣旨であるとする考え方と，「できる限り速やかに」という程度の趣旨であるとする考え方がある。

　これらの考え方に分かれる背景には緊急逮捕が合憲であることの理由付けをどのように考えるかに関わりがある。緊急逮捕について，あくまでも逮捕状に基づく逮捕の一種として合憲となると考える立場（団藤・綱要340頁，池田＝前田・刑訴136頁）であれば，令状による逮捕に準ずるものと解する以上は，逮捕後の逮捕に接着した時期に逮捕状が発せられることを必要とすることになり，「直ちに」につき前者の考え方につながる。他方，緊急逮捕は，緊急状況下における令状主義の合理的な例外として合憲と考える立場（平野・刑訴95頁，渥美・刑訴56頁）であれば，緊急逮捕における逮捕状の請求手続は，令状主義から要請される手続ではなく，刑訴法上要請される令状審査の手続にすぎないことになるから，時間的接着はさほど厳格に要求されないと考えることになり，「直ちに」につき後者の考え方につながる。なお，緊急状況下における令状主義の合理的な例外として合憲と考える立場に立ったとしても，緊急状況下の手続的制約として逮捕状請求が要請されるのであれば，あくまでも令状主義の例外として厳格な手続が要求されると考えて前者の考え方につなげる立場（秋山・令状基本（上）166頁）もある。

　実際の場面では，緊急逮捕後，司法巡査が逮捕した場合には司法警察員に引致しなければならず，司法警察員は犯罪事実の要旨及び弁護人を選任することができる旨を告げ，国選弁護人選任請求に関する教示を行った上で弁解の機会を与えるといった手続を行う必要がある。逮捕状を請求するに当たっても，通常逮捕の場面のようにあらかじめ書類を用意しているわけではない

から，逮捕後から緊急逮捕手続書，緊急逮捕状請求書及び緊急逮捕状請求の疎明資料を作成しなければならない。書類作成後にはこれら書類を裁判所まで届けなければならず，交通事情の悪い遠隔地の場合には，裁判所に近い市街地での逮捕の場合に比べて時間を要する場合もある。これらの手続や書類作成，交通事情等の理由から逮捕後緊急逮捕状請求までに時間を要することが考えられ，請求までにかなりの時間を要している場合であっても，これらの理由によることが明らかであれば，「直ちに」を「できる限り速やかに」の意味に解する立場だけでなく，「即刻」の意味に解する立場であっても，やはり「直ちに」請求されているものとして適法と解することができる。

いわゆる内ゲバ事件において，被疑者を緊急逮捕してから約6時間後に逮捕状の請求が行われた事案について，「被告人3名を逮捕してから逮捕状請求に至るまでに，約6時間が経過していることは所論指摘のとおりであるが，記録及び原審で取調べた証拠によって明らかな如く，本件においては，被告人3名はもとより，被害者も捜査に協力していないのであるから，被疑事実の内容，犯人特定のための前記目撃者らの供述証拠の作成など，裁判所が緊急逮捕の要件の存否を判断するのに必要な最小限度の疎明資料を収集し整理するために時間を要したとみられるのであって，これを考慮するときは，前記6時間の経過も本件においては必要かつやむを得ないものというべく，本件の令状請求が『直ちに』なされなかったとして違法とみることはできない。」旨判示した裁判例もある（広島高判昭58・2・1判時1093・151）。

では，本問設例のように緊急逮捕し，被疑者の弁解録取を終えた後，被疑者の取調べを行って供述調書を作成し，被疑者を立ち会わせて実況見分調書を作成した上で，緊急逮捕状請求を行うことは適法であろうか。

この点，本問設例と同種の事案について，「時間的関係等においてすでにこの『直ちに』の要件が欠けていることが明らかであるから」として緊急逮捕と認めず，「警察官は現行犯人でない被告人を逮捕状によらずして逮捕し拘禁したことになり，その違法性は重大」である旨判示した裁判例がある（大阪高判昭50・11・19判時813・102）。時間だけであれば6時間余りと前記広島高裁の裁判例と異なるものではないから，所要時間が決め手なのではなく，緊急逮捕状請求のための疎明資料の作成を超えて，被疑者の取調べを

行ったり，実況見分に立ち会わせたりしたことなどを先行させたことが問題なのである。

　緊急逮捕の場合には，その着手前に，犯罪の充分な嫌疑等の緊急逮捕状請求に必要な資料は客観的には存在しているはずであり，確かにこれらの資料が逮捕者，目撃者，被害者等の現認，口頭の申告，通報等であることが多く，したがってこれらを緊急逮捕状請求の際の疎明資料として裁判官に提出するためには書面化することが必要であり，その手続に時間を要することはやむを得ないものであるが，それは緊急逮捕の許否を判断するために必要最小限度の範囲内で足りるものであって，何よりまずは緊急逮捕状の請求を迅速に行うことが必要とされる。目撃者，被害者等から事情を聴取するせっかくの機会であるからといって，詳細な供述調書を作成したり，あるいは弁解録取の範囲を超えて被疑者の詳細な自供調書を作成したりするために請求手続が遅延するのは相当ではないと解されている（秋山・令状基本（上）171頁）。

Q12

　甲警察署の司法警察員Kは，被疑者Aを緊急逮捕し，緊急逮捕状の請求のための書類を整えて，午前2時頃，裁判官に緊急逮捕状の請求をしたところ，裁判官から「深夜であるので，翌朝緊急逮捕状の請求をしてほしい。」と言われた。Kは，裁判官の言うことに従うべきか。

A

　裁判官の言うことに従うべきではなく，裁判官に対し，緊急逮捕状を請求するべきである。

解説

　緊急逮捕後は，「直ちに」緊急逮捕状を請求する手続を執る必要がある（刑訴法210条1項）。

　この「直ちに」の意義については，争いのあるところであるが（本書Q11（24頁）参照），どのような見解に立つにせよ，何らかの時間的な幅は認めざるを得ない。そして，この幅も逮捕時から緊急逮捕状請求が裁判所で受

理される時までの所要時間の単なる長短のみで判断されるものではなく，事件の複雑性，被疑者の数，逮捕場所と警察署の距離，警察署と裁判所の距離，交通機関の事情等を考慮して，緊急逮捕状の請求手続が「できる限り速やかに」行われたと合理的に認められる限り，「直ちに」なされたものと認められると解される（藤永・注釈刑訴 3 巻 163 頁）。

この点，例えば，緊急逮捕状請求の疎明資料として裁判官に提出するために，逮捕者，目撃者，被害者等の現認，口頭の申告，通報等を書面化する必要があり，その手続に若干の時間を要することはやむを得ないといえるが，逮捕後に被疑者の弁解録取の範囲を超えて長時間の取調べを行い，詳細な自白調書作成のために請求を不合理に遅延させることは許されないというべきである（秋山・令状基本（上）171 頁，藤永・注釈刑訴 3 巻 163 頁）。

本問設例は，京都地決昭 45・10・2 判時 634・103 を題材としたものである。同決定の事案は，午後 7 時 30 分頃に緊急逮捕した司法巡査が午後 10 時頃裁判所宿直員に緊急逮捕状の請求手続をなす旨連絡したが，担当裁判官が，書記官を通じて，深夜でもあり，翌朝にしてもらえばよい旨指示したので，司法巡査は，その指示に従い，緊急逮捕から約 12 時間 30 分経過した翌日午前 8 時頃に緊急逮捕状の請求をしたというものである。これに対し，同決定は「しかして，このように逮捕状の請求が遅延するに至つたのは，前記のように，裁判官の指示に従つたことによる事実が認められるのであるが，たとえ，かような事実が介在したとしても，それは，右の『直ちに』の判断資料として考慮に入れるべき性質のものとは解されない。したがつて，司法巡査が緊急逮捕後約 12 時間 30 分経過した後になした本件逮捕状の請求は，右にいう『直ちに』なしたものとは称し難く，違法の評価を免れない。」と判示した。

同決定の事案においては，司法巡査に責められるべき点があったというよりも，むしろ裁判官側に責任があったというべきともいえるが，その点は，「直ちに」の判断資料として用いることはできないから，捜査機関としては，裁判官の指示に漫然と従うのではなく，緊急逮捕を適法ならしめる「直ちに」の要件について厳格に解する姿勢で臨むべきであろう。

これを本問設例についてみると，裁判官の指示に従えば，「直ちに」の要

件を満たさず，違法となる可能性があるのであるから，Kとしては，裁判官の指示に漫然と従うことなく，緊急逮捕状の請求をするべきであると考える。

イ 逮捕状の請求権者

Q13

甲警察署の司法巡査Kは，被疑者Aを窃盗の被疑事実で緊急逮捕し，甲警察署に連行した上，司法警察員であるLに引致し，LにAの弁解録取手続を行ってもらった。Kは，Lが忙しそうであったため，自ら緊急逮捕状の請求を行った。司法巡査Kによる緊急逮捕状の請求は適法か。

A

適法である。

解 説

緊急逮捕の場合の逮捕状請求権者については，通常逮捕の場合と異なり，定めがない。通常逮捕の場合には，刑訴法199条2項により逮捕状請求権者が「検察官又は司法警察員（警察官たる司法警察員については，国家公安委員会又は都道府県公安委員会が指定する警部以上の者に限る。）」と定められて限定されている。一定の司法警察員に限定したのは，逮捕状の請求が濫用されないように請求権者を限った趣旨であると解されている（安冨・刑訴90頁）。他方で，緊急逮捕の場合に逮捕状請求権者についての定めがないのは，既に令状なしに被疑者が逮捕されている以上，不当な逮捕のおそれを事前に防ぐ意味がなく（安冨・刑訴97頁），できるだけ早く逮捕状を求める手続を執らなければならないからであると解されている（渡辺・大コメ刑訴4巻471頁）。

この点，犯罪捜査規範120条1項は，緊急逮捕における逮捕状請求権者を「指定司法警察員または当該逮捕に当つた警察官」とし，「ただし，指定司法警察員がいないときは，他の司法警察員たる警察官が請求してもさしつかえない。」と定めている。指定司法警察員とは，通常逮捕の逮捕状請求権者である司法警察員と同じく，「公安委員会が指定する警部以上の階級にある司

法警察員」を指す（犯罪捜査規範119条1項）。原則として，指定司法警察員以外に緊急逮捕に当たった警察官自身にも逮捕状請求を行わせるのを認めたのは，当該逮捕に当たった警察官が事案の内容を最も把握していると考えられるから，手続の確実性を期待する意味であると解されている（安冨・刑訴97頁）。

以上から，本問設例の司法巡査Kが緊急逮捕の逮捕状請求手続を行うことは適法である。

ウ　逮捕状請求書の記載事項，疎明資料等

Q14

司法警察員Kは，Aがコンビニエンスストアで店員Vを脅迫した上で売上金1万円を奪ったとして強盗罪で緊急逮捕したが，緊急逮捕状請求時までの捜査によって得られた資料により，AのVに対する脅迫がVの反抗を抑圧する程度には至っていないことが認められるに至った。KはAの緊急逮捕状請求に当たり，いかなる罪名及び被疑事実を記載すべきか。

A

強盗罪の被疑事実を記載すべきである。

解　説

緊急逮捕時は強盗罪（刑法236条1項）で被疑者を逮捕したものの，逮捕状請求時までの捜査により，被疑者に対しては恐喝罪（刑法249条1項）の範囲でしか被疑事実を認定することができない状況になったという場合において，逮捕状請求書に記載する被疑事実及び罪名は，強盗罪・恐喝罪のいずれのものにすべきであろうか。

この点，まず，緊急逮捕後に逮捕状の請求を受けた裁判官は，逮捕時における緊急逮捕の要件と，逮捕状請求許否の判断時における通常逮捕の要件を審査し，その双方の要件が備わっているときは緊急逮捕状を発し，そのいずれかの要件を欠いているときは緊急逮捕状の請求を却下する。

そして，緊急逮捕状の発付は，緊急逮捕の合憲性を担保し，司法的抑制を

図った法の趣旨を満たすためのものであるから、緊急逮捕状が先に令状なしに行われた逮捕行為を追認する性質を有していると解されている（岡村治信・実務ノート（3）29頁、赤木明夫「緊急逮捕後罪名が変った場合の措置」判タ296号123頁、小田・令状基本（上）181頁、藤永・注釈刑訴3巻166頁）。

なお、緊急逮捕時には緊急逮捕の要件が存していたが、裁判官による逮捕状請求許否の判断時に通常逮捕の必要性が認められない場合には、当該逮捕状請求は却下され、被疑者は直ちに釈放されることとなるが、これは前記緊急逮捕状の本質と何ら矛盾するものではない。なぜなら、司法的抑制及び令状主義の見地からすれば、裁判官が緊急逮捕後において、逮捕の必要性が消滅したと判断しているのにもかかわらず、警察官等の判断により被疑者の身柄拘束を継続することが許されるべきではないからである。また、通常逮捕の場合であっても逮捕後に逮捕の必要性が消滅したのであれば逮捕時間内でも被疑者を釈放しなければならないのであるから、いかに緊急逮捕状が緊急逮捕行為の追認との本質を有しているとしても、当該性質から裁判官が通常逮捕の必要性を認めない場合においても緊急逮捕状を発付すべきということにはならない（小田・令状基本（上）182頁参照）。

このように、緊急逮捕状の性質を緊急逮捕行為の追認とみるならば、裁判官は緊急逮捕の要件の存否については緊急逮捕時を基準として判断すべきということになるから、逮捕状請求書に記載すべき罪名及び被疑事実は緊急逮捕時の罪名及び被疑事実ということになる。これを受け、裁判官は、緊急逮捕時において、当該罪名及び被疑事実につき、緊急逮捕の要件の該当性について判断することとなる。

以上を前提に本問設例について検討すると、緊急逮捕後直ちに請求する逮捕状請求書には、緊急逮捕時の罪名及び被疑事実である、強盗罪の被疑事実を記載すべきである。

裁判官は当該請求許否の判断に当たり、逮捕時において強盗罪で緊急逮捕するための要件が存在していたか否かを事後的に判断して、その要件が存在していたと認められれば、たとえ逮捕後に得られた資料により恐喝罪の被疑事実しか認められないとしても、強盗罪の被疑事実による緊急逮捕状を発付すべきこととなる。また、逮捕時における資料によっても恐喝罪の事実しか

認められないときは、被疑事実に対する裁判官の法律判断は逮捕状請求書の罪名に拘束されないことから、恐喝罪の被疑事実で逮捕状を発付すべきこととなる（赤木明夫「緊急逮捕後罪名が変った場合の措置」判タ 296 号 123 頁、藤永・注釈刑訴 3 巻 166 頁）。

なお、本問設例において、司法警察員が強盗罪で緊急逮捕したのにもかかわらず、恐喝罪で緊急逮捕状を請求した場合には、逮捕状請求書記載に瑕疵があることにはなるが、当該瑕疵は軽微であり、形式的なものにすぎないことから、そのまま逮捕時において認められる罪名を記載した緊急逮捕状を発付してもよいといえよう（小田・令状基本（上）182 頁、藤永・注釈刑訴 3 巻 167 頁）。

Q15

甲警察署地域課巡査部長Kは、AをVに対する傷害の疑いで緊急逮捕した。逮捕時点において、Kが見る範囲で、Vが口から血を流していることが明白であった。Kは、Vを病院に連れて行き、医師の診察を受けさせたところ、Vについて加療約 1 週間の口腔内裂傷との診断書を得ることができた。そこでKは、この診断書を緊急逮捕状の疎明資料に含めて緊急逮捕状を請求した。Aを逮捕した手続は適法か。

A

適法である。

解 説

刑訴法 210 条は、緊急逮捕について定めており、緊急逮捕の要件は、①死刑又は無期若しくは長期 3 年以上の懲役若しくは禁錮に当たる罪を犯したと疑うに足りる充分な理由があること、②急速を要し、裁判官の逮捕状を求めることができないこと、③逮捕の必要性があることの 3 つである。このような厳格な実体要件を備える場合には、憲法 33 条の採用する令状主義から要求されるはずの事前の令状審査という手続要件を後回しにしたとしても令状主義の合理的な例外として許容されると解されている（渡辺・大コメ刑訴 4 巻 461 頁）。

その一方で，手続要件として④逮捕後直ちに裁判官の逮捕状を求める手続をすることが要求されている。これは，刑訴法上の要請であって，捜査機関による逮捕が濫用にわたり，被疑者の人権を不当に侵害することになるのを防ぐためのものであると解される（秋山・令状基本（上）168頁）。

　緊急状態の下で重大犯罪を犯したと疑うに足りる充分な理由がある場合には，無令状での逮捕をすることが，令状主義の合理的な例外として認められるものである以上，その要件となる充分な理由は，逮捕時点において備わっていなければならない。例えば，覚醒剤を隠し持っている疑いのある男がいるとして，捜査機関として，その男を緊急逮捕した上で，その男の身体を捜索したところ，やはり覚醒剤を持っていたことが発覚したとする。逮捕時においては覚醒剤所持を疑うに足りる充分な理由が認められなかった場合に，逮捕後に結果的に覚醒剤を持っていたことが判明したことを緊急逮捕の要件を満たすことの疎明資料に用いることができることになると，後から得た知識によって既になされた処分を正当化できる，後知恵を許すことになってしまうのである。このような後知恵を許してしまっては，事前に司法審査を経ることにより一般的探索的な捜査活動を禁じようとする令状主義は没却されてしまうのであり，後知恵に基づくような緊急逮捕は令状主義の合理的な例外とはいえなくなる。よって，緊急逮捕の要件は，逮捕時において存在することが必要であり，しかもその判断の資料は逮捕者が認識し得た具体的状況に基づくことを要し，逮捕後に生じた状況を資料とすることは許されないのである（藤永・注釈刑訴3巻165頁，小田・令状基本（上）179頁）。

　とすれば，本問設例のように逮捕後に入手した診断書を逮捕状請求の際の疎明資料に用いることも許されないのであろうか。

　確かに，例えば，暴行を受けたVが受傷しているか不明であったものの傷害の被疑事実で緊急逮捕し，逮捕後緊急逮捕状請求までの間にVが病院で診断を受けて，初めて傷害を受けていたことが判明した場合を考えてみると，当初の緊急逮捕の時点では，受傷しているか不明であったのであるから，逮捕できるとすれば暴行罪ということになるが，暴行罪の法定刑は，2年以下の懲役若しくは30万円以下の罰金又は拘留若しくは科料であるから，緊急逮捕の要件を満たさず，緊急逮捕することは許されない。このような場合に

逮捕後に得られた診断書を疎明資料として付け加えることによって，当初なされた暴行罪の緊急逮捕という違法な逮捕を後から手に入れた疎明資料によって傷害罪の緊急逮捕として正当化しようとするのは許されない。

しかし，逮捕時に逮捕者にとって，Ａから暴行を受けたＶの受傷の事実が具体的に明らかに認識し得たのであれば，傷害罪として緊急逮捕の要件を満たすと解され，Ａを緊急逮捕することができる。緊急逮捕の要件は，逮捕時点において，逮捕者にとって具体的に認識し得た事情であれば足りるものであり，それがその当時において書面化されていなければならないものではない。緊急逮捕は，緊急状態の下における令状主義の合理的例外なのであるから，逮捕状請求に当たっての疎明資料については，逮捕時点において既に書面化されているとは限らず，逮捕時点で具体的に認識し得た事情を逮捕後に書面化したものを逮捕状請求の際の疎明資料に含めてもよいと解される（藤永・注釈刑訴3巻165頁，小田・令状基本（上）179頁）。

ここで本問設例をみてみると，逮捕時点において，Ｋが見る範囲で，Ｖが口から血を流していることが明白であったというのであるから，Ａから暴行を受けたとされるＶの受傷の事実は具体的に明らかに認識し得たと認められるから，Ａを傷害罪として緊急逮捕することができる。診断書は，逮捕時に逮捕者であるＫが具体的に認識し得た事情を推認する側面を持ち，これを書面化したものといえるから，これを逮捕状請求の際の疎明資料に含めてよいと解する。

エ 釈放した場合等における逮捕状請求の要否

Q 16

甲警察署地域課巡査部長Ｋは，目撃者Ｗの目撃供述を基に強盗致傷事件を起こしたとされるＡを緊急逮捕した。その後，Ｋらは，被害者Ｖによる面割り捜査や防犯ビデオの精査をした結果，人違いであることが判明し，Ａを釈放することとした。釈放した後もＫらは，逮捕状の請求をする必要があるか。

A

必要がある。

解　説

　緊急逮捕における事後の令状審査の手続においては，二つの側面を審査していると解される。一つは逮捕時における緊急逮捕の要件の存否の審査であり，もう一つはその審査手続の時点における通常逮捕の要件の存否の審査である。

　緊急逮捕の要件は，逮捕状なくして被疑者を逮捕するための要件であって，裁判官が逮捕状を発付するための要件ではない。「緊急逮捕状」という特別な逮捕状があるわけではなく，緊急逮捕の場合に事後に発付される逮捕状は通常の逮捕状であって，逮捕状発付の要件としては通常逮捕の要件があれば足りることになるのであるが，この場合の逮捕状は緊急逮捕による身柄の拘束を前提に発せられるものであるから，緊急逮捕がその要件を備えない違法なものである場合には，かかる違法な身柄拘束を前提として逮捕状を発することができない関係上，逮捕時において緊急逮捕の要件を備えていることが逮捕状発付の要件となるにすぎないのである。であるから，緊急逮捕の要件は逮捕時において備えていることが必要となる一方で逮捕状発付の時点まで存続することは必要ではない。他方で，通常逮捕の要件は，逮捕状発付の時点まで存続していることが必要になる。なぜなら，逮捕状発付の時点において通常逮捕の要件がないのに逮捕状を発付するのは令状主義の建前に反するのみならず，この場合に逮捕状が発せられれば，逮捕後48時間又は72時間の被疑者の身柄の拘束が許されることになるが，通常逮捕の要件もないのにその後の身柄拘束の根拠となる逮捕状を発することは許されるべきではないからである（小田・令状基本（上）180頁）。

　本問設例のように既に釈放している場合であれば，逮捕状発付の時点において，通常逮捕の要件を満たさないことはもとより，逮捕状自体も必要とされない場面であるから，緊急逮捕後に釈放した場合には逮捕状請求が不要になるようにも思える。刑訴法210条1項は，緊急逮捕した場合には，「直ちに裁判官の逮捕状を求める手続をしなければならない。逮捕状が発せられないときは，直ちに被疑者を釈放しなければならない。」と規定しており，逮捕状を請求する時点において被疑者の身柄を確保していることを前提として

いるようにも読むことができる。

　しかし，緊急逮捕における事後の令状審査において審査される二つの側面のうちの残りの逮捕時における緊急逮捕の要件の存否の審査が必要なのであるから，釈放した場合においても，逮捕状請求の手続が必要とされる（廣上・令状ハンドブック 55 頁）。

　犯罪捜査規範 120 条 3 項も「被疑者を緊急逮捕した場合は，逮捕の理由となつた犯罪事実がないこともしくはその事実が罪とならないことが明らかとなり，または身柄を留置して取り調べる必要がないと認め，被疑者を釈放したときにおいても，緊急逮捕状の請求をしなければならない。」と規定している。

　釈放した場合にも逮捕状請求をし，逮捕時点における緊急逮捕の要件の審査を受けることで，緊急逮捕行為の適法性が追認されることになる。その際の逮捕状請求書の記載であるが，逮捕状請求書には，釈放の年月日，その理由，釈放者の官公職氏名印等を記載すべき欄はないが，裁判官が通常逮捕の要件の有無を審査するための資料として当然必要な事情であるから，捜査官は逮捕状請求書の欄外又は別紙を利用して，これらの釈放に関する事由を明記して逮捕状請求をすべきであるとされる（小泉祐康「緊急逮捕後被疑者を釈放した場合と逮捕状請求の要否」判タ 296 号 121 頁）。

　では，請求を受けた裁判官は，逮捕状を発付すべきであろうか。

　この点，緊急逮捕の適法性を追認するため逮捕状を発付すべきであるとする立場もある（藤永・注釈刑訴 3 巻 166 頁）。

　しかし，緊急逮捕の適法性を追認するためといっても，捜査官として逮捕状自体が必要とまでは考えられないし，逮捕状が発付されることで身柄拘束の根拠となる外観を有する令状が存在することになり，無用の混乱を生じるおそれがあり（熊谷浩明「緊急逮捕後被疑者を釈放した場合の逮捕状請求の要否」令状 I 83 頁），かえって有害となり得る。そもそも緊急逮捕の事後の令状審査においては，逮捕時点の緊急逮捕の要件の審査だけでなく，逮捕状発付時点の通常逮捕の要件の審査も行われるものであって，緊急逮捕後に釈放した場合には通常逮捕の要件を備えていないものと考えられ（本問設例の場合では，人違いと判明したのであるから，A には「罪を犯したことを疑うに足りる相

当な理由」（刑訴法199条1項）を満たさないことになる。事例を異にして，逮捕の理由があるとしても，釈放しているということは，被疑者の逃亡のおそれや罪証隠滅のおそれ等が認められず，逮捕の必要がない場合と考えられ，やはり通常逮捕の要件を満たさないことになる。），逮捕状は発付されないこととなる。もちろん逮捕状発付の時点で通常逮捕の要件を満たさないからといって，緊急逮捕が違法となるわけではないし，逮捕時点で緊急逮捕の要件の存否を令状審査において審査したことを明らかにしておくべきであるといえるから，令状裁判官においては，逮捕状請求を却下することになるが，その却下の理由中において緊急逮捕自体が適法であったことを明記すべきである（小泉・前掲121頁，渡辺・大コメ刑訴4巻473頁）。

したがって，本問設例の場合，緊急逮捕したＡについて人違いであるとして釈放をしたとしても警察官Ｋは，逮捕状請求手続を行う必要がある。請求を受けた裁判官としては逮捕状請求を却下することになるが，その却下の理由中に緊急逮捕自体が適法であったことを明記する必要があるものと解される。

Q17

甲警察署の司法巡査Ｋは，被疑者Ａを強盗の被疑事実で緊急逮捕し，甲警察署の司法警察員Ｌに引致途中，Ａに逃走された。この場合であっても，Ｋは，緊急逮捕状を請求する必要があるか。Ａの逃走が引致後である場合はどうか。

A

被疑者が逃走した場合でも，緊急逮捕状の請求が必要であり，このことは被疑者の逃走が引致前でも引致後でも異ならない。

解　説

緊急逮捕をした場合は，「直ちに裁判官の逮捕状を求める手続をしなければならない。」（刑訴法210条1項）とされている。

この点，被疑者が逃走して逮捕者の実力支配内から脱した場合は，刑訴法210条1項所定の被疑者を逮捕した場合に該当しないとして，本問設例のよ

うな場合においては、緊急逮捕状を求める必要はないとの見解もあり得る。

しかし、緊急逮捕は、法の厳格な要件の下に、緊急を要する例外的な場合として令状なくして逮捕が許されるものであり、緊急逮捕状の発付があって初めて令状による逮捕として合憲・適法なものとなるのであって、たとえ緊急逮捕の要件を備えていても緊急逮捕状の請求の手続を執らないと令状によらない逮捕である（新関・令状基本（上）183頁、高田・注解刑訴（中）115頁、藤永・注釈刑訴3巻164頁）。

したがって、いやしくも、緊急逮捕として、被疑者の身体の拘束が行われ、被疑者が逮捕者の支配内に入った以上は、既に逮捕行為が開始されたのであるから、以後被疑者がこの支配を脱したときにおいても、それまでになされた逮捕行為の当否について、裁判官の審査を経なければならないといえる（新関・令状基本（上）183頁）。

このことからすれば、緊急逮捕状の請求は、被疑者を釈放した場合でもしなければならないし（本書Q 16（34頁）参照）、被疑者が緊急逮捕状の請求前に逃走した場合、緊急逮捕行為に着手し、被疑者に強制力を加え、又は被疑者の捜索のため住居等に立ち入ったが逮捕に成功しなかった場合も、緊急逮捕状の請求が必要である（藤永・注釈刑訴3巻164頁、新関・令状基本（上）183頁、高田・注解刑訴（中）115頁）。

犯罪捜査規範120条3項も、「被疑者を緊急逮捕した場合は、逮捕の理由となつた犯罪事実がないこともしくはその事実が罪とならないことが明らかになり、または身柄を留置して取り調べる必要がないと認め、被疑者を釈放したときにおいても、緊急逮捕状の請求をしなければならない。」と規定している。

厳密に考えると、引致前あるいは引致の途中で被疑者が逃走した場合にはそもそも緊急逮捕したとはいえないという議論も考えられるが、前述のとおり、緊急逮捕行為が行われ、被疑者の身柄が逮捕者の支配内に入った以上、引致の前後を論ずるまでもなく、それまでになされた緊急逮捕行為の適法性について司法審査を受ける必要があるので、緊急逮捕状請求の必要があるというべきである（廣上・令状ハンドブック62頁）。

これを本問設例についてみると、Aが逃走したとしても、Aについての緊

急逮捕行為がなされたのであるから，当該緊急逮捕の当否について司法審査を受ける必要がある。このことは，Aの逃走が引致前でも引致後でも異ならない。したがって，いずれの場合においても，Kは緊急逮捕状を請求する必要がある。

2　緊急逮捕をめぐる諸問題

(1)　任意取調べと緊急逮捕

Q18

　司法警察員Ｋは，管内住宅街で起こった住居侵入・窃盗事件について捜査を遂げ，同事件の犯人がＡであるとの確信を持ち，Ａの通常逮捕状を請求するだけの証拠を収集した。しかし，Ｋは，念を入れて，Ａを任意で取り調べた上で犯行を自供すれば直ちに逮捕状を請求しようと考えた。ＫがＡに任意同行を求めるためＡ方に赴いたところ，Ａは，玄関先で同事件の犯行を認めたが，いきなり隙を見て逃走を図ったため，Ａを緊急逮捕した。かかる逮捕手続は適法か。

A

　適法ではあるが，通常逮捕状の請求が可能であるならば，通常逮捕状を得ておくことが望ましい。

解　説

　実務上，被疑者をまず任意で取り調べ，その供述を得て緊急逮捕することはしばしば行われていることであるし，それが違法ではないことは明らかである（なお，任意取調べ中の緊急逮捕の可否につき，本書Ｑ６（15頁）参照）。
　もっとも，その多くは，被疑者の供述を待って初めて逮捕するに足る資料が整ったという事例であると思われるが，本問設例は，既に任意出頭を求める段階で通常逮捕状の請求が可能であった事案であり，かかる事案における緊急逮捕の可否が問題となる。
　もとより，通常逮捕状の請求が可能なほどに証拠が収集されても，なお慎重を期し，任意取調べにより捜査官が被疑事実について被疑者を十分問い質し，供述を尽くさせて，十分な心証を得てから通常逮捕状を請求することが必要かつ妥当であることも多い（渡辺・大コメ刑訴４巻480頁）。
　したがって，結論としては，本問設例における緊急逮捕が違法となるとは

考えられない。

　もっとも，運用としては，まず任意出頭を求めるとしても，通常逮捕状の請求が可能な状況にあるならば，任意出頭に先立って通常逮捕状を得ておくことが望ましいと思われる。

　前記のような，慎重を期して被疑者を逮捕するという観点からは，事前に通常逮捕状を得ておいた場合においても，任意取調べにより十分な心証を得てから当該逮捕状を執行すればよいわけであるし，被疑者の身柄拘束については，やはり事前に逮捕状を得るというのが法の原則であると考えられるからである（小林・令状基本（上）127頁）。

(2)　通常逮捕状の緊急執行と緊急逮捕

Q19

　甲警察署の司法巡査Ｋは，強盗致傷事件で指名手配されていた被疑者Ａを管内で発見した。もっとも，逮捕状は甲警察署の司法警察員Ｌが所持しており，ＬはＡの立ち回り先として情報を得ていた乙警察署管内のＡの実家に行っていた。そのため，Ａを逮捕しても速やかな逮捕状の呈示が不可能と考えられる状況であった。このような場合，Ｋは，Ａを緊急逮捕できるか。

A

　Ａを緊急逮捕できる。

解　説

　通常逮捕状が発付されているにもかかわらず，これを執行しないで緊急逮捕することが許されるかという問題である。この問題は，実務上，いわゆる指名手配がなされている場合に生じることがある。

　いわゆる指名手配がなされている場合に，手元に逮捕状を有していなければ，逮捕状の緊急執行によることになる。刑訴法201条2項により準用される73条3項は，逮捕状の緊急執行について規定し，そのただし書において，逮捕状は「できる限り速やかにこれを示さなければならない」とされている。

この逮捕状の呈示時期については、逮捕の際の令状呈示が原則（刑訴法201条1項）である以上、余り緩やかに解することは妥当ではない（佐々木・令状基本（上）164頁、渡辺・大コメ刑訴4巻283頁）。逮捕状による逮捕の手続としては、事前若しくは事後に逮捕状を示すことが絶対に必要であって（刑訴法201条）、令状の呈示は逮捕手続の適法要件であり、令状の呈示を欠く逮捕手続は違法となる。したがって、緊急執行の場合における逮捕状の事後呈示は、遅くとも、司法警察員逮捕の場合は逮捕時から最大限72時間以内、検察官逮捕の場合は最大限48時間以内になされることが必要である（なお、本書Q93（216頁）参照）。

では、このような速やかな逮捕状の呈示が不可能な場合どうすべきか。

この場合、逮捕状の事後呈示が遅れ、時間不遵守の事態が生じた点については、刑訴法206条、刑訴規則148条2項により、正当な理由を疎明することによってまかなえるとする考えもあり得よう。

しかし、事後の速やかな逮捕状の呈示が不可能な場合には緊急逮捕するほかないし、刑訴法206条、刑訴規則148条2項の適用を必要とするようなケースでは、むしろ緊急逮捕をして法定の制限時間内に身柄の処置をすることの方が被疑者にとって利益ですらある。また、緊急逮捕の要件がある限り、これを否定すべき根拠はない。したがって、逮捕状の緊急執行が不可能、不相当な場合において、緊急逮捕の要件がある場合には緊急逮捕をすることは許されると解する（渡辺・大コメ刑訴4巻284頁、佐々木・令状基本（上）164頁、藤永・注釈刑訴3巻168頁）。通常逮捕状の発付があるので逮捕状を求める余裕があったことになるが、緊急性の要件としては、その場で逮捕しなければ逮捕を困難にするという事情により満たされると解する（藤永・注釈刑訴3巻168頁）。

これを本問設例についてみると、逮捕状は発付されていたものの、これを所持していたのはLであり、Lは、乙警察署管内に行っていたため、Aを逮捕しても速やかな逮捕状の呈示が不可能と考えられる状況であったから、緊急逮捕の要件を満たしていれば、緊急逮捕できることになる。

本問設例では、Aの被疑事実は強盗致傷罪で、その法定刑は無期又は6年以上の懲役であるから（刑法240条前段）、「死刑又は無期若しくは長期3年

以上の懲役……にあたる罪」と定める緊急逮捕の対象犯罪であり，逮捕状が発付されていることが分かっているから嫌疑の充分性の要件も満たすといえるし，Aは指名手配犯であってその場で逮捕しなければ逃走されるおそれが大きいから，「急速を要し，裁判官の逮捕状を求めることができないとき」との要件も満たすといえる。

よって，緊急逮捕の要件を満たすから，Kは，Aを緊急逮捕することができる。

(3) 緊急逮捕後に被疑者が逃走した場合の再度の身柄拘束方法

Q20

甲警察署地域課巡査部長Kらは，強盗致傷事件の犯人であるAを緊急逮捕した。Kらが甲警察署にAを引致する前，Aは，Kらの隙をついて逃走した。Kは，どのようにすればAの身柄を確保できるか。

A

緊急逮捕の要件を満たす限りは緊急逮捕をすることにより身柄を確保できるが，その要件を満たさない場合には，通常逮捕の手続によるべきである。

解　説

被疑者の逮捕は，その身体を官公署に引致したときに完了する。引致とは，逮捕した被疑者の身柄の措置を決めるため，強制力を用いて，これを決定する権限のある司法警察員等の下に連れて行くことをいう（安冨・刑訴111頁）。引致前であれば逮捕行為が完了していないことになるので，通常逮捕の場合，逮捕した被疑者が官公署への引致前に逃走した場合には，発せられている逮捕状で再度逮捕することができる。逮捕状の本来的な効果が，被疑者を逮捕し引致する権限を捜査機関に付与する点にあるとすると，逮捕状は，いったん逮捕に着手した後でも，引致が完了するまでは，その目的を達したことにならないから，それ以前の段階で被疑者が逃亡したような場合

は，逮捕状によりさらに逮捕行為を続行することができると解されている（木谷・令状基本（上）191頁）。

では，本問設例の緊急逮捕の場合はどうか。

緊急逮捕の場合には逮捕行為の時点において逮捕状は存在しないのであるから，逮捕状によりさらに逮捕行為を続行するという通常逮捕の場合と同様に考えることはできない。緊急逮捕は，令状主義に対する合理的な例外として，厳格な要件の下，無令状で逮捕することが許容されているものである。とすれば，緊急逮捕行為に及び，いったん逮捕したものの引致前に逃走された場合において，再度，逮捕行為に及ぶためには，その再度の逮捕行為に及ぶ際にも緊急逮捕の要件を満たす必要がある。緊急逮捕の要件は，刑訴法210条1項が定めており，①死刑又は無期若しくは長期3年以上の懲役若しくは禁錮に当たる罪を犯したと疑うに足りる充分な理由があること，②急速を要し，裁判官の逮捕状を求めることができないこと，③逮捕の必要性があることの3つが実体的要件として要求され，これら実体的要件を備えていることについて，④逮捕後直ちに裁判官の逮捕状を求める手続をすることで事後的な令状審査を受けるという手続的要件が要求されている。

いったん緊急逮捕したものの引致前に逃走された場合において，要件として問題となるのは，②急速を要し，裁判官の逮捕状を求めることができない場合，いわゆる緊急性の要件である。この緊急性の要件は，通常逮捕によったのでは被疑者が逃亡し又は罪証隠滅のおそれがある場合をいい，㋐被疑者が逃亡し，又は罪証隠滅する可能性が高いこと，㋑逮捕状請求の時間的余裕がないことである（安冨・刑訴96頁）。確かに現に逃亡している以上，㋐逃亡・罪証隠滅のおそれが認められる。しかし，いったん逃亡してしまった場合には，眼前にいる被疑者の身柄を確保しなければ逃亡・罪証隠滅されるおそれのある緊急事態は終了しており，捜査機関としては，逃亡した被疑者を追跡・身柄確保するための態勢を整えなければならない。このような態勢を整える段階に至っているのであれば，もはや逃亡のおそれを考慮しての無令状での逮捕を認める理由はなくなり，原則に立ち返り，事前の令状審査を受けるべきであるから，㋑の要件を満たさないことになる。もちろん，被疑者が逃走を開始しても，いまだ完全に逮捕者の支配を脱していないと認められ

る限り，旧逮捕行為の続行としてこれを追跡・逮捕することはできるし，また，完全にその支配を脱した場合でも，逃走後の比較的短時間内に発見され，逮捕状の発付を受けるいとまのなかった場合には，緊急性の要件を満たすことになって，緊急逮捕が許される場合がある（木谷・令状基本（上）190頁）。

　よって，本問設例のように緊急逮捕したが引致前に逃走された場合について，完全に逮捕者の支配を脱し，しかも逃走から時間を経過して緊急事態と認められない場合には，緊急性の要件を満たさないことになり，再度の逮捕の時点における緊急逮捕の要件を満たさないから，緊急逮捕はできない。原則に立ち返り，通常逮捕の手続を執ることになる。

　ちなみに，被逮捕者は，刑法97条にいう「裁判の執行により拘禁された既決又は未決の者」には当たらないので，単純逃走罪での現行犯逮捕をするという措置を執ることができないことは明らかである。仮に被逮捕者が既に勾留されている場合であれば，刑法97条の「未決の者」に当たることになり，単純逃走罪での現行犯逮捕が可能となるほか，勾留状の執行として，被疑者を指定の場所に引致することができ，一定期間被疑者を留置することができることになるから，その勾留の裁判の効力として，逃亡した被疑者を再拘束することができると解される（木谷・令状基本（上）193頁）。

Q21

　甲警察署地域課巡査部長Ｋらは，強盗致傷事件の犯人であるＡを緊急逮捕し，甲警察署に引致した。ところが，引致後，Ａは，Ｋらの隙をついて逃走してしまった。Ｋは，どのようにすればＡの身柄を確保できるか。Ｋらは，緊急逮捕状を得れば，その逮捕状を理由にＡを逮捕することができるか。

A

　通常逮捕手続を行い，その逮捕状をもってＡの身柄を確保すべきである。緊急逮捕の逮捕行為に着手している以上は，緊急逮捕状の請求手続を行う必要があるが，仮に緊急逮捕状が発付されたとしても，当該緊急逮捕状によりＡを逮捕することはできない。

解　説

　通常逮捕の場合，逮捕した被疑者が官公署への引致前に逃走した場合には，発せられている逮捕状で再度逮捕することができるが，引致後に逃走した場合には，新たに逮捕状を請求しなければならず，新たに発付された逮捕状によって被疑者を逮捕しなければならないことになる（安冨・刑訴106頁）。緊急逮捕の場合，引致前であっても引致後であっても，身柄拘束した被疑者が逃亡してしまった場合には，さらに逮捕する時点において緊急逮捕の要件を満たさない限りは被疑者を緊急逮捕することはできず，その場合は通常逮捕の手続を執る必要があるから，通常逮捕状を請求することになる。

　ところで，緊急逮捕の場合，逮捕後に被疑者が逃走した場合であっても，緊急逮捕の逮捕状を請求する必要があると解される（本書 Q 17（37頁）参照）。確かに，刑訴法210条1項は，緊急逮捕した場合には「直ちに裁判官の逮捕状を求める手続をしなければならない。逮捕状が発せられないときは，直ちに被疑者を釈放しなければならない。」と規定しており，逮捕状請求の時点において被疑者が身柄拘束されていることを前提とするかのように読むことができるから，その反対解釈として，被疑者が逃走してしまって身柄拘束下にない場合には，逮捕状請求が不要であるかのように思える。しかし，刑訴法が求めている事後の令状審査においては，逮捕時点における緊急逮捕の要件の存否及び令状発付時点における通常逮捕の要件の存否が審査されることになると解されており（小田・令状基本（上）180頁），今後の身柄拘束の根拠となるべき逮捕状としての必要性が認められないとしても，逮捕時点における緊急逮捕の要件の存否について審査を受ける必要はあるのである。この点，刑訴法210条1項の規定は，必ずしも緊急逮捕の逮捕状の請求時に身柄拘束ないしその可能性を要件とするものではなく，被疑者の身体の拘束を継続している場合について，その逮捕状が発せられないときは，直ちに被疑者を釈放しなければならない旨明らかにしたものと解すべきであり，また，緊急逮捕の適法性を判断するに当たり，被疑者本人の陳述を聴くことは法律上その要件とされていないことからすれば，被疑者が逃走した場合であっても，緊急逮捕の逮捕状を請求する手続をしなければならないものと解

される（新関・令状基本（上）183頁）。

　本問設例の場合も，緊急逮捕の逮捕行為に着手している以上は，その逮捕行為の適法性，すなわち逮捕行為の時点において緊急逮捕の要件を備えていたか否かの審査を受ける必要があり，逮捕し，引致した後に逃走された場合においても緊急逮捕の逮捕状を請求する手続を行う必要がある。

　では，次に，緊急逮捕の逮捕状が発付された場合には，その逮捕状を用いて，Ａを身柄拘束することができないかが問題となり得る。

　この点，被疑者の逃走等により身柄拘束がなされていない場合においては，今後の身柄拘束の必要性を審査する必要がなくなり，既になされた緊急逮捕の適法性を審査するためだけであれば，あえて逮捕状を発付する必要性に乏しく，逮捕状請求を却下し，その理由中の判断において緊急逮捕の適法性を判断すれば足りることから，本来，逮捕状を発付すべきではないことになる。

　しかしながら，既になされた緊急逮捕の適法性を明らかにするために逮捕状を発付すべきであるとする見解もあり（藤永・注釈刑訴3巻166頁），仮にこの見解に立った上で，実際に緊急逮捕の逮捕状が発付されたのであれば，改めて通常逮捕の手続を経て逮捕状を得る必要はなく，緊急逮捕の逮捕状をもって，逃亡した被疑者を逮捕することができると考える余地もありそうではある。

　しかし，緊急逮捕の逮捕状請求における令状審査の主眼は，既になされた逮捕行為が緊急逮捕の要件を備えている否かの審査にある。緊急逮捕の逮捕状は，第一次的には，それまでの逮捕行為の適法性を是認するに止まるものであって，これにより新たな逮捕行為を許容する性質のものではないから，これによって，被疑者を再度逮捕することはできないものと解される（新関・令状基本（上）184頁）。

　したがって，本問設例のような場合，緊急逮捕行為に及んでいる以上は，その逮捕行為が緊急逮捕の要件を備えるものであったかの審査のため，緊急逮捕の逮捕状請求の手続が必要である上，Ａを再度逮捕するためには，通常逮捕の逮捕状を請求し，その逮捕状を得て，逮捕する必要がある。

(4) 緊急逮捕手続に重大な瑕疵がある場合の対応

Q 22

司法警察員Kは，誤って暴行罪で緊急逮捕された被疑者Aの引致を受けたが，他方，引致までの捜査で，その暴行により傷害結果が発生したことが判明した。Kは，Aの身柄についてどのような手続を執るべきか。

A

いったん釈放した上で，改めて逮捕手続を執る必要がある。

解 説

　緊急逮捕は「長期3年以上の懲役若しくは禁錮にあたる罪」について認められるところ，暴行罪の法定刑は「2年以下の懲役若しくは30万円以下の罰金又は拘留若しくは科料」であり，同罪での緊急逮捕は要件を欠く違法な逮捕である。逮捕が違法である場合，身柄拘束の根拠に瑕疵があるのであるから，直ちに釈放して違法な身柄拘束状態を解消する必要がある。なお，逮捕手続に違法がある場合，その逮捕手続を基に行われた勾留請求は原則として却下されるというのが判例・通説の立場である（渡辺・大コメ刑訴4巻358頁以下参照）。

　他方，傷害罪の法定刑は「15年以下の懲役又は50万円以下の罰金」であり，緊急逮捕の前記の要件を満たす。しかし，緊急逮捕は逮捕にかかる罪名を基準に要件の具備を判断しなければならず，事後に事情変更があったからといって遡って手続が適法とはならない。傷害罪で緊急逮捕状を請求することは許されない。

　したがって，本問設例では，Aの暴行罪による緊急逮捕は違法である以上，Kは直ちにAの身柄を釈放すべきであるが，傷害結果が判明し，より重大な事件であることが判明しているのであるから，Aの逮捕の必要性自体はなお認められよう。この場合，同じ事実で改めてAを逮捕することは許されるだろうか。

(4) 緊急逮捕手続に重大な瑕疵がある場合の対応　49

　一般に，同一事実について再度の逮捕状の請求及びその発付が許される場合としては，①逮捕中の被疑者が逃亡したとき，②身柄の釈放後に被疑者に逃亡のおそれが生じたとき，③犯罪の嫌疑が不十分なため釈放した後，新たな証拠を発見し逮捕を必要とするときが挙げられる。これに対し，再逮捕を必要とするに至った原因が捜査機関側の落ち度に基づく場合については，逮捕手続，特に身柄拘束時間について厳格な規制を加えている法の趣旨を強調して再逮捕は許されないとする考えもあるが，捜査機関に手続の瑕疵があればその軽重にかかわらず一切の再逮捕，したがって勾留も許されないとして強制捜査の途を閉ざすのは妥当でないであろう。例えば，東京地決昭39・4・15刑資236・400は，「一旦被疑者を逮捕したが，それが違法であったとして釈放した後は，爾後任意捜査によるほかその取調ができないとすることは，犯罪捜査上重大な支障をきたし，犯罪が国家の治安に及ぼす影響等を考えると，必ずしも公共の福祉を達する所以ではない。」として，現行犯逮捕した被疑者につきその手続に瑕疵があるとして釈放後に改めて通常逮捕の上なされた勾留請求を認容するなど，一定の場合には再逮捕を許容する例は多い。

　この場合でも再逮捕が許される違法の程度はなお問題であるが，逮捕に関する厳格な時間制限，不当な蒸し返しを禁じている法の趣旨に照らすと，やむを得ない事由が何らないのに捜査官が時間制限を遵守しなかった場合や，嫌疑を支える証拠がほとんどないにもかかわらず，身柄拘束下で取調べを行い自白を得るために逮捕したような実体的要件を欠く場合等のような重大な瑕疵がある場合には，再逮捕は許されるべきではないだろう（同旨，小林・令状基本（上）209頁）。

　本問設例についてみてみると，暴行罪での緊急逮捕については，違法の程度として緊急逮捕の要件を欠いていることから軽視できるものではないが，実際に被害者の受傷事実があったことからすれば，結果的には緊急逮捕の要件を欠いていたわけではない。そうであれば，瑕疵の程度は重大とまではいえず，釈放により違法状態を解消した上で，なお逮捕の要件を充足するのであれば，再逮捕は許されると解されよう。そこで，Aの承諾が得られれば署内に留め置いた上で逮捕状の請求を行い，通常逮捕手続を執ることになる

が，Ａが直ちに帰宅を申し出るなどして急速を要し，罪証隠滅や逃亡のおそれが明らかであれば，傷害罪で緊急逮捕を行うことも可能であると考える。なお，緊急逮捕した手続に瑕疵があり釈放した場合であっても，事後的な緊急逮捕状の請求手続は履践しなければならない（犯罪捜査規範120条3項）。

(5) 逮捕状請求が却下された場合の再度の身柄拘束方法

Q23

甲警察署の司法警察員Ｋは，被疑者Ａを緊急逮捕し，裁判官に緊急逮捕状を請求したところ，「直ちに」の要件を欠くものとして却下された。Ｋは，同一の被疑事実につき通常逮捕状を請求してＡを逮捕できるか。

A

再逮捕を許すべき合理的理由があれば，Ａを通常逮捕により逮捕できる。

解説

緊急逮捕に基づく逮捕状の請求が「直ちに」の要件を欠くものとして却下された後，同一の被疑事実により通常逮捕状の発付をすることが可能か否かの問題である。なお，「直ちに」の意義については，本書**Q11**（24頁）を参照されたい。

緊急逮捕という短期間の身柄拘束に違法があった場合に，以後任意捜査しか許されないとするのは実体的真実主義から容認し得ない場合がある。しかし，緊急逮捕が否定されれば通常逮捕手続によればよいとするのでは，緊急逮捕の要件を緩やかに解する弊害がある。そこで，緊急逮捕が適法であっても，現在通常逮捕の要件がないという理由で却下された場合に，改めて通常逮捕できないことはいうまでもないが，緊急逮捕の違法を理由に請求が却下された場合には，その違法の性質，程度によって，再逮捕が許される場合があると解される（渡辺・大コメ刑訴4巻478頁）。なお，本書**Q22**（48頁）参照。

この問題に関し，浦和地決昭48・4・21刑裁月報5・4・874は，「緊急逮捕に基づく逮捕状の請求が『直ちに』の要件を欠くとして却下された場合に

通常逮捕が許されるか否か，また許されるとすれば，いかなる要件が必要かについて考えてみるに，逮捕状請求却下の裁判に対して，捜査機関に何ら不服申立の手段が認められていない現行法上，緊急逮捕に基づく逮捕状請求が『直ちに』の要件を欠くとして却下された後の通常逮捕が一切許されないとすることは，犯罪が社会の治安に及ぼす影響に鑑み，公共の福祉をも一の目的とする刑事訴訟法の趣旨に照し，到底採り得ないところといわざるを得ない。また，他方緊急逮捕に基づき直ちに逮捕状の請求がなされず，時間的に遅れた逮捕状の請求が却下された場合にも，その後一律に通常逮捕状の請求が許されるとすることは，緊急逮捕の要件が緩やかに解され，運用上大きな弊害の生ずることも考えられ，ひいては憲法の保障とする令状主義の趣旨が没却されることにもなるので妥当ではないといわなければならない。しかし緊急逮捕に基づく逮捕状の請求が『直ちに』の要件を欠くとして却下された後，特別の事情変更が存しなければ通常逮捕が許されないと解することも妥当ではない。けだし，右における逮捕状の請求は却下されたがなお逮捕の理由と必要性の存する場合，一旦釈放した被疑者が逃亡するなどの事情変更が生じなければ通常逮捕状の請求が許されないとすれば，犯罪捜査上重大な支障を来たし，結局は前記のような刑事訴訟法の趣旨に反するものと考えられるからである。よつて，勘案するに，緊急逮捕に基づく逮捕状の請求が『直ちに』の要件を欠くものとして却下されたもののなお逮捕の理由と必要性の存する場合には『直ちに』といえると考えられる合理的な時間を超過した時間が比較的僅少であり，しかも右の時間超過に相当の合理的理由が存し，しかも事案が重大であつて治安上社会に及ぼす影響が大きいと考えられる限り，右逮捕状請求が，却下された後，特別の事情変更が存しなくとも，なお前記した再逮捕を許すべき合理的な理由が，存するというべく，通常逮捕状に基づく再逮捕が許されるものといわなければならない。」と判示して，通常逮捕状に基づく再逮捕が許される要件を示した上で，当該事案については，「被疑者が緊急逮捕されて加須署に引致されたのが４月16日午後３時30分，浦和地方裁判所への逮捕状請求が同日午後９時で，その間５時間30分であるが，加須，浦和間の距離的関係に加えて本件事案の重大性，性質等に鑑みれば，本件の緊急逮捕に基づく逮捕状発付の請求が『直ちに』された

ものでないとしてもその超過時間は比較的僅少であると認められ，またその間被疑者は逃亡中の他の共犯者を緊急に逮捕するべくその割り出しのための取調べを受けていたものであつて，捜査機関には制限時間の趣旨を潜脱する意思は勿論なく，右時間超過には一応の合理的理由の存したことが窺われる。しかも，本件は5人の共犯者による4人の被害者に対する強盗致傷の事案で重大であり，社会に及ぼす影響も大きいと考えられる。」として，通常逮捕状の発付は適法とした。

同決定に従えば，本問設例においても，時間超過の合理的理由の有無，事案の重大性等に鑑み，再逮捕を許すべき合理的な理由があれば，Kは，同一の被疑事実につき通常逮捕状を請求してAを逮捕できるものと解される。

(6) 逮捕状の呈示の要否

Q24

司法警察員Kは，Aを殺人の被疑事実で緊急逮捕した後，直ちに逮捕状を請求し，逮捕状の発付を受けた。Kは，Aに対して，発付にかかる逮捕状を呈示しなければならないか。

A

呈示すべきである。

解　説

まず通常逮捕の場合について言及しておくと，逮捕状により被疑者を逮捕するには，逮捕状を被疑者に示さなければならない（刑訴法201条1項）とされる。また，逮捕状を所持しない場合でも，急速を要するときは被疑者に対して被疑事実の要旨及び逮捕状が発せられている旨を告げて逮捕することができる（同条2項，73条3項）が，この場合，逮捕後できる限り速やかに被疑者に逮捕状を示さなければならない（同項ただし書）。その趣旨は，被疑者に逮捕が被疑事実を明示する令状に基づくものであることを告知するための手続として定められたものであるとされている（松尾・条解386頁）。

では，本問設例のような緊急逮捕の場合はどうか。

刑訴法211条は，緊急逮捕の場合には通常逮捕に関する規定を準用するとしているが，同条によって準用される規定は，逮捕後の手続に関するものであり，具体的には，刑訴法202条から209条までである（渡辺・大コメ刑訴4巻481頁）。刑訴法201条は，あくまで「逮捕する」際の手続であり，緊急逮捕状の発付は身柄拘束後の手続であることから，文理上も刑訴法211条による準用はないこととなろう。

したがって，緊急逮捕状の発付後の呈示は，法的には要求されていないこととなるが，実際には被疑者に呈示することが妥当であろうし，実務上も呈示することとしている（藤永・注釈刑訴3巻167頁，渡辺・大コメ刑訴4巻477頁）。被疑者に対し，緊急逮捕状が発付されたことを告知する手続として，令状の呈示が必要と解されているからであろう。

（7） 逮捕状未発付のままの検察官送致の可否

Q25

司法警察員Kは，某年4月1日午前9時30分，Aを窃盗の被疑事実で緊急逮捕し，同日午前11時に逮捕状の請求を行ったが，同月3日午前9時を過ぎても逮捕状が発付されないままとなっていた。Kとしては，逮捕状未発付のまま，検察官に送致すべきか。

A

送致すべきと解する。

解説

刑訴法210条1項は，緊急逮捕の場合には，捜査機関に「直ちに裁判官の逮捕状を求める手続」を執ることを要求しているが，緊急逮捕状の発付については，特段の時間的制限に関する規定を置いていない。現行の実務を念頭に置けば，およそ本問設例のような事案は生じ難いものの，理論的には検討しておくべき論点であると思われる。

この点，学説には，逮捕状の発付が遅延する場合には，およそ逮捕状請求が却下された場合と同様に被疑者を釈放すべきであるとする見解（団藤・綱要341頁）もあるが，どの程度遅延すれば却下と同様に扱うのかが明確ではないし（渡辺・大コメ刑訴4巻477頁），捜査機関としては刑訴法の求める手続を履践している以上，逮捕状を発付すべき場合であるにもかかわらず常に釈放しなければならないという結論は妥当ではないように思われる。

　一方，司法警察員は，被疑者が身体を拘束された時から48時間以内に検察官に送致する手続をしなければならない（刑訴法203条1項）ことから，本問設例のKとしては，前記48時間の制限時間が切迫している以上，逮捕状未発付のまま，検察官に送致すべきものと考える（宮下・逐条解説Ⅱ85頁）。

　では，更なる問題として，Kから送致を受けた検察官としては，どのような対応をすべきであろうか。

　まず，送致を受けた後，勾留請求前に，緊急逮捕状の発付がなされた場合には，通常どおり，刑訴法205条の規定に従って，釈放，勾留請求又は公訴提起の判断をすることとなるし，緊急逮捕状が却下された場合には，被疑者を釈放しなければならないこととなろう。

　では，送致を受けた後も，緊急逮捕状の発付も却下もなされず，検察官が被疑者について勾留を請求した場合はどうであろうか。前述のとおり，捜査機関としては，刑訴法の求める手続自体は履践しているのであるから，検察官の勾留請求は適法と考える。この場合，勾留の裁判においては，勾留の理由及び必要性の存否のみならず，前提となる逮捕の適法性を審査できることに争いはないところであるから，勾留の裁判を担当する裁判官は，緊急逮捕の適法性についても判断した上で，勾留状を発付するかどうかを決することとなろう。そして，遅くとも勾留の裁判がなされた後には，緊急逮捕状の請求を受けた裁判官としては，その当否を判断する意味がもはや失われたことになるであろう（渡辺・大コメ刑訴4巻477頁）。

(8) 48時間の時間制限と緊急逮捕

Q 26

司法警察員Kは，某年4月1日午前10時30分にAを傷害の被疑事実で緊急逮捕し，同日午前11時50分に逮捕状を請求したところ，同日午後1時20分に逮捕状が発付された。その後，Kは，同月3日午前11時10分に検察官に送致する手続をしたが，かかる送致手続は適法か。

A

違法である。

解説

　刑訴法203条1項は，「司法警察員は，逮捕状により被疑者を逮捕したとき……は，……被疑者が身体を拘束された時から48時間以内に書類及び証拠物とともにこれを検察官に送致する手続をしなければならない。」と規定しており，この規定は，同法211条により，緊急逮捕の場合にも準用されることとなる。

　緊急逮捕の場合における48時間の起算点も，「被疑者が身体を拘束された時」，すなわち逮捕時点であって，緊急逮捕状請求時でも緊急逮捕状発付時でもない。

　本問設例においては，この起算点は，緊急逮捕時である某年4月1日の午前10時30分となるから，同月3日午前10時30分までに検察官に送致しなければならず，これを徒過した送致は刑訴法203条1項に違反した違法なものとなる。

第2 現行犯逮捕

1 現行犯逮捕
　(1) 軽微事件と現行犯逮捕（Q27〜Q28）……………… 58
　(2) 犯罪の現行性（Q29〜Q32）……………………… 61
　(3) 犯罪と犯人の明白性（Q33〜Q38）……………… 76
　(4) 現行犯人性の認定（Q39〜Q43）………………… 85
　(5) 現行犯逮捕の必要性（Q44）……………………… 98
　(6) 私人による現行犯逮捕（Q45〜Q52）……………102

2 準現行犯逮捕
　(1) 「間がない」の意義（Q53）………………………114
　(2) 犯罪と犯人の明白性（Q54〜Q55）………………118
　(3) 「犯人として追呼されているとき」（Q56〜Q57）
　　　……………………………………………………122
　(4) 「贓物又は明らかに犯罪の用に供したと思われる
　　　兇器その他の物を所持しているとき」（Q58〜Q60）
　　　……………………………………………………127
　(5) 「身体又は被服に犯罪の顕著な証跡があるとき」
　　　（Q61〜Q62）……………………………………135
　(6) 「誰何されて逃走しようとするとき」（Q63）……140

3 現行犯逮捕をめぐる諸問題
　(1) 共犯者の現行犯逮捕（Q64）……………………142
　(2) 現行犯逮捕における有形力の行使（Q65〜Q66）
　　　……………………………………………………144
　(3) 現行犯逮捕に着手した後に被疑者が逃走した場合
　　　（Q67）……………………………………………149
　(4) 現行犯逮捕に先立つ捜索・差押えの適法性（Q68）
　　　……………………………………………………151
　(5) 緊急逮捕すべきところを現行犯逮捕した場合
　　　（Q69）……………………………………………154
　(6) 準現行犯逮捕すべきところを現行犯逮捕した場合
　　　（Q70）……………………………………………156

1 現行犯逮捕

(1) 軽微事件と現行犯逮捕

Q 27

司法巡査Kは，Aが路上から民家の浴室の窓の中をうかがっているのを現認したため逮捕するべく声をかけ，身元を明らかにするよう求めたところ，Aは有効な運転免許証を素直に提示した。KはAを軽犯罪法違反の現行犯人として逮捕できるか。

A

現行犯逮捕できない。

解　説

　現行犯逮捕に関し，刑訴法217条は，「30万円（刑法，暴力行為等処罰に関する法律及び経済関係罰則の整備に関する法律の罪以外の罪については，当分の間，2万円）以下の罰金，拘留又は科料に当たる罪の現行犯については，犯人の住居若しくは氏名が明らかでない場合又は犯人が逃亡するおそれがある場合に限り，第213条から前条までの規定を適用する。」と規定し，一定の軽微な犯罪については，犯人の住居や氏名が明らかでない場合か，犯人が逃亡するおそれがある場合に限って現行犯逮捕を認めている。

　刑訴法217条の定める軽微犯罪については，法定刑の最高がこれらの刑である罪をいい，幇助犯等の場合も，正犯の法定刑を基準とする。このような犯罪に該当するかどうかは，逮捕時の犯罪事実による。

　また，「逃亡するおそれ」は逮捕の現場における判断であるから，犯人が合理的な理由なく現場から立ち去ろうとしているといった程度のものでよいとされる（渡辺・大コメ刑訴4巻539頁）。さらに，私人逮捕の場合，私人にこれらの判断を要求することは困難であるといえ，原則として，軽微犯罪の

逮捕であっても，本条の要件の存否は引致を受けた検察官又は司法警察職員において行えば足りると解されている（松尾・条解412頁。本書Q 28（59頁）参照）。

本問設例についてみると，軽犯罪法の法定刑は拘留又は科料のみであり，刑訴法217条に規定される軽微犯罪に該当する。また，Aは素直に運転免許証を提示するなど逃亡のおそれは特段認められず，住居についても通常運転免許証に記載されており，これを隠すような様子もないとすれば，例外要件を充足せず，現行犯逮捕ができる場合には該当しないと考えられる。

Q 28

V（私人）は，隣に住むAから侮辱されたため，侮辱罪でAを現行犯逮捕した。刑訴法217条の「逃亡のおそれ」の有無は，いつの時点で判断すべきか。

A

逮捕時点において明白に「逃亡のおそれ」がない場合を除いて，「逃亡のおそれ」の有無の判断は，引致を受けた後，検察官又は司法警察職員において行うべきと考える。

解　説

刑訴法217条は，30万円（刑法，暴力行為等処罰に関する法律及び経済関係罰則の整備に関する法律の罪以外の罪については，当分の間，2万円）以下の罰金，拘留又は科料に当たる罪の現行犯については，犯人の住居若しくは氏名が明らかでない場合又は犯人が逃亡するおそれがある場合に限り，第213条から前条までの規定を適用すると定め，いわゆる軽微な犯罪における現行犯逮捕を制限している。この刑訴法217条は，私人による現行犯逮捕の場合にも適用される（安冨・刑訴106頁）。

ここにいう軽微な犯罪は，刑訴法199条1項ただし書の罪と同じである。この「当たる罪」の解釈として，正犯の法定刑を基準とするという考え方と，例えば従犯であれば従犯減軽後の刑を基準とするという考え方があるが，正犯の法定刑を基準とすべきと解されている（金谷・令状基本（上）106頁）。

刑法でいえば，過失建造物等浸害（刑法122条），過失往来危険（刑法129条1項），変死者密葬（刑法192条）等があり，刑法以外で典型的なものとして軽犯罪法違反などがある。侮辱（刑法231条）は，拘留又は科料を法定刑とすることから，軽微な犯罪に該当する。

とすれば，犯人の住居若しくは氏名が明らかでない場合又は犯人が逃亡するおそれがある場合に限って，現行犯逮捕することができることになる。本問設例の場合，隣人であることから，犯人の住居も恐らく氏名も明らかであろうから，逃亡するおそれがある場合に当たるかが問題となる。

軽微な犯罪の現行犯逮捕を制限する要件における「逃亡するおそれ」とはどの程度のものを要求しているか。刑訴法217条にいう「逃亡するおそれ」とは，逃亡する可能性があることをいい，勾留の要件である「逃亡し又は逃亡すると疑うに足りる相当な理由」（刑訴法60条1項3号）より緩やかな可能性で足りると解されている。現に罪が行われているような逮捕の現場において，詳細な認定は不可能だからである（渡辺・大コメ刑訴4巻539頁）。

では，軽微な犯罪の現行犯逮捕を制限する要件の存否はいつの時点で判断されるべきか。現行犯逮捕の要件である犯罪と犯人の明白性，現行性・時間的接着性，逮捕の必要性は，逮捕に着手する直前を基準に判断すると解される（渡辺・大コメ刑訴4巻485頁）。とすれば，本問設例で問題となる軽微な犯罪において要求される要件も逮捕に着手する直前を基準に判断することになるようにも考えられる。

しかし，軽微な犯罪を現認した者が犯人を逮捕するのに，犯人の氏名，住居不詳又は逃亡のおそれのあることを確認した上でなければ逮捕に着手することができないというのは現実的ではない。現に犯罪が行われているのを制止しようとしたところ，犯人が犯行をやめ，逃亡の気配もなく，氏名・住居を尋ねるなどの余裕があるような場合には，氏名・住居が明らかになれば逮捕するまでもない。反対に制止しようとしたところ，犯人が逃げ出した場合には「逃亡するおそれ」が現に存在することになるから逮捕が可能となる。しかし，制止しようとしたのに対し，犯人がこれに応じない場合には，いったん身体を拘束し，その上で氏名・住居を問いただし，あるいは逃亡のおそれがないかを判断するために必要な事項に関する質問を行うことになるはず

であり，その上で氏名・住居が明らかになり，逃亡のおそれもないと認められれば，拘束を解くことになるのである。したがって，軽微な犯罪についても，現行犯逮捕の加重要件である「犯人の住居若しくは氏名が明らかでない場合」や「逃亡するおそれ」の存在しないことが明白でない限り，一般の現行犯罪と同様の要件によっていったんは身体を拘束でき，これらの要件の存否の判断に必要な間は，拘束を継続できると解さなければならず，検討の結果，これらの要件が存在しないことが明らかになったとしても，それまでの身体拘束が違法となるものではないと解される（渡辺・大コメ刑訴4巻540頁）。

ましてや本問設例のように私人による場合には，逃亡するおそれの有無について私人が判断することは困難であるから，原則として，軽微な犯罪の逮捕であっても，本条の要件の存否は，引致を受けた検察官又は司法警察職員において行えば足りると解されている（松尾・条解412頁）。

(2) 犯罪の現行性

Q29

甲警察署地域課の司法警察員Kは，飲食店で酒に酔った客が暴れて窓ガラスを割った旨の同店店長Vからの110番通報を受け，犯行の約20分後，その飲食店に駆けつけたところ，店内は，窓ガラスが割れ，割れたガラス片が散乱し，被疑者Aが右手から血を流しながらVに大声で怒鳴っている状況であり，VからAが興奮して窓ガラスを右手で叩いて割った旨の説明を受けた。Kは，Aを現行犯逮捕できるか。

Kが飲食店に駆けつけたところ，Aが同店から約20メートル離れた路上で右手から血を流しながらVに大声で怒鳴っている状況だった場合は，どうか。

A

いずれの場合も，現行犯逮捕できる。

解　説

I　「現に罪を行い終つた者」の意義等

　刑訴法212条1項は、「現に罪を行い、又は現に罪を行い終つた者を現行犯人とする。」旨規定しているが、現行犯逮捕の時間的な要件として、犯罪の現行性（「現に罪を行」う者）ないし時間的接着性（「現に罪を行い終つた者」）が必要である。

　「現に罪を行」う者とは、犯罪の実行行為を行いつつある犯人である。未遂を罰する場合は、実行の着手があればよく、予備・陰謀・煽動を罰する場合は、それらの行為があればよい。「現に罪を行」う者といえる場合の例としては、警察官が、職務質問に附随して所持品検査を行った際、薬物や拳銃等の禁制品を発見し、その者を現行犯逮捕する場合がある。

　「現に罪を行い終つた者」とは、犯罪の実行行為を終了した直後の犯人である。未遂に終わった場合でもよい。時間的に接着している以上、必然的に場所的にも接着することになるので、時間的接着性のみならず、場所的接着性も必要であると解されている（渡辺・大コメ刑訴4巻484頁）。

　問題は、どのような場合に「現に罪を行い終つた者」といえるかである。

　この点については、犯罪が行われたという情況が生々しく現存している場合、「現に罪を行い終つた者」といえると解されている（渡辺・大コメ刑訴4巻487頁）。犯行終了時点から逮捕時点まで多少時間が経過し、それだけ犯行現場と逮捕現場が離れると、犯行終了時の状況が存続しておらず、「現に罪を行い終つた者」とはいえない場合が多いし、犯行終了時点から逮捕時点まで時間が余り経過していなくても、具体的な状況に照らし、犯行終了時の状況が存続していないような場合は、「現に罪を行い終つた者」といえなくなる。他方で、犯行終了時点から逮捕時点まで多少時間が経過していたり、あるいは、犯行現場と逮捕現場が多少離れていても、具体的な状況に照らし、犯行終了時の状況が存続している場合は、「現に罪を行い終つた者」といえる場合がある。結局のところ、「現に罪を行い終つた者」と言えるかの認定は、逮捕時における諸般の具体的状況、すなわち、時間的・場所的要素のほ

か，犯行発覚の経緯，特に犯罪通報の時期・方法・内容や被害者あるいは目撃者の犯人との接触状況，現場の状況，特に証拠や犯罪の痕跡の有無，犯人や被害者等関係者の挙動，犯行の態様，結果，軽重などの要素を総合的に判断して客観的に決すべきである（渡辺・大コメ刑訴 4 巻 487 頁，藤永・注釈刑訴 3 巻 175 頁）。

「現に罪を行い終つた者」といえるかの認定は，このように具体的事情により異なり，時間的・場所的要素だけでなく，そのほかの要素も含めて判断されるので，時間的接着性として，犯行から現行犯逮捕までに具体的にどの程度の時間の範囲内でなければいけないのか，場所的接着性として，犯行現場から逮捕現場までは具体的にどの程度の距離の範囲内でなければいけないのかについて，具体的な数値で画することは困難である。ただ，一応の目安としては，犯行から現行犯逮捕までの時間の限界は，30 ないし 40 分間程度であり，犯行現場から逮捕現場までの距離の限界は，200 ないし 300 メートル程度とされている（藤永・注釈刑訴 3 巻 173 頁）。

II 参考事例等

時間的接着性に関する参考事例として，現行犯逮捕を適法とした最高裁判例を見ると，最決昭 31・10・25 刑集 10・10・1439 は，警察官が，派出所で特殊飲食店 V 店の主人から酔っ払いがガラスを割って暴れている旨の届出を受け，V 店に急行し，V 店従業婦からガラスを割られて胸を強く突かれた旨の被害申告を受けるとともに犯人が特殊飲食店 W 店にいる旨告げられ，V 店の勝手口のガラス戸の破損箇所を検した後，直ちに V 店から約 20 メートル隔てた W 店に行き，被疑者が手を怪我して大声で叫びながらパンツ一つで足を洗っていたのを確認し，犯行の 30 ないし 40 分後，被疑者を暴行，器物毀棄の現行犯人として逮捕したという事案において，原審の福岡高判昭 30・12・27 刑集 10・10・1444 が「……被告人が逮捕されたのは暴行，器物毀棄の犯行後僅か 3，40 分位でありしかも犯行現場より 20 メートルの近距離に居たのであるから，被告人は刑事訴訟法第 212 条第 1 項後段の所謂現に罪を行い終った者として現行犯人と謂わねばならない。」と判示したのに対し，最高裁は「原審が適法に確定した事実関係の下においては，A 巡査が被告人

を本件犯罪の現行犯人として逮捕したものであるとした原判示は，これを是認することができる。」と判示した。同決定については，「現に罪を行い終つた者」というのは困難で，準現行犯逮捕（刑訴法 212 条 2 項）すべき事案であるとの見解もあるが，犯罪が行われたという情況が生々しく現存しているといえ，「現に罪を行い終つた者」といえると解すべきである（渡辺・大コメ刑訴 4 巻 488 頁）。

また，現行犯逮捕を適法とした下級審の裁判例として，東京地判昭 42・11・22 判タ 215・214 は，警察官が，強制わいせつ等の 110 番通報を受けて犯行現場である閉店後の店舗に赴き，被害者から犯人は同店の奥の部屋にいる旨説明を受け，同所で横になっていた被疑者を確認し，犯行の約 50 分後，被疑者を現行犯逮捕したという事案において，深夜に他の男性の出入りが全く予想されないところに被疑者が横たわっており，被害者がその被疑者を犯人として指示したことなどを考慮し，現行犯逮捕を適法とした。また，大津地決昭 48・4・4 刑裁月報 5・4・845 は，警察官が，脅迫の被害を受けて逃げ出した被害者から 110 番通報を受け，被害者と共に犯行現場へ赴き，被害者から同所に現在していた被疑者を指示されながら被害状況の説明を受け，犯行の約 1 時間 20 分後，被疑者を現行犯逮捕したという事案において，逮捕に赴いた際に被害者が相当程度なお畏怖状態にあったと外観上うかがわれたことや逮捕しようとした際になおも被疑者が被害者に対して「お前のような奴はいつかは必ず殺してやるぞ。」などと脅迫的怒号をしていたことなどを考慮し，現行犯逮捕を適法とした。

他方，現行犯逮捕を違法とした下級審の裁判例として，大阪高判昭 40・11・8 下刑集 7・11・1947 は，被害者が，映画館内でわいせつの被害を受けた後，同映画館を出て近くの自宅に帰って夫にその事実を話し，夫と共に同映画館に戻り，犯人が同映画館内にいることを確認した上で，警察に通報し，通報により臨場した警察官が，その被害の 1 時間 5 分後，被害者の指示により，その犯人を逮捕したという事案において，現行犯逮捕を違法とした。また，仙台高判昭 42・8・22 下刑集 9・8・1054 は，警察官が，自動車の当て逃げの被害者から追突の被害の事実及び加害車両の車両番号等の特徴等の申告を受け，車両番号の照会により加害車両の所有者が被疑者であることを確

認し，被疑者方に赴いて住居脇空地にあった加害車両の破損状況等を確認した上で，被疑者を警察署に任意同行し，被疑者から前記追突の事実等を認める旨の供述を得た後，その犯行の約58分後，被疑者を逮捕した事案において，現行犯逮捕を違法とした。

これらの判例ないし裁判例からも，一応の目安としては，犯行から現行犯逮捕までの時間の限界は，30ないし40分間程度としてよいと思われるものの，現行犯逮捕の適法性は，その時間的要素だけではなく，逮捕時における諸般の具体的状況を総合的に判断して決せられていることに留意が必要である。

場所的接着性に関する参考事例として，現行犯逮捕を適法とした最高裁判例をみると，最決昭33・6・4刑集12・9・1971は，警察官が，住居侵入の直後，急報に接し，自転車で駆けつけ，犯行現場から約30メートル離れた場所で被疑者を現行犯逮捕した事案において，現行犯逮捕を適法とした。

また，現行犯逮捕を適法とした下級審の裁判例として，福岡高判昭28・6・5高刑判特26・23は，警察官が，暴行の犯行現場から約100メートル離れた場所で被疑者を現行犯逮捕した事案において，現行犯逮捕を適法とした。また，東京高判昭49・2・28東時25・2・13は，飲食店の店主が代金を支払わなかった被疑者を同店から約200メートル離れた派出所まで連れて行って警察官に事情を訴え，同警察官が1円しか金銭を所持していなかった被疑者を現行犯逮捕した事案において，現行犯逮捕を適法とした。また，東京高判昭41・1・27判時439・16は，自動車の定域測定式速度違反取締りの際，合図係，測定係及び記録係の警察官らが互いに協力して被疑者による速度違反を現認し，速度測定終了地点から約300メートル離れた地点に配置されていた停車係の警察官が記録係の通報によって被疑者を停車させ，同警察官等が被疑者を現行犯逮捕した事案において，現行犯逮捕を適法とした。

他方，現行犯逮捕を違法とした下級審の裁判例として，大阪高判昭62・9・18判タ660・251は，警察官が，指令を受けて犯行現場である被害者方に臨場し，被害者から，同所玄関外口階段に立っていた被疑者を指差されながら，被疑者による脅迫の被害を申告され，被疑者を犯行現場から約250ないし300メートル離れた最寄りの派出所に任意同行し，犯行終了の約40分

後，被疑者を現行犯逮捕した事案において，現行犯逮捕を違法とした。

　これらの判例ないし裁判例からも，一応の目安としては，犯行現場から逮捕現場までの距離の限界は，200ないし300メートル程度としてよいと思われるものの，前同様に，現行犯逮捕の適法性は，その場所的要素だけではなく，逮捕時における諸般の具体的状況を総合的に判断して決せられていることに留意が必要である。

Ⅲ　本問設例の検討

　本問設例前段についてみるに，時間的・場所的要素については，犯行から現行犯逮捕までは約20分間という短時間であり，犯行現場と逮捕現場は同じ場所である上，その犯行現場の飲食店内において，窓ガラスが割れ，割れたガラス片が散乱し，Aが右手から血を流しながらVに大声で怒鳴っている状況が認められ，さらに，飲食店で酒に酔った客が暴れて窓ガラスを割った旨のVによる110番通報の内容も併せて判断すれば，器物損壊が行われた情況が生々しく現存していると認められ，「現に罪を行い終つた者」といえる。したがって，Kは，Aを現行犯逮捕できる。

　また，本問設例後段のAが同店から約20メートル離れた路上にいた場合についても，犯行現場から逮捕現場までは約20メートルという短距離である上，前記の犯行現場の状況及びVによる通報の内容も併せて判断すれば，前段と同様に，器物損壊が行われた情況が生々しく現存していると認められ，「現に罪を行い終つた者」といえる。したがって，Kは，Aを現行犯逮捕できる。

Q 30

甲警察署地域課の司法警察員Kは，被疑者Aが被害者Vのバッグをひったくって窃取したのを現認したため，Aの逮捕に着手し，逃走するAを追跡し，犯行場所から約400メートル離れた路上で，Aを確保した。Kは，Aを現行犯逮捕できるか。

また，逃走するAを追跡したところ，多数の客で混雑した大規模なショッピングセンターの建物内に逃げ込まれ，いったん見失い，その後，約20分間にわたってその建物内を検索していたところ，同建物内でAを発見したので，再度，Aを追跡し，確保した場合は，どうか。

A

Aを犯行現場から継続して追跡した場合は，現行犯逮捕できる。
Aをいったん見失い，追跡が中断した場合は，現行犯逮捕できない。

解 説

刑訴法212条1項は，「現に罪を行い，又は現に罪を行い終つた者を現行犯人とする。」と規定しているが，現行犯逮捕が適法とされる要件として，犯罪の現行性ないし時間的接着性及び場所的接着性が必要であると解されている（渡辺・大コメ刑訴4巻484頁）。この点の詳細については，本書Q 29（61頁）を参照されたい。

もっとも，犯人を逮捕のために犯行現場から継続して追跡した場合は，場所的，時間的に相当経過していても，現行犯人と認められ，逮捕できる（渡辺・大コメ刑訴4巻489頁）。なぜなら，逮捕のための追跡が逮捕の着手と考えられる上，現行犯逮捕の要件は，逮捕完了まで続いていることは要せず，逮捕開始時点で備わっていれば足りると解されており，逮捕開始時点において現行犯人の要件が備わっている場合は，その後，犯人の抵抗，逃走などによる時間の経過でその要件が欠けることになっても，一個の逮捕行為が継続している限り，犯人と逮捕者との人的関係が継続しており，犯人であることの明白性が失われることはないため，逮捕行為を続けることができるからである（香城・判例解説（刑）昭50・59）。

ただし，途中で犯人を見失った場合など，犯人の追跡ないし目撃・監視状況が中断した場合は，その後に犯人を再び発見して追跡しても，一個の逮

行為が継続しているとはいえず，現行犯人とは認められず，逮捕できない（渡辺・大コメ刑訴4巻489頁）。

犯人を追跡した事案において現行犯逮捕を適法とした最高裁判例として，最判昭50・4・3刑集29・4・132は，漁業監視船が，あわびの密漁犯人を現行犯逮捕するため，約30分間，密漁船を追跡したが，船足が遅く追跡が困難であったため，付近にいた漁船に事情を告げて追跡を依頼し，同漁船が，その依頼に応じ，密漁犯人を現行犯逮捕するため，約3時間にわたり，前記密漁船を継続して追跡した事案において，追跡を継続した行為を適法な現行犯逮捕の行為と認めた。

なお，現行犯逮捕を適法とした下級審の裁判例として，札幌高函館支判昭37・9・11高刑集15・6・503は，目撃者が，背広服を窃取して被害者方から出ていこうとする犯人を目撃してこれを追尾し，犯人が被害者方から早足で4分20秒の距離（約400ないし500メートル）にある被疑者方に入るのを確認し，家人に犯人を出すよう要求したものの拒否されたため，被疑者方から立ち去り，その後，警察官に事情を話し，警察官と共に被疑者方に戻ったが，その時点では，被疑者方から立ち去ってから16ないし17分，犯行を目撃してからは20数分が経過していたという事案において，被疑者を窃盗の現行犯人と認めた。しかし，同判決については，監視の中断状況，現場からの距離に照らせば，問題がある旨の指摘（渡辺・大コメ刑訴4巻490頁）や，準現行犯とみるべきである旨の指摘（藤永・注釈刑訴3巻173頁）があり，犯人の追跡ないし目撃・監視状況が中断しており，現行犯人と認めるのは困難なように思われる。

本問設例前段においては，犯行現場からAを確保した逮捕完了地点までの距離は約400メートルと短距離とはいえ，逮捕完了時点においてその数字だけを表面的に見れば，現行犯人とは認め難いとも思える。しかし，Kは，Aが被害者Vのバッグをひったくって窃取したのを現認し，逃走するAを追跡しているところ，追跡を開始した時点でAの逮捕に着手していると認められ，その時点においては現行犯逮捕の要件である犯罪の現行性が備わっていることは明らかである。そのように追跡を開始した後，追跡ないし目撃・監視状況が中断することはなく，Aを逮捕のために犯行現場から継続して追跡

しており，現行犯人と認められる。したがって，Kは，Aを犯行現場から継続して追跡した場合は，Aを現行犯人として逮捕できる。

　他方で，本問設例後段においては，逃走するAを追跡したところ，多数の客で混雑した大規模なショッピングセンターの建物内に逃げ込まれ，いったん見失い，その後，約20分間にわたってその建物内を検索していたところ，同建物内でAを発見したので，再度，Aを追跡し，確保した場合は，最初に追跡を開始した時点で逮捕に着手していると認められるが，その後，Aを見失ってその追跡状況が中断しており，最初の逮捕の着手から最後のAの確保まで一個の逮捕行為が継続しているとはいえない。そのようにAの追跡状況が中断しているので，Aは現行犯人とは認められない。したがって，Kは，Aをいったん見失い，追跡が中断した場合は，Aを現行犯人として逮捕できない。

Q31

　甲警察署地域課の司法警察員K及びLは，通行人が喧嘩している旨の110番通報を受けて直ちに現場に駆けつけたところ，被疑者Aと被害者Vが興奮して口論となっており，Vの口元から出血している状況が認められ，VからAに顔面を殴られて怪我をした旨の概括的な説明を受けるとともに，AからVの顔面をこぶしで殴った事実を認める説明が得られたので，AをVに対する傷害の現行犯人と認めた。しかし，興奮しているA及びVから具体的な説明を得られなかったので，Lにおいて，更にVの事情聴取を実施するとともに，それと並行して，Kにおいて，Aに最寄りの交番に任意同行を求めた上，犯行現場から約500メートル離れた同交番において，更にAの事情聴取を実施した。その結果，犯行の約1時間30分後の時点で，Kにとって，AがVに対して顔面を数回こぶしで殴る暴行を加えて傷害を負わせたことがより明確になるとともに，VのAに対する処罰意思が強いことやAが住居不定で無職であることも判明した。Kは，そのような職務質問，任意同行後の時点において，Aを現行犯逮捕できるか。

A

　現行犯逮捕できない。

解 説

　刑訴法212条1項は,「現に罪を行い,又は現に罪を行い終つた者を現行犯人とする。」と規定しているが,現行犯逮捕の時間的な要件として,犯罪の現行性(「現に罪を行」う者)ないし時間的接着性(「現に罪を行い終つた者」)が必要である。「現に罪を行い終つた者」といえるためには,時間的接着性のみならず,場所的接着性も必要であると解されている(渡辺・大コメ刑訴4巻484頁)。どのような場合に「現に罪を行い終つた者」といえるかについては,犯罪が行われたという情況が生々しく現存している場合と解されており(渡辺・大コメ刑訴4巻487頁),その認定においては,逮捕時における諸般の具体的状況,すなわち,時間的・場所的要素のほか,犯行発覚の経緯,特に犯罪通報の時期・方法・内容や被害者あるいは目撃者の犯人との接触状況,現場の状況,特に証拠や犯罪の痕跡の有無,犯人や被害者等関係者の挙動,犯行の態様,結果,軽重などの要素を総合的に判断して客観的に決すべきである(渡辺・大コメ刑訴4巻487頁,藤永・注釈刑訴3巻175頁)。あくまでも一応の目安としては,犯行から現行犯逮捕までの時間の限界は,30ないし40分間程度であり,犯行現場から逮捕現場までの距離の限界は,200ないし300メートル程度とされている(藤永・注釈刑訴3巻173頁)。この点の詳細については,本書Q29(61頁)を参照されたい。

　「現に罪を行い終つた者」といえるかという点に関し,任意同行の上で職務質問を行った後に現行犯逮捕する場合は,留意が必要である。すなわち,警察官が,犯行直後に犯行現場に駆けつけ,現行犯逮捕の要件を満たすと認めても,誤認逮捕や明らかに必要のない逮捕を防ぐために慎重を期し,職務質問を行い,さらに最寄りの派出所等に任意同行した上で職務質問を継続し,その後に逮捕したため,現実に逮捕するまでに時間がかかる場合がある。このように任意同行の上で職務質問を行った後に現行犯逮捕する場合であっても,職務質問等の確認等に要する合理的時間内であれば,「現に罪を行い終つた者」といえ,現行犯逮捕は適法であると解すべきである(池田・令状基本(上)141頁)。もっとも,任意同行・職務質問等により,嫌疑や逮捕の必要性が次第に明確になる場合であっても,時間の経過とともに客観的に犯

罪及び犯人が明らかであるという「現行性」は失われるので，任意同行の上，職務質問を必要とするような事案にあっては，原則として緊急逮捕によるべきという指摘がある（渡辺・大コメ刑訴4巻491頁）。

　職務質問ないし任意同行後に現行犯逮捕した参考事例をみると，現行犯逮捕を適法とした下級審の裁判例として，東京地判昭62・4・9判時1264・143は，警察官が，駅構内で中核派の者3名がビラを配布しているとの通報を受け，同駅構内に急行し，被疑者ら3名を発見し，その服装・所持品等から通報のあった犯人ではないかと判断し，被疑者ら3名に職務質問を開始し，同駅構内にある派出所に同行を求めたものの，応答を拒否されたり，その場から立ち去る態度に出られたりしたが，被疑者らの動きに応じて場所を移動しながら職務質問を続け，最終的に同行に応じた被疑者を同派出所へ同行するとともに，ビラ所持の有無やビラ配布についての駅管理者の許可の有無の確認等を行い，犯行の約1時間10数分後に同派出所で被疑者を建造物侵入罪の現行犯人として逮捕した事案において，現行犯逮捕を適法とした。他方で，現行犯逮捕を違法とした下級審の裁判例として，大阪高判昭62・9・18判タ660・251は，警察官が指令を受けて犯行現場である被害者方に臨場し，被害者から，同所玄関外口階段に立っていた被疑者を指差されながら，被疑者による脅迫の被害を申告され，被疑者を犯行現場から約250ないし300メートル離れた最寄りの派出所に任意同行し，犯行終了の約40分後，被疑者を現行犯逮捕した事案において，現行犯逮捕を違法とした。

　以上を踏まえると，任意同行の上で職務質問を行った場合，任意同行や職務質問を行ったこと自体によってその後の現行犯逮捕が違法となるとは解されず，任意同行後の逮捕する時点でもなお犯罪が行われたという情況が生々しく現存して「現に罪を行い終つた者」といえれば，現行犯逮捕は適法である。しかし，任意同行の上で職務質問を行った場合は，直ちに犯行現場で現行犯逮捕する場合に比べると，任意同行ないし職務質問によって，犯行から現行犯逮捕までの時間が経過するとともに犯行現場から逮捕現場までの距離が離れることは否定できず，具体的な状況によっては，犯罪が行われたという情況が生々しく現存しているとは認められず，「現に罪を行い終つた者」といえないとして，現行犯逮捕が違法とされる可能性が小さくないと思われ

る上，警察署等への任意同行後の逮捕する時点でもなお「現に罪を行い終つた者」といえるか否かの判断は容易ではないと思われる。したがって，実務の運用上は，任意同行の上で職務質問を行った場合は，任意同行後の逮捕する時点でもなお「現に罪を行い終つた者」といえるか否かを慎重に検討すべきであることはもとより，具体的な状況によっては，慎重を期して緊急逮捕によることも検討すべきであって，任意同行後の逮捕する時点で「現に罪を行い終つた者」といえることが明らかでその判断に疑義を挟む余地がないような場合を除いて，原則として緊急逮捕によるべきであろう。

　本問設例では，Kは，Aを犯行現場から約500メートル離れた交番に任意同行した後，犯行から約1時間30分後の時点まで事情聴取を実施しており，その距離及び時間に照らせば，現行犯逮捕はできないように思われる。この場合，Kは，Aを緊急逮捕すべきである。

Q 32

　7月1日午後7時56分頃，甲市内走行中の電車内において，Aによる強制わいせつの被害を受けた女子高校通学中のVは，同電車をいったん乗り換えた上，被害場所から約10キロメートル離れた自宅最寄りの乙駅で下車した。すると，AもVの後を追って同駅で下車し，Vを追跡した。Vは，前記被害を受けた電車を下車してから，携帯電話で，父親Wに対し，「跡をつけてくる変な奴がいる。痴漢をされた。」「乙駅まで迎えに来て。」などと言い，乙駅下車直前には，「焦げ茶色のスーツを着て，中はラインが入ったワイシャツを着ている。」などというメールを送信した。そこで，Wにおいて，Vと電話連絡をしながら，Vが歩行中の路上に赴いたところ，同日午後8時14分，前記風体のAがVにつきまとっている状況を現認した。この場合において，Wは，Aを現行犯逮捕することはできるか。

A

　Wは，Aを現行犯逮捕することができると解される。

解 説

　本問設例では，Aによる強制わいせつ後，約18分経過していること，実際にAを現行犯逮捕しようとしているのがVの父親Wであることから，現行

犯逮捕における犯罪と犯人の明白性及び時間的接着性（刑訴法212条1項参照）が認められるのかが問題となる。

　本問設例は，東京高判平17・11・16高検速報（平17）214を題材としている。

　同判決は，被告人がJR東海道本線品川駅から川崎駅を進行中の電車内で女子高校生に対して強制わいせつ行為をし，さらに，川崎駅で下車した同女を，東海道線ホームから南武線ホーム，さらには南武線車内及び同女が下車した駅改札を経て，横浜市鶴見区内の路上に至るまでつきまとったという強制わいせつ及び軽犯罪法違反の事件の控訴審判決であり，本問設例とほぼ同様の事案である。

　原審（横浜地判平17・7・11公刊物未登載）は，被害者の父親による現行犯逮捕の適法性について検討し，当該逮捕は，現行犯の要件も，準現行犯の要件も欠いているから違法であると判断した。

　これに対し，東京高判は，「本件現行犯逮捕は，手続上は父親のみによる逮捕とされているが……父親が，女子高校生（筆者注：被害者）に協力する形で，女子高校生に代わって逮捕という実力行動に出たものといえ，実質的な逮捕者は，父親と女子高校生である」と判示した。

　その上で，同判決は，被害者との関係において，被告人が現行犯の要件を満たしているのかという点について，「第1の犯行（筆者注：強制わいせつ行為）終了から前記逮捕まで約18分経過しており，また，女子高校生やその後を追ってきた被告人が電車で移動したことなどから，第1の犯行場所と前記逮捕場所とは距離的に相当程度離れていることが明らかであるから，そのことだけに着目すると……『現に罪を行い終わった』の要件も欠けるに至ったと解する余地もあり得る」。「しかし，被告人は，第1の犯行に引き続いて……第2の犯行（筆者注：つきまとい行為）に出て，女子高校生につきまとっていたから，女子高校生にとっては，第1の犯行の犯人である被告人が終始身近にいる状態が前記逮捕の時点まで続いていたことになる。この点も併せて考えると，第1の犯行終了時から前記逮捕までの間に，前記のような時間的，場所の隔たりがあったにせよ，女子高校生との関係では，……『現に罪を行い終わった』との要件は依然として存在している……そうすると，

女子高校生が直接本件現行犯逮捕を行っていれば，そのことを違法と解すべき余地はなかった」と判示した。

そして，被害者の父親が被害者に代わって行った逮捕の適法性については，「父親自身，女子高校生から痴漢にあい，その犯人の特徴を知らされ，女子高校生を迎えに行って……当該犯人の特徴に合致する被告人による女子高校生に対するつきまとい行為を現認し，その間も女子高校生と連絡を取り合ったりしていたから，女子高校生から聞いた痴漢行為が強制わいせつ行為であるとまでの正確な認識や，犯行から前記逮捕までにどの程度の時間的，場所的隔たりがあったかまでは知り得ていないとはいえ，女子高校生に協力して強制わいせつの犯人を逮捕するに足りる認識を有していたことが認められる。そして，女子高校生は，父親に被告人を逮捕してくれることを望んでいて，父親に被告人の人相，風体や自分が陥っている状況を認識してもらって，逮捕の機会を与えるべく……行動に出ていたのである。」とした上で，「実質的な逮捕者は，父親と女子高校生であると認めるのが相当である。」とし，その場合には，被告人が「現に罪を行い終つた」者といえるかの判定は女子高校生との関係で認められるかを判断すればよいとの前提の下，「本件逮捕は……『現に罪を行い終わった』との要件を満たしているから，現行犯逮捕としての適法性を備えている」として，女子高校生と父親による現行犯逮捕を適法であるとした。

同判決の意義としては，まず，逮捕者が犯人から追跡されている場合にも逮捕者が犯人を追跡している場合と同様に，刑訴法212条1項の「現に罪を行い終つた」との要件該当性を認め得るとした点が挙げられる。

すなわち，逮捕者において，犯人逮捕のための追跡行為を継続しているときには，犯行の終了と逮捕が時間的・場所的に隔たっている場合であっても，「現に罪を行い終つた」との要件に該当する場合があるというのが判例（最判昭50・4・3刑集29・4・132）であり，これに賛同する学説もある（渡辺・大コメ刑訴4巻489頁，香城・判例解説（刑）昭50・64，池田・令状基本（上）141頁）。

これは，そもそも，「現に罪を行い終つた」の考慮要素として，犯行の終了と逮捕との時間的・場所的接着性を要求するのは，当該接着性が希薄とな

れば，犯人がそれ以外のものと混同され犯人の明白性が失われるからである（藤永・註釈刑訴2巻173頁）ところ，犯人の追跡が継続している場合には，時間的・場所的な隔たりがある場合でも犯人の明白性が維持されているからであると考えられる（柳川重規・刑ジャ5号137頁）。

　前記平成17年東京高判は，被害者が被告人による犯行後，更に犯人により追跡されているという場合ではあるが，追跡が継続している以上，被害者にとっては被告人が「現に罪を行い終つた」者と認められると判示したのである。この場合でも被害者にとっての犯人の明白性は維持されていることを考えれば，同判決の判断は妥当であるいえよう。

　次に，同判決は，犯行を現認していない者が犯行を現認した者と共同して逮捕した場合において，適法と認められる一事例を示した点において実務上参考になるといえよう。

　すなわち，犯行を現認していない者が，犯行を現認した者の指示・要求に従って，現行犯逮捕する場合であっても，これが適法とされる場合があるというのが判例（前記最判昭和50年4月3日）であり，これに賛同する学説もある（渡辺・大コメ刑訴4巻489頁，石田一宏・実務大系369頁，小田・令状基本（上）153頁）。

　問題は，このような場合に現行犯逮捕が適法とされるための要件であるが，この点については，犯行を現認した者が犯人と特定している者を，それ以外の者と混同することなく逮捕できるだけの意思の連絡及びその他の事情があったか否かが重要となろう（柳川・前掲138頁）。

　そして，前記平成17年東京高判は，当該事情として，女子高校生と父親との間で，女子高校生が痴漢の被害に遭ったこと，被害者に対し痴漢をした犯人の服装等の特徴及び現に犯人が女子高校生につきまとっていることを共通の認識としている状況下で，女子高校生を迎えに行った父親において，女子高校生が現に被告人につきまとわれている状況を現認したこと，女子高校生と父親との各行動から，両名が協力して被告人を逮捕するとの意思を有していたことを挙げている点が参考となろう。そして，当該事情の判定に当たっては，必ずしも被害者が被害に遭った犯罪の内容の全てを被害者に協力して逮捕する者において認識していることまでは要求していない点も参考と

なるといえよう。

　以上を前提に本問設例について検討すると，Vは強制わいせつの被害にあった直後からAにつきまとわれて逮捕時点に至っていることからすれば，AはVに対する関係では，「現に罪を行い終つた」との要件を満たすものといえる。

　また，本問設例の現行犯逮捕については，Vは，被害直後からWに対して痴漢の被害にあったことや，Aの風体のほか，現にAから追跡されていることや乙駅まで迎えに来るよう依頼していること，当該依頼を受け，Wは乙駅にVを迎えに行ったところ，VとVにつきまとっているAを現認していること，当該現認を経て，WがAを現行犯逮捕していることからすれば，当該現行犯逮捕は，A及びWによる現行犯逮捕と評価でき，現行犯逮捕の要件はVとAとの関係では満たしているといえよう。

　よって，本問設例の現行犯逮捕は適法であると解される。

(3)　犯罪と犯人の明白性

Q 33

　司法巡査Kは，Aに対する覚せい剤取締法違反の被疑事実で，捜索差押許可状に基づきAを立会人としてA方を捜索していたところ，部屋の中央のテーブル上にビニール袋入りの覚醒剤が置かれているのを発見した。しかし，Aは，「俺のじゃない。ここには同居人もいるし，その友達も頻繁に出入りしている。」と申し立てた。KはAを現行犯逮捕できるか。

A

　Aが当該覚醒剤を所持しているとの判断に十分な根拠がある場合には，現行犯逮捕できる。

解　説

　刑訴法212条1項は，「現に罪を行い，又は現に罪を行い終つた者」を現行犯人とし，現行犯人は無令状で逮捕できると規定する（刑訴法213条）。無令状での逮捕が許されるのは，令状を請求する時間的余裕がないという緊急

性が認められることに加え，現行犯人は犯罪の明白性とその者が犯人であることの明白性が認められ，誤認逮捕のおそれがないことから，令状主義の例外として，裁判官の令状審査を受けるまでもなく逮捕が許されるものと理解されている。したがって，現行犯人と認められるためには，第一に，その犯人による特定の犯罪であることが逮捕者に明らかであり（犯罪と犯人の明白性），第二に，その犯罪が将来や過去の事件ではなく現在の事件であって，逮捕者の目の前で行われているか又は犯行後時間的に接着した段階にあることが，逮捕者に明らかであること（犯罪の現行性・時間的接着性の明白）の二つの要件が必要とされる（増井・捜査法大系（1）116頁）。そして，現行犯逮捕が令状主義の例外として許容されている趣旨等からすれば，明白性についても，裁判官の令状審査が不要と考えられる程度に明白でなければならないことになろう。

　これを本問設例について見ると，司法巡査Kらの捜索により，Aの居室のテーブルの上から覚醒剤が発見されており，同覚醒剤がAの所持物と認められれば，Aは覚せい剤取締法違反（所持）の現行犯人に該当する。しかし，Aは覚醒剤は自分のものではないと弁解し，同室の他の同居人やその友人等の覚醒剤である可能性も否定できないとなれば，Aが覚せい剤取締法違反の犯人であることは明白ではないとならないか。

　本問設例は，仙台高判平15・10・30高検速報（平15）172を題材としたものである。同判決の事案は，捜索の際に部屋のソファ上からティッシュペーパーに包まれた覚醒剤につき被疑者の所持を認めて現行犯逮捕したものであり，覚醒剤が発見された部屋はWという別人名義で賃借されていたものの，事件当時被疑者が住居として使用しており，同所は被疑者以外にも複数の者の居住実態があり，捜索時にも居間には被疑者以外の者がいたという事実も認められたものであるが，判決では，「W方住宅は捜索時には被告人が住んで使用していると判断されたこと，本件覚せい剤は，そのような被告人が住む住宅内のソファの上にティッシュペーパーに包まれただけで，隠匿されていたという状態でなく，せいぜい一晩程度そこに置かれていたと判断できる状態であったこと，被告人の腕には覚せい剤注射によると考えられる注射痕があり，また，被告人は本件覚せい剤がそこにあることが意外であると

いった態度を示さず，誰の物かは言えないと言っていた状況があったことからすれば，本件覚せい剤は被告人が承知の下に置かれたもの，すなわち被告人が所持するものと判断するについて，十分な根拠があったというべきである……本件捜索時にW方には被告人以外の女性がおり，警察官らは複数の者が出入りしているとの情報を得ていたとしても，本件覚せい剤が被告人の所有物であると認めることはともかく，少なくとも被告人が所持していると判断することに支障はないといえる。」として，現行犯逮捕手続を適法とした。

　この裁判例の事案と本問設例とでは，被疑者の腕に注射痕が認められたといった覚醒剤との親和性をうかがわせる事情こそないとしても，覚醒剤が発見されたのはAの居室であり，かつ，それが容易に目に付くような部屋の中央のテーブルの上に置かれていたことからすれば，裁判例の事案と同様に，その覚醒剤は同室の居住者であるAの承知の下に置かれていたものと認めることも可能と思われる。また，Aが弁解するような，同居人の存在や他者の出入りといった事情は，発見された覚醒剤の所有者の認定には影響を与えるとしても，所持の判断に影響を与えるものとまではいえず，Aが覚醒剤を所持するものと判断するに十分な根拠と認めることも可能と思われる。したがって，Aを覚せい剤取締法違反（所持）の現行犯人として逮捕することも可能であると解されよう。

　もっとも，Aの所持が明白とは認められない場合，例えばA方とはいえ，そこに置かれていた別人のバッグ内から覚醒剤が発見された場合など，居住者であるAの承知の下に置かれたものとはいえない事情がある場合には，直ちには覚醒剤所持の現行犯人とは認められず，その場合には現行犯逮捕は許されないこととなろう。

Q 34

司法警察員Kがパトロール中，路上において，AがVの顔面を手拳で殴り，Vが倒れた状況を現認した。直ちに，Kは，A及びVの下に行き，両名に事情を聞いたところ，Aは「歩いているとき，Vと肩が触れ，Vが持っていた傘で殴りかかってきたのでこの男を殴った。」と申し立てた。Kが路上を見たところ，Vの近くには傘が落ちていた。KはVにもAから殴られた経緯を聞いたところ，Aの言うとおりであると申し立てた。この場合において，KはAを暴行罪で現行犯逮捕できるか。

A

現行犯逮捕できない。

解　説

　現行犯逮捕の要件として犯罪の現行性が必要であるところ，およそ構成要件該当性が疑わしい場合には現行犯逮捕すべきでないことはいうまでもないが，現行犯逮捕が逮捕当時の即時的判断によってなされるものであるから，構成要件該当性が認められる限り，違法性ないし責任阻却事由について疑いがあっても，逮捕できると解される。もっとも，違法性ないし責任阻却事由の存する積極的な疑いがあって犯罪の成否そのものが疑わしい場合には，犯罪の現行性が明白ではないから現行犯逮捕すべきではないとされる（団藤・条解 403 頁，藤永・注釈刑訴 3 巻 172 頁，渡辺・大コメ刑訴 4 巻 486 頁）。

　以上を前提に本問設例について検討すると，A 及び V の供述並びに現場の客観的状況からすれば，K にとっては，V が傘で殴りかかってきたことから，これに対して A が V の顔面を手拳で殴ったという経緯が明らかであり，これからすれば，A の暴行には正当防衛（刑法 36 条 1 項）が成立する積極的な疑いがあって犯罪の成否そのものが疑わしいといえる。

　したがって，本問設例では，K は A を暴行罪で現行犯逮捕することはできないといえる。

Q 35

　司法警察員Kは，かねてから拳銃を持ち歩いているとの風評があったAを任意で取り調べたところ，Aは，「俺は拳銃を持ってないよ。でも同居人のBが拳銃を持っているので，これから家に帰って，拳銃を持ってきて提出します。」と述べた。Aは，数時間後，拳銃を持って出頭してきたので，Kは，Aを拳銃所持の現行犯人として逮捕した。かかる逮捕手続は適法か。

A

　違法と解される。

解　説

　そもそも現行犯逮捕が憲法の令状主義の例外（憲法33条）として認められるのは，現行犯の場合，犯罪と被逮捕者との結びつきが明白で誤認逮捕のおそれがなく，かつ，その機会を逃すと今後いつ被疑者を保全できるか分からないという意味で急速な逮捕の必要性が一般的にあるからである（松尾・条解405頁）。したがって，現行犯逮捕の要件として，犯罪と犯人の明白性が必要とされている。具体的には，逮捕者において，犯罪が特定されたものであることを要し，かつ，犯人も明白であることを要する。

　通常，拳銃の不法所持の場合，拳銃が発見されたその時点において，まさに現に罪を行っているか，少なくとも現に罪を行い終わった直後とみられるし，しかもその時点においては，外見上明白に事実を認識し得る状態にある以上，犯罪と犯人の明白性が明らかであるといえよう（大阪地決昭47・8・26刑裁月報4・8・1513，渡辺・大コメ刑訴4巻485頁参照）。

　では，本問設例のAについては，どのように考えるべきか。

　Aは，拳銃を持って出頭してきた段階では拳銃を所持（銃砲刀剣類所持等取締法31条の3第1項，3条1項）してはいるものの，それは司法警察員であるKとの約束によるものである上，もともと同拳銃を所持していたのはBである旨供述していたことを考慮すると，正当行為（刑法35条）として違法性が阻却される可能性が高いものといえる（拳銃を路上で発見し，交番に届け出ようとして所持する場合と同様）。

この点，一般的には，違法性阻却事由が存在する疑いがある事案であっても，現に犯罪が行われている状態で逮捕者がかかる事由の存否を判断することは容易ではないため，かかる事由が存在する疑いが濃厚に認められる積極的な事情がなければ，犯罪構成要件に該当する行為がある限り，その行為は違法であることの事実上の推定を受けることから，現行犯として取り扱うことも可能であろう（渡辺・大コメ刑訴4巻486頁）。

しかしながら，本問設例のKは，違法性阻却事由が存する疑いが濃厚であることを当然知っていたというべきであるから，KによるAの現行犯逮捕は違法と解される。

本問設例は，東京高判昭28・5・19東時3・6・259を題材としたものであるが，同判決は，「被告人は，昭和27年3月3日司法警察員の取調を受け，その際……拳銃及び実包の提出を約して帰宅したところ，……方においてこれを発見したので，直ぐに提出のためこれを携えて前記警察員の許に出頭したところ，拳銃所持の現行犯人としてその場で逮捕され，右物品の差押を受けたものであることが認められるから，かような事情の下においては逮捕当時における被告人の右拳銃等の所持は違法性を欠き，これを犯罪ということはできず，従つてこれを現行犯人として逮捕し，差押を行つた司法警察員の措置は違法たるを免がれない。」と判示している。

Q36

甲警察署の司法巡査Kは，深夜，甲市内の小学校校舎内にAが侵入したとの110番通報により，同所に臨場したところ，Aは意味不明な言葉を発し，責任能力に問題がありそうに見受けられた。Kは，Aを建造物侵入の被疑事実で現行犯逮捕できるか。

A

現行犯逮捕できると解される。

解　説

「現に罪を行う者」，「現に罪を行い終つた者」を現行犯人といい（刑訴法

212条1項），刑訴法212条2項各号のいずれかの要件を満たし「罪を行い終つてから間がないと明らかに認められる」者は現行犯人とみなされ（準現行犯人），現行犯人であれば，捜査機関のみならず，一般私人であっても逮捕状なしで逮捕できる（刑訴法213条）。

　ここにいう「罪」とは特定の罪であることを要するが，その種類，軽重を問わないし，「罪」とは「犯罪」と同義であるから，理念的には犯罪成立の全ての要件を具備することが必要であって，たとえ特定の犯罪構成要件に当たる行為であっても，違法性阻却事由又は責任阻却事由に当たる事実があれば，犯罪が成立しないことは明らかであるから，ここにいう「罪」には当たらないと解されている（高田・注解刑訴（中）119頁，渡辺・大コメ刑訴4巻486頁）。

　しかし，現に犯罪が行われている状態で，これを判断することは容易ではない。よって，違法性阻却事由ないし責任阻却事由の存否に疑いがあったとしても，これらの事実が存在する疑いが濃厚に認められる積極的な事情がなければ，構成要件該当性が認められる限り，その行為は違法・有責であることの事実上の推定を受けるから，現行犯逮捕は可能であると解されている（高田・注解刑訴（中）119頁，渡辺・大コメ刑訴4巻486頁，藤永・注釈刑訴3巻172頁）。

　これを本問設例についてみると，甲市内の小学校校舎内にAが侵入したとの110番通報によりKが同所に臨場したところ（刑法130条前段），Kは，Aが同所にいたのを現認したのであるから，Aにより建造物侵入罪の構成要件に該当する行為が行われたと判断できる。Aは意味不明な言葉を発し，責任能力に問題がありそうに見受けられたとはいえ，全く責任能力を欠く状態であること，すなわち，責任阻却事由が存在することが明らかであるとまではいえず，また，責任阻却事由が存在する疑いが濃厚に認められる積極的な事情があるとまでもいえない。したがって，Kは，Aを建造物侵入の被疑事実で現行犯逮捕できると解される。

Q 37

河川敷で中学生のグループが集団暴行を加えているのを現認した甲警察署地域課の巡査部長Kは，現行犯逮捕をすることができるか。そのグループに13歳の者が含まれていた場合はどうか。

A

14歳以上であれば現行犯逮捕をすることができるが，13歳の者については現行犯逮捕することができない。

解 説

現行犯逮捕については，軽微な犯罪につき要件が加重されているが（刑訴法217条），被逮捕者が少年であったとしても特段の制限はなく（少年法40条），要件を満たせば，現行犯逮捕をすることができる。

しかし，現行犯というのは，「現に罪を行う者」，「現に罪を行い終わった者」をいい，①犯罪と犯人の明白性，②犯罪の現行性・時間的接着性が要件となるのであるから，犯罪が成立する場合でなければならない。

違法性阻却事由や責任阻却事由である事実が存在する場合には犯罪が成立しないことになる。例えば，正当防衛であること，全く責任能力を欠く状態であることが明らかな場合には，犯罪が成立しないことは明らかなのであるから，現行犯として取り扱うべきではない。

よって，13歳については刑事未成年なのであるから（刑法41条），犯罪が成立せず，この者を現行犯逮捕することはできない。

しかし，現に犯罪が行われている状態で，これを判断することは容易ではない。これらの事実が存在する疑いが濃厚に認められる積極的な事情がなければ，犯罪構成要件に該当する行為がある限り，その行為は違法・有責であることの事実上の推定を受けるから，現行犯として取り扱うことができる（渡辺・大コメ刑訴4巻486頁）。

本問設例のように，中学生のグループが集団暴行を加えているという緊急状態下において，誰が14歳未満であって，誰が14歳以上であるかをいちいち確認するゆとりはなく，現実的ではないから，14歳未満であることが濃

厚に認められる積極的事情がない限りは現行犯逮捕すること自体は許されると考える。ただし，その後13歳であることが確認できた時点で直ちに釈放しなければならない。

Q 38

甲警察署の司法巡査Ｋは，被害者Ｖに対する器物損壊の事実について，被疑者Ａを罪を行い終わった現行犯人と認めたが，Ｖは，Ａを告訴するかどうか迷っていた。Ｋは，Ａを現行犯逮捕できるか。

A

Ａを現行犯逮捕できる。

解説

現行犯人との要件として，犯罪が特定されたものであることを要するが，犯罪が親告罪であるときに，告訴がないと現行犯逮捕できないかという問題である。

この点，訴訟条件の存否は，現行犯の成否とは関係ない。

ただし，捜査と訴訟条件との関係については，親告罪について告訴がない場合に強制捜査ができるのかという問題がある。訴訟条件は，公訴の適法性，有効性についての条件であるから，観念的には捜査そのものではないとしても，捜査は，公訴提起の準備的活動であるから，訴訟条件を欠くことが明らかな場合には公訴提起はあり得なくなり，それ以上捜査を行うことは無用というべきであって，強制捜査についても必要性を欠くため許されないと解されている。もっとも，例えば親告罪における告訴について，差し当たって告訴はないがその可能性が残されている場合には，公訴提起の可能性が残されているのであるから，捜査の必要性を否定することはできず，強制捜査についても同様に解されている（髙田・注解刑訴（中）119頁）。

親告罪の告訴がない場合の現行犯逮捕の可否については，前述のとおり，親告罪について告訴がない場合に強制捜査ができるかという問題はあるものの，現行犯逮捕は即時的な判断による処分であるから，必要がある限り，告

訴がなくても可能であると解する（高田・注解刑訴（中）119頁，渡辺・大コメ刑訴4巻486頁，藤永・注釈刑訴3巻172頁，松尾・条解406頁）。

これを本問設例についてみると，器物損壊罪（刑法261条）は親告罪であり（刑法264条），告訴は訴訟条件である（刑訴法338条4号参照）が，前述のとおり，現行犯逮捕については，告訴がなくても可能であるから，Kは，Aを器物損壊の被疑事実で現行犯逮捕できる。

(4) 現行犯人性の認定

Q 39

甲警察署刑事課の司法警察員Kは，Aが競馬ののみ行為を行っている疑いを抱き，Aの内偵捜査を実施中，かねてからAがのみ行為の申込みを受けている疑いがあった場所において，その捜査で把握していたBが競馬新聞を手に持ってその場に現れ，AがBと接触して会話しながら何かをやり取りするような状況を現認した。Kには，その会話等の状況自体ではAがいかなる犯罪を犯しているか一見して明白ではなかったが，Kらがかねてから実施していた内偵捜査の結果得た知識や当日に張り込んでAらの動静を監視して得た知識等の事前に収集した資料に基づけば，AがBからのみ行為の申込みを受けていることが明白だった。Kは，Aを現行犯逮捕できるか。

A

現行犯逮捕できる。

解 説

現行犯人の認定資料は，一般人が直接認識し得る資料に限られない（渡辺・大コメ刑訴4巻504頁）。したがって，現行犯人は，逮捕者に犯人の犯した犯罪が明白であればよく，逮捕者以外の者にも犯人がいかなる犯罪を犯したかが一見して明白である必要はないとされる（藤永・注釈刑訴3巻175頁，小田・令状基本（上）154頁）。

例えば，違法薬物の密売事件や贈収賄事件等の密行性のある犯罪においては，譲渡される違法薬物や授受される賄賂が違法薬物ないし賄賂であるか否かなどは外観上明白ではなく，逮捕者以外の者に犯人がいかなる犯罪を犯し

たかが一見して明白ではないが，逮捕者にとって，事前に収集していた客観的資料から判断して犯人の犯した犯罪が明白であればよい。また，すり犯人の現行犯逮捕事案や飲酒検知管を使用して認定した道路交通法違反の現行犯逮捕事案等の逮捕者の特殊な技術，経験に基づく事案においても，逮捕者以外の者に犯人がいかなる犯罪を犯したかが一見して明白ではなくても，逮捕者にとって，特殊な技術，経験から判断して犯人の犯した犯罪が明白であればよい。

この点に関する参考事例をみると，現行犯逮捕を適法とした下級審の裁判例として，東京高判昭41・1・27下刑集8・1・11は，機械による速度測定による速度違反の事案において，その原審である大森簡判昭40・4・5下刑集7・4・596が，「現行犯人は事件の現場における諸状況から見て何人にも誰が犯人であるかが明かに識別できる必要がある」とした上で，「当該取締担当の係官以外には被告人が如何なる罪を犯したのか一見して明瞭であるような状況は存在しておらず，現行犯人とは認められない」旨判示したのに対し，「現行犯人というためには，犯罪が行われたことが，逮捕に着手する直前に外部的に明白であり，従ってその犯人が外部的に明白であれば足り，当該取締りに当った警察官に被告人が速度違反の犯人であることが明白である以上，右警察官以外の者には，犯人が如何なる犯罪を犯したかが一見して明白であるような状況がなかったとしても，被告人がいわゆる現行犯人ではないとする理由はない。」と判示して原判決を破棄した。また，東京高判昭41・6・28東時17・6・106は，競馬ののみ行為や賭博行為の如く隠密のうちに行われる犯罪において，警察官には事情の内偵，張り込み等によって得た客観的資料に基づく知識によって容易に現行犯であることを認知し得るものの，その知識を有しない通常人には現行犯であることは認知できない場合であっても，同様の資料をその通常人に供給すれば，その者は直ちに現行犯であることを認知し得る場合は，現行犯逮捕できるとした上で，競馬ののみ行為の事案で現行犯逮捕を適法とした。

本問設例については，一般人が直接認識し得るAとBの会話等の状況のみならず，Kらの内偵捜査の結果得た知識や当日に張り込んでAらの動静を監視して得た知識等の事前に収集した資料を現行犯人の認定資料として用いる

ことができ，逮捕者であるＫにはそれらの資料から判断すれば，Ａの犯した犯罪が明白である。したがって，Ｋは，Ａを現行犯逮捕できる。

Q 40

司法巡査Ｋが盗難被害の通報を受けて現場に臨場したところ，被害者ＶがＡと一緒にいて，「事件の現場は見ていないが，近くにいたこの男が怪しいと思い問い詰めたら自供した。」と説明し，ＫがＡに確認したところ，Ａも容疑を認めた。Ｋは，Ａを現行犯逮捕できるか。

A

現行犯逮捕できない。

解 説

現行犯人と認められるためには，その犯人による特定の犯罪であることが逮捕者に明らかであること（犯罪と犯人の明白性），及び，その犯罪が将来や過去の事件ではなく現在の事件であって，逮捕者の目の前で行われているか又は犯行後時間的に接着した段階にあることが，逮捕者に明らかであること（犯罪の現行性・時間的接着性の明白性）の二つの要件が必要である。

本問設例の場合，司法巡査Ｋとしては，Ａが現に罪を行い又は現に罪を行い終わった状況を直接確認したわけではなく，被害者の供述やＡの自白があるのみである。これらの証拠によってＡを現行犯人と認めることは許されるかが問題となる。

この点，「現行犯人として逮捕し得るためには現に罪を行い又は現に罪を行い終った者であることが現場の状況等から逮捕者に直接覚知し得る場合でなければならない」として，犯人の自白はもとより，被害者や目撃者の供述があっても，これらに基づいて現行犯逮捕することは許されないとする見解がある（小田・令状基本（上）153頁）。この見解に立つ下級審裁判例としては，恐喝事件において，「単にその現場において被害者から被疑者が脅迫的言辞を弄して金員の要求をした旨の報告を受けたのみとすれば，これに対して緊急逮捕の手続をとるのは格別，現行犯人として被告人を逮捕するのは違法で

あることを免れない。」として現行犯逮捕を違法としたもの（大阪高判昭33・2・28刑資236・67），同様に恐喝事件において，「被疑者の逮捕者への申立ならびに被害者からの警察本部への申告に基づく警察署からの逮捕者への指令以外に逮捕現場における被疑者の態度，行動等から恐喝行為が継続中であることを覚知し得る状況にあつたと認めるに足る資料はな」いとして現行犯逮捕を違法としたもの（青森地決昭48・8・25刑裁月報5・8・1246）などがある。

　しかし，この見解も，例えば前記の恐喝の事例で，被害者本人が恐喝の現場で犯人を逮捕することは現行犯逮捕として許容する（小田・令状基本（上）153頁）。実際に被害者本人が犯人を現行犯逮捕できる場合でも，これを躊躇して警察官の臨場を待ち，臨場した警察官が被害者の指示により被害者に代わって犯人を現行犯逮捕することは，現行犯逮捕が令状主義の例外として許容される趣旨に照らしても，許されないとする理由はないであろう。実際，仙台高秋田支判昭25・3・29高刑判特8・79，東京高判昭53・6・29東時29・6・133，福井地判昭49・9・30判時763・115などは，そのような現行犯逮捕手続を適法とする。

　確かに，供述証拠は信用性判断を踏まえなければならず，「裁判官の審査を経るまでもなく明白」とは言い難い面もあろうが，実際には判断資料が供述証拠のみという状況は少なく，逮捕者は，現場の状況，被疑者・被害者等の状況なども踏まえて判断することになる。その結果として犯罪と犯人の明白性を認め得る状況があれば，単に供述証拠という理由でこれを全て排除する理由はないであろう（結論同旨，増井・捜査法大系（1）122頁，渡辺・大コメ刑訴4巻509頁）。

　本問設例の場合，被害者VはAを犯人と言い，Aも自白している。しかし，被害者供述とはいっても，Vは犯行の現場を目撃したわけではなく，単に「怪しい」と思っただけであり，Aを問い詰めた結果としてAが自白したことをもって犯人と思っている。つまり，VはAの自白に基づいてAを犯人と認めたにすぎず，結局，Aが現行犯人であると認定できる資料はAの自白のみである。犯罪と犯人の明白性の認定に自白を含む供述証拠を用いることを許容する見解に立ったとしても，自白のみで被疑者が犯人であることが，「裁

判官の審査を経るまでもなく明白」と認めることはできないであろう。これは，Ｖによる現行犯逮捕に司法巡査Ｋが事実上協力したという構成としてみたとしても，Ａを現行犯人と認めた根拠はＡの自白だけであり，結論は変わらない。

なお，現行犯人と認められなくても，「罪を行い終つてから間がない」と明らかに認められる場合は，準現行犯人として，現行犯人とみなすことを許容している（刑訴法212条2項）。しかし，準現行犯人と認められるには同項各号の要件のいずれかに該当する事情がなければならず，本問設例ではかかる事情は認められないので，準現行犯人としての現行犯逮捕もできない。

Q41

Ｖは，10月1日午前1時40分過ぎ頃，マンション1階のＶ方において入浴中，マンション1階通路に面した浴室の窓から男が覗いているのに気付き，叫んだところ，その男は逃走した。Ｖは，5分後に110番通報し，「犯人は頭髪が薄く，白シャツ着用の中年男性である。」と申告した。その直後，無線指令を傍受したパトカー乗務中の警察官Ｋは，同アパートから約250メートル離れた道路上において，前記人相，風体と合致したＡを認めたため，Ａに対する職務質問を開始した。Ａは，前記マンションに行った事実を否認したが，警察官Ｋは，Ａに任意同行を求めて同マンション前路上に立たせ，同日午前2時頃，ＶをしてＡを見せたところ，Ｖは，「遠くなので，はっきり分かりませんが，犯人だと思う。」と供述した。警察官Ｋは，Ａを住居侵入罪で現行犯逮捕することができるか。

A

現行犯逮捕することはできない。

解説

憲法33条が現行犯逮捕を令状主義の例外とし，また，刑訴法213条において，私人も現行犯逮捕することを許容されている理由は，「現に罪を行い，又は現に罪を行い終つた」という状況から，犯人と犯罪の明白性が認められるため誤認逮捕のおそれがなく，また急速な逮捕の必要性があるからである（藤永・注釈刑訴3巻170頁，渡辺・大コメ刑訴4巻485頁等）。

したがって，現行犯人として逮捕し得るためには，㋐逮捕者にとって，㋑犯人による特定の犯罪であることが明白であり，かつ，犯人も明白でなければならず，かつ，㋒当該犯人が特定の犯罪の実行行為を行いつつあるか，あるいは，当該実行行為を終了した直後のものであることも明白でなければならない（藤永・注釈刑訴3巻171, 173頁，渡辺・大コメ刑訴486〜487頁等）。

　この点，逮捕者による㋑及び㋒の要件該当性の認定は，具体的な判断であって，逮捕時における諸般の状況，すなわち，犯行時刻と逮捕時刻並びに犯行現場と逮捕現場の関係のほか，犯行発覚の経緯，特に犯罪通報の時期・方法・内容，被害者・目撃者と犯人の接触状況，各現場の状況，特に証跡の有無，被害者の挙動，犯人の挙動，犯行の態様，結果，軽重などを総合的に判断して決すべきである（藤永・注釈刑訴3巻175頁，渡辺・大コメ刑訴4巻487〜488頁等）。

　また，前記認定は，逮捕時における具体的状況に基づき客観的に判断されるべきである（最決昭41・4・14判時449・64）ところ，当該認定に当たって逮捕者において使用できる資料については，①逮捕者が直接見聞した被逮捕者の挙動・状態・証跡その他の客観的状況に限られるとする説（小田・令状基本（上）153頁等），②原則として逮捕者自身が直接見聞した被逮捕者の挙動・状態・証跡その他の客観的状況に基づいて行われるが，補充的に，被害者の通報，被逮捕者（被疑者）の自供も前記客観的状況を補充するものとして差し支えないとする説（藤永・注釈刑訴3巻176頁等），③現行犯人逮捕の要件を認定できる資料であれば，物的証拠であるか供述証拠であるかは問わないとする説（渡辺・大コメ刑訴4巻509頁，松尾・条解409頁，森岡・令状Ⅰ71頁等）が存する。

　思うに，被害者や目撃者の供述や被疑者の自白であっても，逮捕時の状況から高い信用性が認められることもあること，これらの供述や自白が逮捕者による現行犯人の認定に当たっての合理的な判断の担保となることからすれば，現行犯人の認定からあらゆる供述証拠を排斥すべきとする①説は妥当ではないであろう（森岡・前掲72頁参照）。また，現行犯逮捕が令状主義の例外であることからすれば，犯罪と犯人の明白性を厳格に判断すべきであることに異論はないことから，③説に立っても，逮捕者における供述証拠の信用

性判断は慎重にされるべきことはいうまでもない。よって，②説と③説は多くの場合，結論を同じくするであろう（森岡・前掲72頁参照）。

裁判例を見ると，①説によるもの（大阪高判昭33・2・28刑資236・67，釧路地決昭42・9・8下刑集9・9・1234等）もあれば，②又は③説によるもの（釧路地決昭48・3・22刑裁月報5・3・372，大阪高判平21・3・3判夕1329・276等）があるが，①説による裁判例の事案は，逮捕現場で得られた被害者供述の信用性に問題があるとも考えられ，仮に②又は③説に立ったとしても現行犯人の明白性は認め難い事案ではなかったかと思われる（森岡・前掲72頁参照）。

それでは，本問設例はどうであろうか。

本問設例は，東京高判昭60・4・30判夕555・330とほぼ同様の事案である。

同判決は，原審が現行犯逮捕を適法であるとしたのに対し，前記①説の論理に立った上で，被告人は現行犯人及び準現行犯人の要件をいずれも満たしていなかったとし，逮捕を違法と判断した。

すなわち，同判決は，「本件逮捕の際警察官にとって客観的に確実であったことは，110番による被害者の届け出の時刻に近接した深夜の時期に，前記のように伝えられた（筆者注：被害者は，犯人の特徴として頭髪が薄く，白いワイシャツの襟を見た旨告げていたところ，警察官が発見した被告人の特徴は，前頭部の髪が薄く，白半袖シャツ着用，サンダル履きであった。）犯人の人相着衣にほぼ一致する特徴をもつ被告人が被害者方から約250メートル離れた所を歩いていたということだけであって，本件犯罪の存在及びその犯人が被告人であるという特定については，すべて被害者の記憶に基づくいわゆる面通しを含む供述に頼っていたのであるから，犯行を現認したのと同一視できるような明白性は存在しなかったといわなければならない。したがって，逮捕時当時の被告人を……現行犯人ということはできない。」とした。

次に，準現行犯人の要件該当性についても被害者が犯人を追跡した事情もなかったことなどから，「被告人は準現行犯人にもあたらない」とし，結局，「本件逮捕は令状によらない違法な逮捕であるというほかはない。」とした。

同判決は，被疑者の犯人性認定に当たり，被害者の逮捕当時の犯人識別供述の信用性についても判示している。すなわち，同判決は，「甲女（筆者注：

被害者）が犯人を目撃したのは，わずか数秒間，視力約0.1の裸眼で，一度に顔全部は見えないような細い透き間を通してである。見えた範囲は，頭，顔とせいぜいシャツの襟程度であると認められる。同女が，被告人が付近で捕まったことなどの他の知識を借りることなく，右の目撃の記憶だけで，たとえそれから短時間後にであつても，犯人を確実に識別できたかどうか，甚だ疑わしい（その識別の信用性を担保するためには，数名の他人を加えてその中から犯人を選ばせるべきであつた）。したがって，少なくとも甲女の供述のみによって被告人を犯人と断定することは危険であるといわなければならない。」とも判示しているところ，同判決の当該判示部分は十分首肯できる内容といえよう。

仮に同判決が，現行犯人の認定資料に関する②又は③説に立って被害者供述を現行犯人認定の資料に加えて検討していたとしても，逮捕者にとっても，逮捕当時の被害者の犯人識別供述の信用性が疑わしいといえることから，被告人が住居侵入罪の犯人である点についての明白性は認められず，現行犯逮捕は違法と判断されたといえよう。

したがって，本問設例では，被害者Vの供述を現行犯人認定の資料に加えて判断することができないとの説に立てば当然のこと，当該資料に加えることができるとの立場に立ってもAの現行犯人の明白性は認められず，Aを現行犯逮捕することはできない。

Q42

「近所に住む夫婦A及びBが子Vの育児を放棄している。」旨の匿名の通報を受け，司法警察員KがA方を訪問し，A及びBの同意を得て，A方に入ったところ，当時3歳の子Vが衰弱状態に陥っていた。A及びBは，Kの聴取に対し，「私達はVの実の親だが，約2週間，Vの育児を放棄し，何も食べ物を与えず，風呂にも入れてやらなかった。」旨自白した場合において，Kは，A及びBを不作為の殺人未遂罪又は保護責任者遺棄罪により現行犯逮捕することができるか。

A

現行犯逮捕できないとまではいえないが，各罪の現場における構成要件該当性の判断は慎重に行うべきである。

解説

　現行犯逮捕の要件として，①犯罪と犯人の明白性，すなわち，逮捕者において，特定の犯罪が存在しており，かつ，被逮捕者が当該犯罪の犯人であることが明白である場合，すなわち，犯罪と犯人の明白性を担保する客観的状況が存する場合，②犯罪の現行性，すなわち，特定の犯罪が現に行われているか犯行直後である場合が要求される。

　本問設例について検討すると，問題となるのは，Kにとって保護責任者遺棄罪（刑法218条）又は不作為による殺人未遂罪（刑法203条，199条）が存していることが客観的に明らかであるのかという①犯罪の明白性である。

　この点，学説には，客観的には犯罪があっても，例えば，贈賄罪における金品授受の現場を目撃されたとしても，その現場における状況などから判断して犯罪行為であることが明白でなければ現行犯人であるとは認められないとか，不作為犯などの場合にも，犯罪の客観的明白性を欠くことが多いとする指摘がある（増井・捜査法大系（1）116頁，藤永・注釈刑訴3巻172頁）。

　不作為による殺人未遂罪の明白性の判定，特に不作為による殺人行為の認定に当たっては，Vの衰弱状況がその生命侵害の現実的危険性のあるような状況に至っているのかという点が重要であるところ，Vの衰弱状況が直ちに医療措置が必要であることが明白であるほどの状況であれば格別，そうではない場合には，例えば，犯人がナイフ等の凶器で通行人を突き刺している状況を司法警察員が現認したため殺人未遂罪の現行犯人として逮捕する場合に比して，Kにとって不作為による殺人行為が明白であるとまでは言い難い場合が多いと思われる。そのような場合には，医師による診断等を得なければ現場での判定は困難と言えよう。よって，Kが不作為の殺人未遂罪によりA及びBを現行犯逮捕できるは，Vの衰弱状況がどの程度に至っているかがポイントであるといえよう。

　次に，保護責任者遺棄罪の成否であるが，この点は，A及びBの保護責任者性（「幼年者……を保護する責任のある者」）及び不保護行為性（「生存に必要な保護をしなかった」）が問題となる。

　まず，保護責任者の要件該当性であるが，保護責任者とは，「要扶助者の

生命・身体の安全を保護すべき法律上の義務を負う者」であり（半田・大コメ刑法11巻295頁），保護責任の発生根拠については，「法令，契約，事務管理によると，慣習，条理によるとを問わない」とされ（大判大8・8・30刑録25・963，大判大15・9・28刑集5・387），判例上，保護責任の実質的な発生根拠として，「保護の継続性」「保護の引き受け」「先行行為」「保護者としての独占的地位」「保護の緊急性や容易さ」などの要素が重視されており（鈴木義男・研修306号79頁，原田・判例解説（刑）昭63・7，半田・大コメ刑法11巻295頁），そのうち，「保護の継続性」は最有力の要素であり，同居中の親子のように密接かつ継続的な保護関係があれば，何か否定事情がない限り，その他の要素を問うまでもなく保護責任を認めることができるとされている（半田・大コメ刑法11巻300頁）。

そこで，本問設例について検討すると，A及びBの自白や両名の身分証明書，Bの母子手帳等の親子関係を示す証拠資料から，A及びBがVの父母であってVの親権者として監護義務（民法820条）を負うこと（法律上の作為義務），A及びBの自白及びA方内の状況（家具，食器類，衣服，寝具等の状況）から，A，B及びVが同居していることが明らかであれば，A及びBが保護責任者であることがKにとって明白であるといえよう。

続いて，不保護性の要件該当性であるが，不保護とは，場所的離隔によらずに要扶助者の生存に必要な保護しないこととされており，何が生存に必要な保護であるかについては，保護を要する原因・程度，保護責任者と要扶助者それぞれの立場・関係，期待される保護措置の難易等に照らして判断することになるとされる（半田・大コメ刑法11巻287頁，290頁）。また，不保護の程度が生命維持に必要な保護をしないことなのか，あるいは，身体に対する傷害が生じないような保護をしないことなのかについては学説上争いがあり（佐伯仁志「遺棄罪」法教359号95頁，半田・大コメ刑法11巻277頁），この点を明示した判例・裁判例は見当たらないものの，生命維持に必要な保護をしなかった場合は不保護である点は異論を見ない。

そこで，本問設例について検討すると，前記殺人未遂罪の検討の際のように，Vの衰弱状況が直ちに医療措置が必要であることが明白である場合には，もはやA及びBの手には負えない状況に至っており，A及びBには医療

措置を求める義務が生じていると考えられる（半田・大コメ刑法11巻290頁参照）から，このような場合には，KにとってA及びBの不保護は明白であるといえよう。

問題は，前記のような状況が一見して明白ではない場合であるが，父母であるA及びBがその同居している3歳の実子Vに対して定期的に食事を与え，風呂に入れることはVの生存に必要な保護であることは明らかであるところ，A及びBがVに約2週間にわたり食事を与えず，風呂にも入れなかったということが事実であれば，当該不作為が不保護に当たることは明らかであるといえる。そこで，Kにおいて，A及びBの自白及び客観的なVの状態，A方内の客観的状況等から，前記不作為が明白であると判断できるのであれば，通常は逮捕の必要性も認められることから，A及びBを保護責任者遺棄罪により現行犯逮捕することができるといえようが，そうではない場合は，緊急逮捕あるいは通常逮捕を検討すべきであろう。

なお，Kにおいては，いずれの対応を選択したとしても，Vをして適切な医療を受けさせることはもとより，Vが「児童虐待を受けたと思われる児童」（児童虐待の防止等に関する法律6条1項）又は「保護者に監護させることが不適当であると認められる児童」（要保護児童。児童福祉法6条の3第8項）と認められる場合には，児童相談所への通告等の手続も行わなければならない（児童虐待の防止等に関する法律6条1項，2項，児童福祉法25条1項等）。

Q43

深夜，オートロック式の10階建てのビルを警備する警備員Wが，同ビルの2階でうろついている不審な男を発見した。Wが男性Aに「誰ですか。」と尋ねたところ，突然，Aは逃走した。Wは，Aを追跡する途中，同ビル1階エントランス内の郵便ポストの扉が開けられているのを発見したため，Aが郵便ポスト内の封書を盗んだと考え，Aを窃盗未遂の現行犯人で逮捕した。かかる逮捕は適法か。

A

窃盗未遂の現行犯人としての逮捕は違法である。

解　説

　現行犯逮捕が認められるのは，①犯罪と犯人の明白性，すなわち，逮捕者において，特定の犯罪が存しており，かつ，被逮捕者が当該犯罪の犯人であることが明白である場合，すなわち，犯罪と犯人の明白性を担保する客観的状況が存する場合，②犯罪の現行性，すなわち，特定の犯罪が現に行われているか犯行直後である場合に限られる。

　本問設例では，前記特定の犯罪の認定について，逮捕者Wにおいて，Aが窃盗未遂の犯人である点は現認していないにもかかわらず，窃盗未遂で現行犯逮捕している（もっとも，Aが建造物侵入の犯人である点は現認しているといえる。）。

　そこで，現行犯逮捕に当たり，逮捕者において現認した事実について成立する特定の犯罪の正確な認定まで要するのかが問題となる。

　学説には，現行犯人は一般私人が逮捕できるものである（刑訴法213条）から，必ずしも被逮捕者がいかなる刑罰法規に違反したという正確な擬律判断までが求められるものではないとするものがある（渡辺・大コメ刑訴4巻486頁）。

　また，裁判例としては，東京地決昭48・2・15刑裁月報5・2・182が参考になる。同決定は，逮捕手続が違法であるとして勾留を却下した原裁判を取り消した決定であるが，事案は次のとおりである。

　被疑者は，午後11時30分頃，銀座所在のビル1階裏口から同ビル内に侵入し，1階から上の各階に上り，各階の出入口を見て回って施錠されているのを確認し，次いで1階に下って同所の郵便受けから小包を取り出して地下1階でこれを開披し，さらに，郵便受けから20通くらいの封書を取り出し，2階に上ってこれを開披した。その後，被疑者は，2階をうろついていたところ同ビルの警備員2名に発見され，「誰だ。」と誰何されたため同ビル1階まで逃走し，次いでエレベーターに乗って9階まで上り，更に1階に下りたところをエレベーター前で前記警備員らに窃盗未遂の現行犯人として逮捕された。警備員らは，9階の管理事務所から2階に下りて被疑者を発見するまでの間，各階出入口の鉄扉が開いていることから，不審に感じていたものの，

2階における封書の散乱状況を確認したのは，被疑者を逮捕した後であった。

原裁判は，窃盗未遂については，逮捕者が被疑者の窃盗着手行為を現認した事実も準現行犯について規定した刑訴法212条2項各号該当事実も認められず，建造物侵入については，準現行犯逮捕の要件のうち，同項1号及び4号該当事実があったものの，逮捕手続が違法であり，勾留請求を不適法として却下した。

これに対し，前記昭和48年東京地決は，「被疑者が2階をうろついていたこと自体ですでに金品窃取の着手行為があったと認めることもできないではない。」とし，さらに，「仮に……未だ窃盗の着手行為に当たらないとしても，被疑者が2階での現在が，前記認定状況と合わせ考えて建造物侵入罪にあたることは明らかであり，同罪の現行犯人として被疑者を逮捕し得る刑訴法212条1項所定の要件は優に具備されている」とした上，建造物侵入罪と窃盗未遂罪は，「牽連犯の関係にあって，事実の同一性があり，密接に関連する場合であるから，……警備員らが被疑者の窃盗未遂の事実で逮捕した点に手続上のかしがあるとしても，私人の逮捕行為であることをも考慮すると，そのかしは軽微なものというべきであり，それ以後の被疑者の身柄拘束等の手続の進行を妨げるほど重大なものとはいえない」として，原裁判を取り消したのである。

ただし，同決定は，本来あるべき逮捕事実で現行犯逮捕しなかった点をとらえて手続上の瑕疵があることを否定するまでには至っておらず，当該瑕疵が軽微であることを理由として，勾留請求を却下すべきではないとしているにすぎない。また，手続上の瑕疵が軽微である理由として，①実際の（誤った）逮捕事実との間に同一性及び密接関連性があること，②私人の逮捕行為であることを根拠として挙げている点に事案の特殊性がある。

以上からすれば，現行犯逮捕が私人による逮捕が許されているという一事をもって，現行犯逮捕における犯罪の特定ないしは擬律判断に誤りがあっても当該逮捕手続に瑕疵（違法性）がないとまではいえないと解される。この場合，当該逮捕手続が違法であることは前提とした上で，逮捕者の身分，逮捕者が認定した誤った犯罪事実と本来認定すべきであった犯罪事実との関係等を考慮して，現行犯逮捕後犯人について逮捕手続に瑕疵があったとして釈

放すべきか，あるいは，勾留意見を付して検察官送致をするかなどの判断をする必要があるといえよう。

これを本問設例についてみると，警備員Wは建造物侵入で現行犯逮捕すべきところを窃盗未遂で現行犯逮捕したこととなるから，逮捕手続が違法であることは否定できない。しかし，現行犯人を受け取った司法警察員において必ず釈放すべきかとまではいい切れないといえよう。なお，司法警察員が現行犯逮捕する場合には，逮捕時の状況において入手した資料に基づき，逮捕当時の事情にかんがみて適正な擬律判断が求められることはいうまでもなく，仮に誤った逮捕事実で現行犯逮捕した場合，当該擬律判断が適切さを欠く程度や当該事実とあるべき逮捕事実との間の関係によっては，被逮捕者を釈放すべき場合があるものと思われる。

(5) 現行犯逮捕の必要性

Q44

警察官Kが道路交通法違反（赤信号無視）を現認し，違反車両を停車させた。同車には運転手Aしか乗車していなかった。Kは，Aに対し，運転免許証の提示を求めたが，Aは名前，生年月日，電話番号，職業を口頭で供述したものの，運転免許証を見せようとしなかった。また，Aは，赤信号無視の事実を否認し，同車を運転してその場から立ち去ろうとした。この場合において，KはAを現行犯逮捕することができるか。

また，Aが赤信号無視を自白し，運転免許証も提示し，その後の出頭も確約している場合はどうか。

A

前段の場合は，現行犯逮捕できる可能性があるが，後段の場合は，現行犯逮捕できない。

解説

刑訴法199条2項は，通常逮捕に関し，「裁判官は，被疑者が罪を犯したことを疑うに足りる相当な理由があると認めるときは，……前項の逮捕状を発する。但し，明らかに逮捕の必要がないと認めるときは，この限りではな

い。」と規定し，刑訴規則143条の3は，「逮捕状の請求を受けた裁判官は，逮捕の理由があると認める場合においても，被疑者の年齢及び境遇……に照らし，被疑者が逃亡する虞がなく，かつ，罪証を隠滅する虞がない等明らかに逮捕の必要がないと認めるときは，逮捕状の請求を却下しなければならない。」と規定しており，「逃亡」又は「罪証隠滅」のおそれという逮捕の必要性が通常逮捕の要件の1つとされている。

　一方，現行犯逮捕の場合については，刑訴法の規定がないことから，逮捕の必要性が要件となるのかが問題となる。

　この点について，立法者の意図は，現行犯逮捕について逮捕の必要性は考えていなかったものと思われ（藤永・注釈刑訴3巻188頁），何人も現行犯逮捕できるということを根拠として刑訴規則143条の3の準用を否定し，現行犯逮捕の場合には逮捕の必要性は要件とならないとする消極説（井上正治・ジュリ373号352頁）がある。しかしながら，現行犯逮捕においても逮捕の必要性は要件であるとする積極説が通説であるといえる（渡辺・大コメ刑訴4巻513頁）。

　積極説の論拠とするところは様々あり，①現行犯逮捕は令状主義の例外であるから，厳格に解しなければならず，逮捕の必要性は当然要件となっているとするもの（井戸田・要説188頁，繁田・捜査法大系(1)156頁。なお，繁田は「現行犯逮捕において，刑訴規則143条の3を準用しても実際上問題がないと考えられる。」として，同規則準用を肯定する。），②逮捕が人の自由を拘束するという重大な苦痛を与えることにかんがみると，人権保障の見地から要件になっているとするもの（小林充・令状基本（上）160頁），③現行犯人は，犯罪と犯人の明白性から直ちに逮捕しなければ逃亡又は罪証隠滅のおそれがあることなどから，現行犯逮捕の概念に本来的に逮捕の必要性が含まれているのであって，その意味では要件となっているということができるが，一般的には特にこれを考慮する必要がないとするもの（横井・ノート(1)46頁，藤永・注釈刑訴3巻189頁），④現行犯逮捕に限って逮捕の必要性のない場合にも逮捕を認めるとすべき理由はなく，明らかに逮捕の必要性のない場合，現行犯逮捕は許されないと解するのが，任意捜査を原則とする刑事訴訟手続の趣旨に沿うとするもの（渡辺・大コメ刑訴4巻513頁）がある。

裁判例についてみてみると，従来は，消極説をとった裁判例（東京高判昭41・1・27下刑集8・1・11）もあったが，現在では，実務上も積極説を採用している。

近時の裁判例について紹介すると，道路交通法違反被疑事件による現行犯逮捕の違法性を争う国家賠償請求訴訟ではあるが，東京高判平20・5・15判時2050・103（以下「平成20年判決」という。）及び東京高判平21・1・20LEX/DB25450406（以下「平成21年判決」という。）は，いずれも現行犯逮捕において逮捕の必要性は要件であると判断している。すなわち，両者は，共にその理由として，「現行犯逮捕は令状主義の例外であり，現行犯人性さえ認められれば無制限に逮捕できると解するのは相当ではなく，現行犯逮捕も逮捕の一類型である以上，『逮捕の必要性』すなわち『罪証隠滅のおそれ』又は『逃亡のおそれ』がある場合に限って現行犯逮捕することが許されるというべきである」旨判示して現行犯逮捕において逮捕の必要性は要件であるとした。

その上で，平成20年判決は，道路交通法違反（赤信号無視）の事実を現認した警察官から繰り返し運転免許証の提示を求められたところ，赤信号無視の事実を否認するとともに，運転免許証の提示を拒み，財団法人理事長名義の資格者証を提示し，警察官の警告を無視して携帯電話で誰かと話をしているという状況において，現行犯逮捕の必要性があると認めた。また，平成21年判決は，道路交通法違反（速度超過）の事実を警察官らに現認されたにもかかわらず，被疑者が取調べの前から一貫して速度違反の事実を否認し，認めないので裁判にしてほしいと述べ，警察官からの再三の説得にもかかわらず交通反則切符への署名と受領を拒み，最高速度違反現認書の確認とそれへの指印も拒否したなど捜査に対し極めて非協力的であり，同乗していた妻も速度違反の事実を否定的に答えていたなどの状況から，警察官が被疑者の後日の捜査当局等への出頭の可能性を危ぶみ，捜査の過程や公判審理が紛糾する可能性があるとして，被疑者について逃亡のおそれと罪証隠滅のおそれがあることを肯定した。

問題は，現行犯逮捕につき逮捕の必要性を要件とするとしても，その要求される必要性のレベルであるが，前記刑訴規則143条の3準用説に立てば，

通常逮捕と同じレベルと解することになろうが，刑訴規則143条の3は，通常逮捕の場合，すなわち，裁判官が逮捕状を発するに際しての規定であるから，何人でも令状なしに逮捕できる現行犯逮捕の場合にも準用されるとすることは考え難い（小林・令状基本（上）159頁）。

　もっとも，例えば，身元が判明しており，逃亡のおそれ及び罪証隠滅のおそれがないことが一見して明らかな例外的な場合には，逮捕の必要性がないものとして現行犯逮捕は許されないといえよう。

　これ以外の場合については，被疑者の年齢，境遇，前科の有無，事案の性質，関係者及び被疑者の供述，当該供述態度等の事情に照らし，逃亡のおそれ及び罪証隠滅のおそれの有無を考慮することとなろうが，現行犯逮捕時という緊迫した状況であることにかんがみ，逮捕者が考慮すべき事情は主に現行犯逮捕時において知り得た事情になることはいうまでもなく，これを越えて逮捕の必要性をより厳格に判定するため，関係資料を可及的に収集することを要求することはできないであろう。また，現行犯逮捕の場合，一般には逃亡のおそれは肯定される一方，逮捕者にとって関係者や被疑者の言動が判明していることから，この点を踏まえて罪証隠滅及び逃亡のおそれを判断すべき要請が働くことは否定できないといえよう。

　以上を前提に本問設例について検討すると，前段は，Kが現認していることから，罪証隠滅のおそれは認め難いものの，AがKの現認事実を否認し，運転免許証を見せようとせずに立ち去ろうとしたということから，少なくともAの正式な身元は判明しておらず，身柄を確保しなければ逃亡するおそれが認められる可能性が高く，現行犯逮捕ができる可能性があるといえよう。

　後段については，もはや逃亡のおそれはないといえ，現行犯逮捕はできないといえよう。

(6) 私人による現行犯逮捕

Q 45

某スーパーマーケットの警備員Wは，Aが商品を万引きするのを現認したため，直ちにAを窃盗の被疑事実で現行犯逮捕した。Wは，同スーパーマーケットの従業員控室でAに事実関係を確認したところ，Aは素直に罪を認め，謝罪の言葉を繰り返したことから，Wは，Aがかわいそうになり，Aを釈放したいと考えた。Wは，Aを釈放できるか。

A

釈放できないものと解する。

解　説

　刑訴法214条は，「検察官，検察事務官及び司法警察職員以外の者は，現行犯人を逮捕したときは，直ちにこれを地方検察庁若しくは区検察庁の検察官又は司法警察職員に引き渡さなければならない。」と規定している。これは，私人による不当な監禁を防止し，捜査機関による被疑事実の告知，弁護人依頼権の告知，留置の必要性の判断が迅速になされることを保障するものである（渡辺・大コメ刑訴4巻528頁）。

　では，私人は，同条の規定があるにもかかわらず，自ら逮捕した現行犯人を同条所定の捜査機関に引き渡さずに釈放できるであろうか。

　この点については，釈放できるとする見解もある。

　釈放できるという見解の論拠は，①私人が釈放しても捜査機関は独自に捜査手続を進めることができるのであるから，これを認めたからといって法の建前に反するというほどのものとはいえないこと，②刑訴法214条が禁じているのは，あくまで被逮捕者に対する私人による留置の継続であって，私人が自ら逮捕した者を釈放することまでも禁止していると解すべきではないこと，③私人が現行犯逮捕した後，捜査機関に引き渡すまでの間に，明らかに逮捕の理由ないし必要性のないことが判明した場合に釈放できないことに

なってしまうこと，④私人には現行犯人を発見した場合でも逮捕する義務はなく，また一般人が犯罪を知ってもこれを告発・告訴する義務がないことと比べて権衡を欠くことなどである（金谷・令状基本（上）162頁）。

しかしながら，およそ刑事事件における身柄の拘束という極めて公的な事柄について，私人の判断に委ねるということは妥当でなく，また，釈放の判断は，司法官憲においても迷う場合があるのに，これを私人が的確に判断できるか疑問なしとしない。捜査機関への引渡しを義務付けなければ私人による逮捕権の濫用を招くおそれがあるばかりか，かえって釈放するか否かの判断に要する間，留置の継続を認めることにもなりかねない。

したがって，私人が単に犯人の行為を制止したにとどまらず，現行犯人の身柄を現実に拘束し，その支配下に置いた以上，私人は自ら被逮捕者を釈放することはできず，刑訴法214条による捜査機関への引渡しをしなければならないものと解する（松尾・条解411頁，藤永・注釈刑訴3巻191頁，渡辺・大コメ刑訴4巻530頁，高田・注解刑訴（中）127頁）。

以上が法解釈論であるが，私人が自ら逮捕した現行犯人を釈放したとしても，実務上は大きな問題が生じることはないように思われる。実際，私人が逮捕後に宥恕して釈放したり，あるいは，被害弁償等により，当事者間に和解が成立して釈放したりするようなこともある相当程度あるものと思われるが，そのような場合には，その後に被害者が警察に被害を届け出て捜査が開始されることはほとんどないと思われるからである（渡辺・大コメ刑訴4巻530頁）。

Q46

甲警察署の司法巡査Kは，交番で勤務中，警備員Wが，「被疑者Aがスーパーマーケットで食品を万引きするのを目撃したので，Aを現行犯逮捕した。」と言ってAを連れてきたので受け取った。Kは，現行犯人逮捕手続書を作成するため，W及びAから事情を聞いたところ，Aを留置する必要はないと考えた。Kは，Aを釈放できるか。

A

Aを釈放できない。

解説

　私人が現行犯人を逮捕したときは，直ちに検察官又は司法警察職員に引き渡さなければならない（刑訴法214条）。これは，私人が逮捕した場合には，自ら逮捕した犯人を取り調べる権限はなく，留置することもできないからである（松尾・条解410頁）。

　これにより，司法巡査が，私人から現行犯人を受け取ったときは，速やかに司法警察員に引致しなければならない（刑訴法215条1項）。「直ちに」（刑訴法202条）ではなく，「速やかに」とされているのは，現行犯人を受け取った司法巡査は，刑訴法215条2項により，逮捕者の氏名，住居及び逮捕の理由を聴取する手続を要するためであるから，この手続を行った上で司法警察員に引致すればよい（渡辺・大コメ刑訴4巻531頁，藤永・注釈刑訴3巻192頁）。

　司法巡査が司法警察員に引致することとされているのは，現行犯人が逮捕された場合には通常逮捕の規定が準用され（刑訴法216条），刑訴法203条1項の準用により，被逮捕者について身柄の処置を決める権限を有する者が司法警察員であるからである。

　したがって，司法巡査は自らの判断で釈放する権限はないから，司法巡査が被逮捕者を引致する前に自らの判断で釈放することは許されない（松尾・条解388頁，渡辺・大コメ刑訴4巻290頁）。しかし，通常逮捕においては，逮捕状により特定された者と異なる者を逮捕したような場合のように，身柄の拘束を続けることが誰が見ても不当といえる例外的な場合には，逮捕した司法巡査は釈放できると解されているから（渡辺・大コメ刑訴4巻290頁，ポケット刑訴（上）456頁，東條・注釈刑訴3巻105頁），明らかに人違いであるなど，身柄の拘束を続けることが誰が見ても不当といえる例外的な場合には，現行犯逮捕においても，司法巡査が釈放できると解されよう（司法巡査による緊急逮捕後引致前の被逮捕者の釈放の可否につき，本書Q10（23頁）参照）。

これを本問設例についてみると，司法巡査Ｋは，私人であるＷから現行犯人としてＡを受け取ったのであり，Ａについて留置の必要がないと考えたにすぎず，身柄の拘束を続けることが誰が見ても不当といえるような例外的な場合には当たらないから，自らの判断でＡを釈放することはできず，司法警察員に速やかに引致しなければならない。

Q47

　甲警察署の司法巡査Ｋは，警備員Ｗから「被疑者Ａがスーパーマーケットで食品を万引きするのを目撃したので，Ａを現行犯逮捕した。」との110番通報により，同スーパーマーケットに臨場してＡを受け取り，Ｗから事情を聞いたが，更に詳細に事情聴取する必要があったため，Ｗに対し甲警察署への同行を求めたところ，Ｗは，「この後も仕事があるので同行できない。」と言って拒否した。Ｋはどうすべきか。

A

　Ｗに対し，更に同行を説得すべきであるが，それでもＷが応じなければ，Ｗの同行をあきらめるほかない。

解　説

　私人が刑訴法213条に基づき現行犯人を逮捕し，214条によって当該犯人を司法巡査に引き渡した場合には，司法巡査は，「逮捕者の氏名，住所及び逮捕の理由を聴き取らなければなら」ず，「必要があるときは，逮捕者に対しともに官公署に行くことを求めることができる。」（刑訴法215条2項）。

　「逮捕者の氏名，住所及び逮捕の理由を聴き取らなければならない」という点については，犯罪捜査規範129条1項は「警察官は，刑訴法第214条の規定により現行犯人を引き渡す者があるときは，直ちにこれを受け取り，逮捕者の氏名，住所および逮捕の事由を聞き取らなければならない。」と規定して，この旨を明らかにしている。実務上は，現行犯人逮捕手続書（乙）を作成し，逮捕者の署名・押印を求めている（犯罪捜査規範136条参照。松尾・条解411頁，渡辺・大コメ刑訴4巻531頁，藤永・注釈刑訴3巻192頁，高田・注解刑訴（中）128頁，ポケット刑訴（上）491頁）。

「官公署」とは，現行犯人を受け取った司法巡査の勤務する官署又は公署である（藤永・注釈刑訴3巻192頁，高田・注解刑訴（中）128頁，ポケット刑訴（上）491頁）。

「必要があるとき」とは，引渡しを受けた場所で必要事項の聴取をするのが不可能又は不適当なときや，逮捕者から，逮捕事由その他逮捕当時の状況等について詳細に事情聴取が必要であるときなどをいう（藤永・注釈刑訴3巻193頁，高田・注解刑訴（中）128頁，ポケット刑訴（上）491頁）。もちろん同行を強制することはできない（松尾・条解411頁，渡辺・大コメ刑訴4巻532頁，藤永・注釈刑訴3巻193頁，高田・注解刑訴（中）128頁，ポケット刑訴（上）491頁）。

これを本問設例についてみると，Kは，逮捕者Wから事情を聞いたものの，更に詳細に事情聴取する必要があったというのであるから，「必要があるとき」といえ，Wに対し，自己の勤務する甲警察署への同行を求めることができる（刑訴法215条2項）。しかし，同行の強制はできないから，Wが拒否した以上，更に同行を説得して，同行を求めるべきである。そのような説得をしても，Wが同行を拒否するのであれば，同行を強制できない以上，あきらめるほかないであろう。

Q 48

某スーパーマーケットの警備員Wは，Aが商品を万引きするのを現認したため，直ちにAを窃盗の被疑事実で現行犯逮捕した。Wが，Aの着衣を検索したところ，ジャケットの内ポケットから，盗品である缶コーヒー2本を発見し，それらを取り上げた。この取上げ行為は適法か。

A

適法と解される。

解　説

刑訴法220条1項・3項は，現行犯人を逮捕する場合において必要があるときは，令状によらないで，①人の住居又は人の看守する邸宅，建造物若し

くは船舶内に入り被疑者の捜索をすること，②逮捕の現場で，差押え，捜索又は検証をすることができる旨規定している。もっとも，同規定の主語は，「検察官，検察事務官又は司法警察職員」となっており，私人逮捕の場合における私人は，被疑者の捜索，逮捕の現場での捜索等はなし得ないこととなる。

　この点，名古屋高判昭 26・3・3 高刑集 4・2・148 は，「現行犯人は，何人でも，逮捕状なくして，これを逮捕することができるものであることは，刑事訴訟法第 213 条に規定するところであるが，司法警察職員，検察官及び検察事務官でない通常人は，現行犯人を認めても逮捕することを義務づけられてはいないから，一旦逮捕にとりかかつても中途からこれをやめることもできるわけである。……このことは，刑事訴訟法第 220 条によつても，明らかである。即ち，検察官，検察事務官又は司法警察職員は，現行犯人を逮捕する場合には人の住居又は人の看守する邸宅，建造物若しくは船舶内に入り被疑者の捜索をすることができる旨を規定しているところから見れば，通常人に対しては右の行為をすることは禁止せられているものと解すべきものである。」と判示している。

　では，本間設例のような万引きの現行犯人を逮捕した警備員Wが盗品を取り上げる行為までも禁止されるのであろうか。実際の事案においては，おそらく警備員は，当該被逮捕者が実際に万引きをしたかどうかを確認するため，被逮捕者が所持しているであろう盗品の発見に努め，これを発見した場合には，それを取り上げるのが通常であり，これを違法と解するのは余りにも不当な結論であると解される。

　同様に，例えば，凶器使用の傷害事件の目撃者が，犯人を現行犯逮捕する場合に，当該凶器を取り上げることも十分あり得ると思われるが，かかる凶器の取上げ行為についても，逮捕者本人及び周囲の生命・身体等への危険を防止する観点から，やはり違法と解するのは妥当ではない。

　かかる盗品や凶器の取上げ行為は，むしろ現行犯逮捕行為の一環としてなされたものとして適法と解するのが妥当であろう（渡辺・大コメ刑訴 4 巻 526 頁）。

　なお，警察官としては，現行犯逮捕した私人から犯人の引渡しを受けた

(刑訴法214条)段階で，当該私人からかかる盗品や凶器の任意提出を受けるべきであろう。

Q 49

V(私人)は，度々，侵入盗の被害に遭っていたところ，某日午前零時30分，Aが自宅に侵入してきたのを認めたため，Aを住居侵入の被疑事実で現行犯逮捕した。Vは，過去の窃盗被害もAの犯行ではないかとの疑いを抱いたことから，Aに過去の窃盗を認めさせてその被害を弁償させようと考え，Aを結束バンドで縛るなどして拘束して，厳しく追及した。Vは，Aが過去の窃盗をあらかた認めたことから，同日午前10時になって，ようやく110番通報し，Aの身柄を司法警察員Kに引き渡した。かかるVの行為は適法か。

A

違法と認められる。

解 説

　刑訴法214条は，「検察官，検察事務官及び司法警察職員以外の者は，現行犯人を逮捕したときは，直ちにこれを地方検察庁若しくは区検察庁の検察官又は司法警察職員に引き渡さなければならない。」と規定している。これは，私人による不当な監禁を防止し，捜査機関による被疑事実の告知，弁護人依頼権の告知，留置の必要性の判断が迅速になされることを保障するものである(渡辺・大コメ刑訴4巻528頁)。

　通常，警察官が現行犯逮捕した場合には，引き続き犯人を取り調べることが多いと思われるが，私人が逮捕した場合には，自ら逮捕した犯人を取り調べたり，釈放したりする権限はなく(本書Q 45 (102頁)参照)，また，留置することもできない。

　刑訴法214条にいう「直ちに」というのは，「できるだけ速やかに」というより更に時間的近接性が要求され(藤永・注釈刑訴3巻190頁)，被逮捕者の身体を拘束した後，警察官等に引き渡すのに必要な時間以上に拘束を継続することなく，という意義であるとされる(渡辺・大コメ刑訴4巻529頁)。

　これを本問設例についてみると，VがAを現行犯逮捕したのは午前零時

30分であり，Aの身柄を司法警察員に引き渡す午前10時まで，9時間30分にわたって身体の拘束を継続し，過去の窃盗について厳しく追及するなどしており，これは明らかに刑訴法214条の「直ちに」の要件に反しているため，違法と認められる。

　この点，東京高判昭55・10・7刑裁月報12・10・1101は，現行犯逮捕後，約8時間10分にわたり，被逮捕者を拘束し，過去の窃盗について厳しく追及するなどした事案について，「被告人ら（筆者注：逮捕者であり，本問設例のVに該当）は，X（筆者注：被逮捕者）を現行犯人として逮捕したのち，同人を警察官等に引渡すのを単に朝になるまで遷延したというにとどまらず，……台湾女性に関する事実（筆者注：観光ビザで本邦に入国した同女をホステスとして雇用し，売春行為をさせていた事実）が警察官等に探知されることをおそれるとともに，Xに前回の窃盗を認めさせてその被害を弁償させ，内々に事を済ませようと考え，その後は逮捕したXの身柄を警察官等に引き渡す意思はなく，専ら前回の窃盗の犯行を追求し，その被害の弁償を得るために，同人に対する前記拘束を継続して同室内に翌朝まで閉じ込めたのであるから，その目的，動機及び態様等に照らして，被告人らのかかる行為が『正当行為』ないしは『社会的相当行為』として違法性を阻却される余地のないことは，原判決説示のとおりであり，仮に，その間被告人に翌日Xの身柄を警察官等に引渡す意思がなお残つていたとしても，同人に対する右のような目的による拘束の継続が正当化されえないことは同様である。」と判示し，逮捕者に監禁罪の成立を認めた。

Q50

　甲県警察の司法警察員Kは，たまたま乙県内にいたところ，AがVの顔面を手拳で殴打するのを現認したことから，Aを暴行の現行犯人として逮捕した。Kは，直ちにAの所持していたカバンの中を捜索したところ，「Vの野郎は許さねぇ。」などと書かれたメモ紙が出てきたので，同メモ紙を差し押さえた。かかる捜索・差押え手続は適法か。

A

適法である。

解説

　警察法64条は，「都道府県警察の警察官は，この法律に特別の定（傍点筆者）がある場合を除く外，当該都道府県警察の管轄区域内において職権を行うものとする。」と規定する。したがって，甲県警察の司法警察員Kが職権を行うのは，原則，甲県内ということとなる。

　一方で，同法65条は，「警察官は，いかなる地域においても，刑事訴訟法第212条に規定する現行犯人の逮捕に関しては，警察官としての職権を行うことができる。」と規定しており，この規定は，警察法64条にいう「特別の定」に当たるので，Kは，「現行犯人の逮捕に関しては」乙県内においても職務を行うことができるのである。

　同法65条の趣旨は，旧警察法においては，管轄区域外における現行犯人の逮捕に関しては，援助の要求があった場合等を除き，警察官といえども，刑訴法213条に基づいて私人として現行犯逮捕するしかなく，刑訴法220条1項2号の逮捕の現場における差押え，捜索又は検証を行うことができず（私人による現行犯逮捕の場合の刑訴法220条1項2号に基づく差押え等の可否につき，本書Q48（106頁）参照），また，逮捕の現場において暴行，脅迫による抵抗を受けた場合に公務執行妨害罪（刑法95条1項）が成立するか否かについても疑義があった上，警察官がそのため災害を受けたときに，公務災害としての補償が受けられるかどうかについて認定上の困難があったことから，これらの点を解決するための規定を置く必要があったことにある（研究会・警察法394頁，小田・令状基本（上）197頁）。

　そして，警察法65条にいう「現行犯人の逮捕」とは，刑訴法212条の規定により現行犯人とされ又は現行犯人とみなされる者（準現行犯）の逮捕をいい，「逮捕に関して」とは，関係がありさえすれば無限の広がりを許すというものではなく，また，同法9条にいう「関連する」とも異なって，現行犯人の逮捕について時間的，場所的に密接な関係を有する場合をいう。もっ

とも，警察官としては，現行犯人の逮捕行為自体しかできないわけではなく，前述した警察法65条の趣旨等から，刑訴法220条1項2号の逮捕の現場における差押え，捜索又は検証を行うことができる（警察法65条によって本問設例のKは刑訴法220条1項柱書の「司法警察職員」に該当することとなる。）し，警職法2条4項の規定により，現行犯人の身体について凶器を所持しているかを調べることもできることとなる（研究会・警察法395頁）。

したがって，本問設例のKによる捜索・差押えは適法である。

Q51

甲県警察の司法警察員Kは，たまたま乙県内にいたところ，AがVの顔面を手挙で殴打するのを現認したことから，Aを暴行の現行犯人として逮捕した。その後，Kは，自らVを取り調べたり，Aの弁解を録取したりすることができるか。

A

取調べ等はせず，管轄の警察に引き渡すべきである。

解説

警察法65条は，「警察官は，いかなる地域においても，刑事訴訟法第212条に規定する現行犯人の逮捕に関しては，警察官としての職権を行うことができる。」と規定しており，これにより，本問設例のKは，刑訴法220条1項2号の逮捕の現場における差押え，捜索又は検証を行うことができる（本書Q50（109頁）参照）。

では，Kは，さらに，取調べや弁解録取までをすることができるであろうか。警察法65条により，現行犯人の逮捕に「関して」いかなる範囲の事項について，警察官としての職権を行うことができるのかが問題となる。

警察法65条が規定された趣旨については，本書Q50（109頁）で述べたとおりであるが，これにより，管轄区域外における警察官の現行犯逮捕は，当該警察官にとって公務とされることとなるものの，逮捕者所属の都道府県警察に，被疑者を現行犯逮捕した事件の管轄が生ずるわけではない（小田・

令状基本（上）198 頁）

　同法 65 条は，同法 61 条（「都道府県警察は，居住者，滞在者その他のその管轄区域の関係者の生命，身体及び財産の保護並びにその管轄区域における犯罪の鎮圧及び捜査，被疑者の逮捕その他公安の維持に関連して必要がある限度においては，その管轄区域外にも，権限を及ぼすことができる。」）が規定する場合等と異なり，あくまでも，警察官が，たまたま，管轄区域外の犯罪現場に居合わせ，現行犯人を逮捕する場合を想定した規定である。

　とするならば，警察官の管轄区域外における現行犯逮捕は，緊急の場合の例外的措置であり，その本質において，警察官による被疑者の逮捕というよりも，むしろ私人による現行犯逮捕に近い性質のものであると考えるべきである（小田・令状基本（上）198 頁）。

　したがって，警察法 65 条で規定しているのは，あくまでも，現行犯人の逮捕及び逮捕の現場における差押え等に関する権限のみであって，その後の捜査を継続することまで定めたものではないと解すべきであり（研究会・警察法 395 頁），本問設例のKとしては，自らVを取り調べたり，Aの弁解を録取したりすべきではなく，管轄の警察に引き渡すべきである。

　実務的に考えても，本問設例の暴行事件は，乙県を管轄する警察が捜査して，乙地方検察庁の検察官に送致されることになるわけであるし，取調べ等には，取調室の確保等の問題も生じるわけであるから，逮捕後の捜査の継続については，乙県を管轄する警察に任せるべきであるものと思われる。

Q 52

　甲県警察の司法警察員Kは，たまたま乙県内にいたところ，AがVの顔面を手拳で殴打するのを現認したことから，Aを暴行の現行犯人として逮捕した。この場合，Kは，自己が所属する甲県警察の警察署に引致できるか。

A

　できないものと解する。

解　説

　警察法65条は,「警察官は, いかなる地域においても, 刑事訴訟法第212条に規定する現行犯人の逮捕に関しては, 警察官としての職権を行うことができる。」と規定しており, これにより, 本問設例のKは, 警察官としてAを現行犯逮捕することができることとなるが, Aを乙県の警察に引き渡すのではなく, 自己が所属する甲県警察の警察署に引致することはできるであろうか。

　警察法65条の規定の趣旨や法的性格については, 本書**Q 50**（109頁）及び**Q 51**（111頁）の解説で述べたとおりであるが, 同条により, 管轄区域外における警察官の現行犯逮捕は, 当該警察官にとって公務とされることになるものの, だからといって, 逮捕者所属の都道府県警察に被疑者を現行犯逮捕した事件の管轄が生ずるわけではなく, 依然として逮捕者所属の都道府県警察の管轄に属しない事件であり, 逮捕者は当該現行犯逮捕につき, 所属の都道府県公安委員会及び上官の指揮監督を受けるものではない（同法38条3項, 63条参照）。警察官の管轄区域外における現行犯逮捕は, 緊急の場合の例外的措置であり, その本質において, 警察官による被疑者の逮捕というよりも, むしろ私人による現行犯逮捕に近い性質のものであると考えるべきなのである（小田・令状基本（上）198頁）。

　したがって, 本問設例のKとしては, 逮捕した被疑者Aを自己の所属する甲県警察に引致することは許されず, 逮捕地を管轄する乙県警察へ引き渡すべきものと解する。

2 準現行犯逮捕

(1) 「間がない」の意義

Q 53

甲警察署地域課の司法警察員Kは、男が被害者Vと喧嘩になって刃物で切り付けるなどして負傷させて逃走した旨の無線情報を受けて逃走犯人を検索中、犯行の約1時間後に犯行現場から直線距離で約4キロメートル離れた路上で、犯人の人相、年齢、身長、体格、着衣、所持品等と酷似する被疑者Aを発見した。Kは、職務質問のため停止を求めたところ、Aに逃走されたので、追跡して追い付くと、Aには顔面の真新しい傷跡及び上着の真新しい血痕の付着が認められた。Kは、Aを準現行犯逮捕できるか。

A

準現行犯逮捕できる。

解説

I 「間がない」の意義等

準現行犯逮捕の要件を定める刑訴法212条2項は、同項各号に該当する者が「罪を行い終わってから間がないと明らかに認められるときは、これを現行犯人とみなす。」と規定しているところ、準現行犯逮捕の時間的な要件として、罪を行い終わってから「間がない」、すなわち、時間的近接性が必要である。「間がない」とは、刑訴法212条1項で定める現行犯の時間的な要件である「現に罪を行い終わった者」の場合と比べると、時間的接着性の要件が緩和されるものの、犯罪の実行行為の終了時点に相当近接している必要がある。時間的近接性のみならず、場所的近接性も必要であると解されている(藤永・注釈刑訴3巻177頁)。

問題は、どのような場合に「間がない」といえるかである。

この点,「間がない」といえるかの認定は,刑訴法212条2項各号の類型ごとによって異なり,犯人の明白性による相対的なものであるとされ,例えば,同項1号の「犯人として追呼されているとき」に該当する場合は,追呼・追跡が継続している限り時間的な限界や場所的な限界はなく,同項2号の「贓物又は明らかに犯罪の用に供したと思われる兇器その他の物を所持しているとき」及び同項3号の「身体又は被服に犯罪の顕著な証跡があるとき」に該当する場合は,同項1号に該当する場合に比べて時間的近接性及び場所的近接性が要求され,同項4号の「誰何されて逃走しようとするとき」に該当する場合は,さらに厳格に時間的近接性及び場所的近接性が要求され,同項各号に重複して該当する場合は,時間的近接性及び場所的近接性の要求は緩和されるとされている（渡辺・大コメ刑訴4巻496頁）。したがって,「間がない」といえるかの認定は,時間的・場所的要素だけではなく,同項各号に該当する事実などの逮捕時における諸般の具体的状況を総合的に判断して決すべきである。

「間がない」といえるかの認定は,このように具体的事情により異なり,時間的要素だけではなく,その他の要素も含めて判断されるので,時間的近接性として,犯行から準現行犯逮捕までに具体的にどの程度の時間の範囲内でなければいけないのかについて,数字で画することは困難である。ただ,一応の目安としては,犯行から準現行犯逮捕までの時間の限界は,最大限で数時間と解すべきとされ（渡辺・大コメ刑訴4巻496頁）,一般的には3～4時間と解すべきとされている（藤永・注釈刑訴3巻177頁）。

II 参考事例等

参考事例として,準現行犯逮捕を適法とした最高裁判例を見ると,最決平8・1・29刑集50・1・1は,警察官らが,内ゲバ事件が発生して犯人が逃走中であるなどの無線情報を受け,犯人を警戒ないし検索中,犯行終了の約1時間後,犯行現場から約4キロメートル離れた場所で,被疑者Aを発見し,職務質問のため停止を求めたところ,被疑者Aが逃げ出したので,追跡して追い付き,腕に籠手を装着しているのを認め,被疑者Aを準現行犯逮捕し,さらに,犯行終了の約1時間40分後,犯行現場から約4キロメートル離れ

た場所で、被疑者B及び同Cを発見し、職務質問のため停止を求めたところ、被疑者B及び同Cが逃げ出したので、追跡して追い付き、被疑者B及び同Cの髪がべっとりぬれて靴は泥まみれであり、被疑者Cは顔面に新しい傷跡があって、血の混じったつばを吐いているなどの事情があったため、被疑者B及び同Cを準現行犯逮捕した事案において、被疑者らに対する逮捕は、いずれも刑訴法212条2項2号ないし4号に当たる者が罪を行い終わってから間がないと明らかに認められるときにされたものであるとして、適法とした。また、最判昭30・12・16刑集9・14・2791は、犯人が、東京都品川区内で、モーターを窃取し、その約2時間半後、東京都台東区内で、風呂敷包を重そうに抱えていたため、警察官に追跡されたが、電機店の前で、風呂敷包をほどいてモーター1台を出して同店店員と一緒にモーターの試験をし、同店内に入って現金を受け取り、右手に風呂敷をまるめて持って立ち去ったため、更に警察官に追跡され、同区内で、警察官に職務質問を受け、同所付近の派出所に任意同行され、犯行の約4時間後、逮捕されたという事案において、刑訴法212条2項2号に当たる者が罪を行い終わってから間がないと明らかに認められるとして準現行犯逮捕を適法とした原判決を是認した。さらに、最決昭42・9・13刑集21・7・904は、警察官らが、火炎瓶による放火未遂の犯行の約40ないし50分後、犯行現場から約1,100メートル離れた場所で、被疑者らを逮捕した事案において、刑訴法212条2項4号に当たる者が罪を行い終わってから間がないと明らかに認められるとして準現行犯逮捕を適法とした原判決を是認した。

また、準現行犯逮捕を適法とした下級審の裁判例として、東京高判昭47・10・13刑裁月報4・10・1651は、警察官らが、法定外文書頒布の公職選挙法違反の犯行終了の約1時間40分ないし約3時間25分後、いずれも犯行現場から約1キロメートル離れた場所で、それぞれ被疑者ら4名を準現行犯逮捕した事案において、刑訴法212条2項2号に当たる者が罪を行い終わってから間がないと明らかに認められるとして、準現行犯逮捕を適法とした。また、福岡高判昭29・5・29高刑集7・6・866は、警察官が、窃盗未遂の犯行の約1時間半後、犯行現場から約二百数十メートル離れた場所で、被疑者を逮捕した事案において、刑訴法212条2項4号に当たる者が罪を行い

終わってから間がないと明らかに認められるとして、準現行犯逮捕を適法とした。さらに、広島高松江支判昭27・6・30高刑判特20・185は、窃盗の犯行の約2時間10分後、贓品を所持している被疑者を逮捕した事案において、準現行犯逮捕を適法とした。

　これらの判例ないし裁判例からも、一応の目安としては、犯行から準現行犯逮捕までの時間の限界は、最大限で数時間、一般的には3〜4時間としてよいと思われるものの、準現行犯逮捕の適法性は、その時間的要素だけではなく、刑訴法212条2項各号に該当する事実などの逮捕時における諸般の具体的状況を総合的に判断して決せられていることに留意が必要である。

Ⅲ　本問設例の検討

　本問設例についてみるに、刑訴法212条2項各号に該当する事実については、Aには顔面の真新しい傷跡及び上着の真新しい血痕の付着が認められるので、同項3号の「身体又は被服に犯罪の顕著な証跡があるとき」に該当する上、AはKに職務質問のため停止を求められて逃走しているので、同項4号の「誰何されて逃走しようとするとき」に該当する。時間的要素・場所的要素については、犯行から準現行犯逮捕までは約1時間と比較的短時間で、犯行現場から逮捕現場までは約4キロメートルと比較的短距離と認められる。以上から判断すれば、同項の「間がない」といえると思われる。準現行犯逮捕を適法とした前記最決平8・1・29刑集50・1・1の事案（前記のとおり、犯行から約1時間ないし1時間40分後に犯行現場から約4キロメートル離れた場所において同項2号ないし4号に該当する者を準現行犯逮捕した事案。）と比較しても、「間がない」と認定してよいと思われる。

　したがって、Kは、Aを準現行犯逮捕できる。

(2) 犯罪と犯人の明白性

Q 54

甲警察署地域課の司法警察員Kは，被疑者Aに職務質問を実施した際，Aに逃走されそうになりこれを制止し，Aに職務質問を継続して実施したところ，誰によるいかなる犯罪が行われたかが分かる客観的状況や情報等はなかったものの，Aから空き巣に入ったが何も盗まなかった旨の住居侵入・窃盗未遂の自白が得られた。Kは，そのようにAの自白のみで，Aを準現行犯逮捕できるか。

A

準現行犯逮捕できない。

解 説

準現行犯逮捕の要件を定める刑訴法212条2項は，同項各号に該当する者が「罪を行い終つてから間がないと明らかに認められるときは，これを現行犯人とみなす。」と規定しているところ，準現行犯逮捕の要件として，犯人が特定の犯罪を行ったこと及びその犯罪を行い終わってから間がないことが逮捕者に「明らか」であること，すなわち，犯人と犯罪の明白性，時間的近接性の明白性が必要である。準現行犯逮捕の要件のうち，刑訴法212条2項各号の該当性の要件については，逮捕者において直接覚知したその場の客観的状況から認定しなければならないが，犯人と犯罪の明白性，時間的近接性の明白性の要件については，逮捕者において直接覚知した客観的状況だけではなく，供述証拠を含む他の証拠とあいまって認定できればよいとされている（渡辺・大コメ刑訴4巻509頁，藤永・注釈刑訴3巻181頁，小田・令状基本（上）156頁）。

犯人と犯罪の明白性，時間的近接性の明白性の要件の認定に関連する問題として，警察官が被疑者に職務質問を実施したところ，被疑者が自白した場合，その自白によって被疑者を準現行犯逮捕できるかが問題となる。

この点については，刑訴法212条2項が単に「罪を行い終つてから間がな

い」と認められるときと規定せずに「明らかに」認められるときと規定していることから、消極に解すべきとする見解がある（小田・令状基本（上）156頁）。しかし、問題は、職務質問を経たかどうかではなく、逮捕時に準現行犯逮捕の要件を具備していたかに尽きるというべきである（渡辺・大コメ刑訴4巻510頁）。その観点から検討するに、確かに、警察官が被疑者に職務質問を実施したところ、被疑者が自白した場合において、明白性の要件を認定する資料がその被疑者の自白しかないときは、犯人と犯罪の明白性、時間的近接性の明白性の要件を満たさず、準現行犯逮捕できないと解すべきである。他方で、警察官が被疑者に職務質問を実施したところ、被疑者が自白した場合であっても、その場の客観的状況や事前に判明している情報とあいまって、その自白によって、犯人と犯罪の明白性、時間的近接性の明白性の要件が認定できれば、準現行犯逮捕できると解すべきように思われる（藤永・注釈刑訴3巻182頁）。もっとも、前記の消極説が多数であるとされている上、職務質問をした結果、被疑者の自白によって、被疑者が罪を行い終わってから間がないと認められる場合は、緊急逮捕の手続によるべき場合が多いとされている（渡辺・大コメ刑訴6巻510頁）。したがって、実務の運用上は、警察官が被疑者に職務質問を実施したところ、被疑者が自白した場合において、その場の客観的状況や事前に判明している情報とあいまって、その自白によって、犯人と犯罪の明白性、時間的近接性の明白性の要件が認定できると判断しても、具体的な状況によっては、慎重を期して緊急逮捕によることも検討すべきであって、犯人と犯罪の明白性、時間的近接性の明白性の要件が認定できることが明らかでありその判断に疑義を挟む余地のないような場合でない限り、原則として緊急逮捕によるべきである。

　本問設例についてみるに、Aは、職務質問を実施されて逃走しようとしたので、刑訴法212条2項4号の「誰何されて逃走しようとするとき」に該当する。しかし、本問設例は、警察官が被疑者に職務質問を実施したところ、被疑者が自白した事例であるが、明白性の要件を認定する資料がAの住居侵入・窃盗未遂の自白しかなく、犯人と犯罪の明白性、時間的近接性の明白性の要件を満たさない。

　したがって、Kは、Aを準現行犯逮捕できない。Kは、住居侵入・窃盗未

遂の被害確認等の自白の裏付け捜査を早急に実施した上で，緊急逮捕の要件を満たせば，Aを緊急逮捕すべきである。

Q 55

甲警察署地域課の司法巡査Kは，警ら中，Vから「今すぐそこで強盗未遂の被害に遭った。」との申出を受けたので事情を聴き，周囲を検索したところ，犯行現場のすぐ近くにおいて，Vの申し出た犯人と酷似する男Aを認めた。Kは，Aに職務質問をしたところ，Aが犯行を認めた。Kは，Aにつき刑訴法212条2項各号の要件が認められなかったものの，犯罪と犯人の明白性が認められるとして，強盗未遂の準現行犯人逮捕をすることができるか。

A

刑訴法212条2項各号の要件が認められない限りは，犯罪と犯人の明白性が認められるとしても，準現行犯逮捕をすることができない。

解説

準現行犯人は，刑訴法212条2項各号のいずれか，すなわち①犯人として追呼されているとき，②贓物又は明らかに犯罪の用に供したと思われる凶器その他の物を所持しているとき，③身体又は被服に犯罪の顕著な証跡があるとき，④誰何されて逃走しようとするとき，のいずれかに該当する者が「罪を行い終つてから間がないと明らかに認められる」場合をいう。

この「罪を行い終つてから間がないと明らかに認められる」場合というのは，時間的接着性（犯行と逮捕とが時間的に接着していること）及び明白性（対象者が特定の犯罪を犯したこと及び犯行と逮捕とが時間的に接着していることとが逮捕者にとって明らかであること）を意味するものとされる（藤永・注釈刑訴3巻176頁，木口・判例解説（刑）平8・17）。

よって，準現行犯逮捕の要件は，㋐刑訴法212条2項各号要件のいずれか一つに当たること，㋑時間的近接性とその明白性，㋒犯罪と犯人の明白性ということになる。

準現行犯逮捕は，現行犯逮捕にいう「現に罪を行い終つた者」の場合よりも犯罪との時間的接着性の要件が緩和されて，「罪を行い終つてから間がな

いと明らかに認められる」場合でも無令状の逮捕をすることが認められる場合である。現行犯逮捕が，令状主義の例外として裁判官による令状審査を経ることなく，犯人を逮捕することが認められるのは，犯人が今まさに犯罪を実行中であるか，今終わったばかりのところを逮捕者が目撃（現認）したというのであれば，誤認逮捕や不当な見込みによる逮捕となるおそれは極めて低く，現に目撃された犯人が逃亡，罪証隠滅を図るおそれが一段と高くなり，裁判官による令状審査を求める余裕がないことになるからであって，他方，準現行犯逮捕の場合には，犯行から時間が若干経過した後であって，逮捕者が犯行を目撃（現認）していることはないが，目撃（現認）と同様に扱うことができるほど犯罪と犯人の明白性が認められる場合であって，誤認逮捕や見込みによる不当な逮捕のおそれがないと認められることから，現行犯人とみなされ，令状審査を経ることなく逮捕することが認められるのである。

　準現行犯逮捕の場合には，現行犯逮捕に比べると㋑時間的接近性の要件が緩和されることになるが，それに伴って㋒犯罪と犯人の明白性の要件までがあいまいに認められることになれば，結局，誤認逮捕や見込みによる不当な逮捕を招くおそれが生じることから，㋒犯罪と犯人の明白性を客観的に担保するため，㋐刑訴法212条2項各号の要件が必要と解されるのである（池田・令状基本（上）142頁）。とすればいかに㋒犯罪と犯人の明白性が認められたとしても，㋐刑訴法212条2項各号の要件を満たさないのであれば，やはり準現行犯逮捕は認められないのである。

　京都地決昭41・10・20下刑集8・10・1398は，「被疑者の逮捕時には，同被疑者の被害者に対する前記傷害行為の時から既に約1時間50分を経過しているが，その間の前記諸事情を勘案すれば，被疑者については刑訴法212条1項にいう『現に罪を行い終つた者』とは認められないが，同条2項に定める『罪を行い終ってから間がないと明らかに認められるとき』に該当するものといわねばならない。しかしながら，同被疑者の身体又は被服に犯罪の顕著な証跡があった事実は認められず，そのほか，同条2項1号ないし4号のいずれかにあたる事実の存在を認めしめるに足る資料はない。そうすると，被疑者については，現行犯人ないしは準現行犯人として法の要求する要件を欠いていたにもかかわらず，これを準現行犯人として逮捕したのであり

から，右逮捕手続は違法である。」旨判断し，傷害の犯行の約1時間50分後に現場に戻ってきた被疑者について，「罪を行い終つてから間がないと明らかに認められる」場合に当たることは認めつつ，刑訴法212条2項各号の要件が認められない場合には，準現行犯逮捕の適法性は否定されるとしている。

(3) 「犯人として追呼されているとき」

Q 56

甲交番勤務中の警察官Kは，約1.5キロメートル離れた交差点で赤信号を無視した赤色の車が横断歩道を横断中の歩行者をひき逃げし逃走中である旨の通信指令を受けた。すると，約5分後，甲交番前に赤色の車が近づいてきた。そこで，Kは同車の停止を求め，停車後，Kは運転手Aに職務質問したところ，Aは「今さっき人をひいてきた。」旨自供し，その直後，後続車両が停車し，降りてきたWがKに対し，「この赤色の車が交差点でひき逃げしたから，追いかけてきた。」旨供述した。この場合において，Kは，Aを道路交通法違反で準現行犯逮捕できるか。

A

準現行犯逮捕できる。

解 説

準現行犯人は，刑訴法212条2項各号に該当する者が，「罪を行い終つてから間がないと明らかに認められるとき」にこれに該当する。そのうち同項1号の「犯人として追呼されているとき」とは，その者が犯人であることを明確に認識している者により，逮捕を前提として追跡又は呼号を受けていることを意味するとされ（藤永・注釈刑訴3巻178頁），「泥棒」などと叫びながら追いかけるような場合が典型的な場合であるが，追跡せずに声だけで呼びかけている場合，声を出さずに追いかけている場合も含むとされる（渡辺・大コメ刑訴4巻497頁）。

また，「罪を行い終つてから間がないと明らかに認められるとき」の「間

(3)「犯人として追呼されているとき」 123

がない」とは，時間的段階のことを指すが，現行犯の場合ほどでないとしても場所的にも犯行現場との近接性が要求される（藤永・注釈刑訴3巻177頁）ものの，継続して追呼されている場合には，場所的にも時間的にも限界はないとされている。この場合には，犯人の明白性が失われないからである（藤永・注釈刑訴3巻177頁，渡辺・大コメ刑訴4巻496頁，松尾・条解406頁）。

本問設例では，追呼の主体が目撃者Wであり，追呼の方法が自動車による追跡である点が問題となるほか，犯行現場との場所的離隔が約1.5キロメートルある点も若干問題となる。

本問設例の題材となった裁判例は，東京高判昭46・10・27刑裁月報3・10・1331である。事案は次のとおりである。

派出所勤務の警察官は，同所から約1.5キロメートル離れた道路上において，タクシー運転手が乗車拒否をして，運転申込者を引きずり怪我をさせて逃走したとして，タクシーの車種と一部の車体登録番号（記号不明・末尾300）とともに通信指令を受けた。警察官は，同派出所において警戒していたところ，前記指令から約5～6分後，前記指令と同一の車種及び登録番号のタクシーを発見したため，同タクシーに停止を求め，運転手である被告人に職務質問したところ，被告人が前記指令と同内容の犯罪事実を認め，かつ，同タクシーの後方から車で追跡してきた男も被告人が犯人であり，犯行現場から被告人を追跡してきたと説明したため，警察官が被告人を傷害等の準現行犯人として逮捕したというものである。

弁護人は，警察官による逮捕は違法であると主張したが，同判決は，前記認定事実の下，「本件現行犯人逮捕手続は刑事訴訟法212条2項1号にいう，犯人として追呼されているとき，に該当すると認めるのが相当である。」として弁護人の控訴を棄却した。

このように同判決は，追呼の主体が目撃者でもよいとし，自動車による追跡も追呼に該当するとしたものであり，学説上も，特段の異論は見当たらない（藤永・注釈刑訴3巻179頁，渡辺・大コメ刑訴4巻498頁，池田・令状基本（上）145頁，西田・警察基本判例219頁等）。

また，継続して自動車で追呼されている場合であるため，逮捕場所が犯行現場から約1.5キロメートル離れていても準現行犯といえることを示した点

でも意義がある（西田・前掲219頁）。犯罪と犯人の明白性に問題がない点からすれば妥当であるといえる。

以上を前提に検討すると，本問設例では，追呼の主体が目撃者Wであり，追呼の方法が自動車による追跡ではあるが，「犯人として追呼されているとき」に当たる上，犯行時刻・場所と逮捕時刻・場所との間隔が，約5分間，約1.5キロメートル離れているとしても，追跡が継続していることからすれば，KはAを準現行犯逮捕できるということになる。

Q 57

甲警察署の司法巡査Kは，Vから「先ほど帰宅途中に見知らぬ男にバッグを奪われたので，犯人を追いかけたところ，犯人がアパートの一室に入ったので，私は近くのコンビニに飛び込みました。すぐに来てください。」との110番通報を受けたことにより，Vがいるコンビニエンスストアに駆けつけ，同所で5分程度Vから事情を聞いた後，Vとともに上記アパートの一室を訪れ，同室にいた被疑者Aを発見し，Vは「この男が犯人です。」と言った。Kは，Aを準現行犯逮捕できるか。

A

準現行犯逮捕は，違法と判断される可能性が高い。

解説

刑訴法212条2項各号の要件に当たる者が，罪を行い終わってから間がないと明らかに認められるときは，現行犯人とみなされる（準現行犯人）。

準現行犯人の要件のうち，刑訴法212条2項1号にいう「犯人として追呼されているとき」とは，その者が犯人であることを明確に認識している者により，逮捕を前提として追跡又は呼号を受けていることを意味する（藤永・注釈刑訴3巻178頁，大阪高判平8・9・26判時1597・81）。呼号とは，例えば「泥棒，泥棒」と叫ぶことである（松尾・条解406頁）。

追呼の主体は，被害者に限らず，目撃者のような第三者でもよく，2人以上の者が順次追呼しても差し支えない（藤永・注釈刑訴3巻179頁，松尾・条解406頁）。被害者から第三者に受け継がれたような場合でもよいとされる

(高田・注解刑訴（中）122頁。なお，本書Q 56（122頁）参照）。

追呼の方法は，必ずしも声を出す必要はなく，無言の追跡，身振り，手振りの追跡でもよく，また，追跡せず声だけで呼号するのでもよい。自動車で追跡するのも追呼である（藤永・注釈刑訴3巻179頁，ポケット刑訴（上）486頁，東京高判昭46・10・27東時22・10・285）。飛行中のヘリコプターから犯人を現認し，その旨の連絡を受けた地上員が追跡するような場合や，パトカーで順次追跡する場合も追呼に当たる（松尾・条解406頁，渡辺・大コメ刑訴4巻498頁）。

犯行終了後から追呼を継続する必要はないとする見解（ポケット刑訴（上）486頁，藤永・注釈刑訴3巻179頁）もあるが，犯罪終了後から継続して追呼されていることを要するとの見解が有力とされている（松尾・条解406頁，渡辺・大コメ刑訴4巻497頁）。

追呼がいったん中断されたとしても，それが一時的ないし短時間の中断であり，全体が一個の追呼と認められれば，本号の要件を満たし得る（松尾・条解406頁，藤永・注釈刑訴3巻170頁）。また，継続して追呼している場合には犯行後時間的に相当隔たりを生じてもなお準現行犯とされている（ポケット刑訴（上）486頁，渡辺・大コメ刑訴4巻498頁）。

通常，私人が犯行を現認したが自ら逮捕しないで警察に通報し，現場に駆けつけた警察官に対し，現場付近で犯人を指示する場合が多いが，このような場合も，私人が犯人を追呼する意思を十分に有しておりながら，警察官の到着を待ち，時間的・場所的に犯行場所に近接した時点で犯人を発見し，警察官に指示すれば，追呼の途中で一時的に犯人を見失った場合と同一に評価できるので追呼に当たると解されている（藤永・注釈刑訴3巻179頁）。

追呼の継続が問題となった裁判例としては，仙台高判昭44・4・1刑裁月報1・4・353がある。同判決の事案は，公務執行妨害等の被害者が妨害されて追呼を断念したが，その上司を経て連絡を受けた鉄道公安職員が，犯行から約25分後に被疑者を逮捕したというものである。これに対し，同判決は，「追呼が，逮捕者による逮捕の瞬間まで継続されていることは必ずしも必要でないものと解されるので，追呼者が，犯人を追呼中，自己の非力ないし他人の妨害等の事情により，やむなくその追呼を中止したような場合において

も，追呼に関する右のような一連の状況が逮捕者にとつて外見上明瞭であつた限りにおいては，その逮捕は，なお『犯人として追呼されているとき』の要件を具備するものと解することができる。」との一般論を示したものの，当該事案については，逮捕者において追呼に関する一連の状況が外見上なおも明瞭であったとはいえないし，鉄道公安室長が被害者に被疑者の所在を確認させたこと，逮捕者が逮捕に際し被害者から被疑者が犯人であるとの確認を得たことなどの事情があっても，それらが被害者による追呼に当たるとはいえないなどとして，本号による準現行犯逮捕を違法とした。

また，追呼された場合に準現行犯人性を認めるのは，犯人を追跡することにより，多少の時間的・場所的移動があっても，他の者と紛れることがない状況にあるからである。このことからすれば，犯行現場での監視も，本号に当たる場合がある（渡辺・大コメ刑訴 4 巻 498 頁）。また，現場から被疑者が被害者と同道して警察署に出頭した場合も追呼と認めてよいとされている（渡辺・大コメ刑訴 4 巻 499 頁）。

これを本問設例についてみると，確かに，V は犯人からバッグを奪われる被害に遭ってから犯人を追いかけ，犯人がアパートの一室に入ったところでコンビニエンスストアで 110 番通報し，臨場した K と一緒に前記アパートの一室を訪れ，被疑者 A を発見し，A が犯人である旨指摘していることからすると，本号にいう「追呼」に当たるとして，準現行犯逮捕できると考えることが可能とも思える。

しかし，V は，110 番通報のため，コンビニエンスストアに飛び込み，同所において，臨場した K に対し 5 分程度事情を説明するなどしているが，コンビニエンスストアは人の出入りが多いことがあり，犯人が入ったとするアパートの一室からの人の出入りを十分監視しきれない場合も考えられ，このように，少なくとも 5 分間は監視が途切れたとすれば，追呼の中断があったと評価されて，準現行犯逮捕としては違法となる可能性も考えられるところである。もちろん，コンビニエンスストアにおいて，ずっとアパートを監視できるような状況であったなどの事情があるときは追呼が継続していると評価され，準現行犯逮捕も適法となることも考えられよう。

このように，本問設例においては，事情によっては違法と判断されかねな

(4) 「贓物又は明らかに犯罪の用に供したと思われる兇器その他の物を所持しているとき」

い事案であるから、このような場合には、無理をせず、緊急逮捕の要件があるならば、緊急逮捕をすべきであると考える。

(4) 「贓物又は明らかに犯罪の用に供したと思われる兇器その他の物を所持しているとき」

Q 58

深夜、警察官Kがパトカーに乗車してパトロール中、同所から約300メートルの距離にある近隣住宅において、「空き巣事件発生。被害者宅からデスクトップパソコンとプリンターが盗まれたとの訴えあり。」との通信指令を受けた。同指令直後、Kは、土木作業員風で、大きなボストンバッグを肩にかけて歩いているAを発見し、「何を持っているのですか。」と職務質問した。すると、Aは、「つい5分くらい前に一軒家に忍び込んでデスクトップのパソコンやプリンターを盗んできた。」旨自供した。そこで、KはAの承諾を得て所持品検査をしたところ、ボストンバッグ内に被害品と同じ型番のデスクトップパソコンとプリンターがあるのを発見した。この場合において、KはAを窃盗罪で準現行犯逮捕することができるか。

A

準現行犯逮捕できると解する。

解 説

刑訴法212条2項は、同項1号ないし4号に当たる者が「罪を行い終つてから間がないと明らかに認められるとき」は、現行犯人とみなすとされており、準現行犯人は、被逮捕者が同項1号ないし4号のいずれかの類型に該当することと、その上で、実質的にも被逮捕者が「罪を行い終つてから間がないと明らかに認められる」ことが要件とされている。

本問設例において、Aは、Kによる職務質問の結果、一軒家でデスクトップパソコン及びプリンターを盗んできた旨自供し、KがAの所持していたボストンバッグの所持品検査をしたところ、デスクトップパソコンとプリンターが発見されたことから、これをもって「贓物又は明らかに犯罪の用に供したと思われる兇器その他の物を所持しているとき」(同項2号)に該当す

るのかが問題となる。

　この点,「贓物」とは,財産罪によって不法に領得された財物(刑法256条)をいうとされる(渡辺・大コメ刑訴4巻500頁)ところ,刑訴法212条2項各号が犯人と犯罪の明白性についての逮捕者の判断が恣意にわたらないように,犯行後間もないことを推知させる事項を類型化したものであること(藤永・注釈刑訴3巻178頁)から,逮捕者にとって贓物と犯罪との結びつきが客観的に明らかでなければならないのは当然である(渡辺・大コメ刑訴4巻500頁,田中・捜査法大系(1)143頁)。

　また,「所持」とは,現に身につけているか,携帯している場合及びこれに準ずる事実上の支配下に置く状態を指し,自宅に置いてあるような状態を含まない(藤永・注釈刑訴3巻180頁,渡辺・大コメ刑訴4巻500頁)。また,「所持」は必ずしも逮捕の瞬間まで継続することは要せず(最判昭30・12・16刑集9・14・2791),逮捕者が2号の物件の所持者を犯人と認めた時点において所持があれば足りると解すべきである(仙波厚「準現行犯の意義と範囲」判タ296号103頁)。

　同号の事由はその場の客観的状況から外見上逮捕者に直接覚知し得るものでなければならない(仙波・前掲103頁)。

　本問設例では,Kによる職務質問を契機として,Aが贓物を所持していることが明らかとなっている。そこで,前記要件に該当するというためには,「贓物」等を犯人が逮捕者の目に見える形で所持している程度にまで明白な場合に限られるのかが問題となる。

　この点について,福岡地小倉支決昭44・6・18刑裁月報1・6・720は,鉄道公安職員が,被害者と共に現場に急行し,同所において,被害者が被疑者を指差し「盗んだのはこの男です。」と言ったことから,被疑者を約15メートル離れた派出所に任意同行し,同所で鉄道公安職員が被疑者に追及した結果,腹巻の中から盗品である定期券を取り出したことから,犯行から約12～13分後に準現行犯逮捕したという事案において,「現行犯逮捕が許されるためには,罪証が外観上明白であり,従って,何人が見ても犯罪を行ったということがはっきりしていることが必要であり,そして準現行犯においても,法の列挙するような各事由につきそれが外観上明白であることを必要と

(4) 「贓物又は明らかに犯罪の用に供したと思われる兇器その他の物を所持しているとき」　129

する」として，前記のような場合は「贓物を所持しているとき」に該当しない旨判示した。

　同決定は，2号の外見上の明白性についての判断に当たっては，警察官の職務質問前の状況しか資料になし得ないとの立場を前提にするものと思われる。そうすると，職務質問の結果，被疑者が腹巻から盗品を取り出したような場合は，贓物を所持していることが外見上明白とはいえないことから，準現行犯逮捕は許されないことになる。

　このような立場は，現行犯人の認定資料は逮捕者に直接覚知し得る事情に限られるとする立場（小田・令状基本（上）153頁等）になじむものといえよう。

　しかしながら，同決定に対しては，2号に基づき準現行犯逮捕が許されるのは犯人が強取した時計を腕にはめているとか，手に持っているといった場合に限定されることとなり，外観上の明白性を厳格に解しすぎていて妥当でないとの批判がある（仙波・前掲111頁，藤永・注釈刑訴3巻180頁，渡辺・大コメ刑訴4巻501頁）。

　これに対し，職務質問直前における被疑者の挙動・証跡などその場の客観的状況及び被害者の事前の通報などから被疑者に一応2号の事由の存在が認められ，それにより罪を行い終わってから間がないことがうかがわれる場合に，簡単な職務質問を行い，その結果得た被疑者の供述を2号事由の存在を認定する資料として許容してよく，かかる簡単な職務質問の結果，被疑者が贓物を取り出したような場合には，「贓物を所持しているとき」に当たると解して差し支えないとする見解があり（仙波・前掲111頁），このような場合でも犯罪の明白性の要件がおよそ損なわれるようなことはないと考えられるので，妥当であると考える。この見解は，現行犯人の認定について，原則として逮捕者自身が直接見聞した被逮捕者の挙動・状態・証跡その他の客観的状況に基づいて行われるが，補充的に，被害者の通報，被逮捕者（被疑者）の自供も前記客観的状況を補充するものとして差し支えないとする立場（藤永・注釈刑訴3巻176頁），あるいは，現行犯人逮捕の要件を認定できる資料であれば，物的証拠であっても供述証拠であるかは問わないとする立場（渡辺・大コメ刑訴4巻509頁，森岡・令状Ⅰ17頁）になじむものといえよう。

本問設例は，東京地決昭42・11・9判タ213・204を題材としている。同決定の事案は，被疑者が深夜土工風の姿で，ボストンバッグを肩にかけて派出所前を歩いていたのを，警察官が呼び止めて職務質問したところ，被疑者が直前に銅線を窃取したことを自白したので，準現行犯逮捕したというものである。

　同決定は，「準現行犯逮捕が許されるためには，原則として，被疑者の挙動，証跡，その他の客観的状況（被害者等の事前の通報等を含む。）により，誰の目にも罪を行い終わってから間がないことが明らかであることを要するものと解すべきである。職務質問……等によってはじめて犯罪が明らかになった場合には，緊急逮捕の手続により，犯罪の嫌疑の有無等について裁判所の審査を受けさせるのを相当とする。ただ，客観的状況からみて，罪を行い終わってから間がない疑いがきわめて高い場合，簡単な，いわば確認的な職務質問を行い，その結果罪を行い終わってから間がないことが明らかと認められるに至ったときは，準現行犯逮捕が許されると解される余地がないでもない。」と判示し，準現行犯逮捕を違法とした原裁判を相当としている。この事案は，警察官が職務質問をしたことで初めて窃盗事件の存在が明らかになったという点において，本問設例と事案を異にしているところ，同決定が準現行犯人性を否定したのは，同決定のような事案においてまで準現行犯逮捕を許容してよいとすれば，犯罪の明白性をほぼ被疑者の自白のみで認定してしまうこととなり，これでは，犯罪の客観的明白性を損なうと考えたものといえよう。

　もっとも，本問設例では，警察官Kにおいて，贓物がデスクトップパソコンとプリンター窃盗事件が発生した旨通報を受け，犯人が通りかかったとしても矛盾のない時刻及び場所において，ボストンバッグを所持したAが通りかかったということであるから，職務質問を行う要件も満たしていたといえる。その上で，Kの簡単な職務質問をした結果，Aがデスクトップパソコンとプリンターの窃盗を自白し，Aに対する所持品検査の結果，これらが発見されたということである。

　よって，本問設例の場合では，Kにおいて，Aの所持していたデスクトップパソコン及びプリンターの種類や部品番号等を被害者に確認するなどし

て，真実，盗品であるとの特定ができた場合には，前記学説の見解はもとより，前記裁判例の判示部分を前提にしても，Aについて準現行犯逮捕が可能であるように思われる。

Q 59

甲警察署刑事課の司法警察員K及びLは，連続空き巣事件を犯している疑いが濃厚な被疑者Aに対する内偵捜査を実施中，Aがバッグを携帯して民家の敷地内の方から路上に出てきたのを現認したので，Kにおいて，直ちに前記民家に対する捜査を実施し，多数の指輪等の貴金属類の窃盗被害の事実を確認するとともに，Lにおいて，Aを前記民家前から継続して追跡し，Aが質店に入り，多数の指輪等の貴金属類を同バッグから取り出して質入れして現金を受け取ったのを現認した。Lは，それまでの捜査結果も踏まえ，Aが前記民家で窃取した貴金属類を質入れしたと判断し，Aが同店を出て早足で立ち去るのを追跡し，Aを確保した。Lは，逮捕の時点では贓物を所持していないAを準現行犯逮捕できるか。

A

準現行犯逮捕できる。

解 説

刑訴法212条2項柱書は「左の各号の一にあたる者が，罪を行い終つてから間がないと明らかに認められるときは，これを現行犯人とみなす。」と規定し，準現行犯逮捕の要件の一つとして同項各号のいずれかに該当することが必要であると定め，同項2号は「贓物又は明らかに犯罪の用に供したと思われる兇器その他の物を所持しているとき」と規定している。同号の「所持」については，もし仮に逮捕の瞬間に所持している必要があると解すると，犯人が逃走中に贓物等を捨て去ってしまえば，その犯人を逮捕することができなくなり，不合理である。したがって，同号の「所持」については，準現行犯人であると認定した時点で所持していればよく，逮捕の瞬間に所持している必要はない（渡辺・大コメ刑訴4巻500頁）。

被疑者が逮捕の時点では贓物を所持していなかった事例として，準現行犯逮捕を適法とした最高裁判例を見ると，最判昭30・12・16刑集9・14・

2791は，モーターを窃取した犯人が，風呂敷包を重そうに抱えていたため，警察官に追跡されたが，電機店の前で風呂敷包をほどいてモーター1台を出して同店店員と一緒にモーターの試験をし，同店内に入って現金を受け取り，右手に風呂敷をまるめて持って立ち去ったため，更に警察官に追跡され，警察官に職務質問を受け，派出所に任意同行され，逮捕されたという事案において，準現行犯逮捕を適法とした原判決を是認した。

本問設例については，Aは，「贓物」であると認められる多数の指輪等の貴金属類を質店で質入れしており，その後の逮捕の時点では，その「贓物」を所持していない。しかし，Aは，Lに準現行犯人であると認定された質店で質入れた時点では，その「贓物」を所持していたと認められる。

したがって，Lは，Aを準現行犯逮捕できる。

Q60

　某日午前零時頃，Xアパートにおいて侵入盗が発生し，同日午前零時10分頃，110番通報を受けた甲警察署地域課の司法巡査Kらが現場のXアパートに臨場した。Xアパートの玄関ドアには大きめのマイナスドライバーでこじ開けたと認められる痕跡が残されており，犯人がマイナスドライバーを用いて施錠されていた玄関ドアをこじ開けて侵入し，金品を奪ったものと認められた。付近にまだ犯人が潜んでいる可能性があったことから，Kらは周辺の検索を行うこととした。すると，同日午前零時15分頃，Kらは，Xアパートから500メートルほど離れた公園に，前記通報における犯人の人相風体と酷似したAが隠れているのを発見し，職務質問したところ，Aが大きなマイナスドライバーを手に持っていることが判明し，Aは前記侵入盗の犯行を自供した。Kらは，Aを住居侵入，窃盗で準現行犯逮捕することができるか。

A

準現行犯逮捕できると解する。

解　説

　準現行犯逮捕の要件は，①刑訴法212条2項各号のいずれか一つに当たること，②時間的近接性とその明白性，③犯罪と犯人の明白性であるとされる（古江・演習72頁）。

(4)「贓物又は明らかに犯罪の用に供したと思われる兇器その他の物を所持しているとき」　133

　まず①の各号のうちのいずれか一つに当たるかを検討する。本問設例のAがマイナスドライバーを所持していた点について，刑訴法212条2項2号「贓物又は明らかに犯罪の用に供したと思われる兇器その他の物を所持しているとき」に該当しないか。

　「贓物」とは，財産罪によって不法に領得された財物（刑法256条）をいう。

　「兇器」とは，人を殺傷し得る物をいう。しかし手拭いなどのように，人を殺傷し得る物であっても社会通念上危険を感じさせないものは「兇器」ではないとされる（ポケット刑訴（上）487頁）。

　「明らかに犯罪の用に供したと思われる兇器その他の物」について，一体と読み込み，「その他の物」も犯罪供用物件に明らかに該当する場合に限るとする見解（藤永・注釈刑訴3巻180頁）もあるが，条文の構造上，先に「贓物」を挙げていることからすれば，ここにいう「その他の物」の例示の対象は，「贓物」も含んでいると解されるから，「明らかに犯罪の用に供したと思われる兇器」と「その他の物」とに分けて読むべきであり，この「その他の物」は，犯罪供用物件に限られるわけではなく，「贓物」や「明らかに犯罪に供したと思われる兇器」に準ずる物を意味すると解すべきである（団藤・警研19・10・23，渡辺・大コメ刑訴4巻500頁）。

　よって，「その他の物」は，犯罪を組成したもの，犯罪から生じたもの，犯罪から得たものなどを指す。例えば，窃盗に供した合鍵・ドライバー・バールなどや，偽造に用いた道具や偽造文書・通貨など，賭博罪における賭具などをいうと解される（安冨・刑訴103頁）。

　本問設例では，司法巡査Kらは，侵入盗が発生した現場であるXアパートの玄関ドアに大きめのマイナスドライバーでこじ開けたと認められる痕跡が残されていることを発見しており，侵入盗の犯人が大きめのマイナスドライバーを用いて施錠されていた玄関ドアをこじ開けて侵入し，金品を奪ったものと認めている。つまり，本件侵入盗において用具として用いられたものとして大きめのマイナスドライバーが認められるところ，Aに対する職務質問の結果，Aが大きなマイナスドライバーを手に持っていることが判明したことから，Aについて，「その他の物」を所持していたものと認められ，刑訴法212条2項2号の要件を満たす。

「所持」については，銃砲刀剣類所持等取締法違反事件や薬物事件における「所持」とは異なり，現に身につけたり，携帯している場合及びこれに準ずる事実上の支配下に置く状態を指し，自宅に置いてあるような状態を含まない（藤永・注釈刑訴3巻180頁，渡辺・大コメ刑訴4巻500頁）。準現行犯人と認めたときに所持があればよく，逮捕の瞬間に所持している必要はない（最判昭30・12・16刑集9・14・2791）。

なお，職務質問の結果，刑訴法212条2項2号規定の物を所持していることが判明した場合における準現行犯逮捕の可否については，本書**Q 58**（127頁）を参照されたいが，基本的に，適法な職務質問によって贓物等を取り出したような場合，これを当初から手にしていた場合と犯人の明白性において異なるところはないと考えてよいように思われる（仙波厚「準現行犯の意義及び範囲」判タ296号111頁）。

よって，本問設例のように職務質問の結果，Aの大きなマイナスドライバーの所持が判明した場合も，「その他の物」の「所持」といえ，①刑訴法212条2項2号の要件を満たすと考える。

その上で，事件の発生から約15分後，事件の現場から500メートルほどしか離れていない場所において，Aが発見・逮捕されていることから，②時間的近接性とその明白性が認められる場合といえ，また，玄関ドアがマイナスドライバーでこじ開けられて金品が奪われている住居侵入・窃盗の犯罪の明白性が認められ，Aが目撃された犯人の人相風体と酷似しているのみならず自供もしており，犯人の明白性も認められることからすれば，③犯罪と犯人の明白性も認められる場合といえることから，本問設例のAを住居侵入・窃盗の準現行犯人として逮捕することができると考える。

(5) 「身体又は被服に犯罪の顕著な証跡があるとき」

Q 61

被疑者Aが酒気帯び運転の際に引き起こした交通事故のために自らも負傷し，病院に搬送されたことから，通報を受けた甲警察署の司法巡査Kにおいて，Aの搬送直後に同病院に駆けつけたところ，Aの酒臭を認めた。Kは，Aを酒気帯び運転の被疑事実で準現行犯逮捕できるか。

A

準現行犯逮捕できる。

解説

　刑訴法212条2項各号の要件に当たる者が，罪を行い終わってから間がないと明らかに認められるときは，現行犯人とみなされる（準現行犯人）。

　準現行犯人の要件のうち，刑訴法212条2項3号にいう「身体又は被服に顕著な証跡があるとき」とは，身体又は被服にその犯罪を行ったことが外部的・客観的に明らかな痕跡が認められることをいう。これについては，犯人が負傷している，あるいは着衣の破損や着衣に返り血と認められる血痕が付着しているなど暴力犯罪の場合が多いが，放火で手や足や着衣に石油が染みついているような場合も含まれる（藤永・注釈刑訴3巻180頁）。被服には，帽子，靴なども含む（高田・注解刑訴（中）123頁，松尾・条解407頁）。しかし，現実に身につけていることを要するのであって，例えば，血の付いた被服を自宅に隠しているような場合は含まない（渡辺・大コメ刑訴4巻501頁，ポケット刑訴（上）487頁）。

　3号に当たるとした裁判例として，東京地判昭42・7・14下刑集9・7・872は，窃盗犯人が工事現場から電線を切断の上窃取するとの犯行の際に腕に怪我をしていたのを目撃者から人づてに聞いて知っていた私人が，犯行の約2時間後に腕に怪我をしていた被疑者を認めて交番への同行を求めたところ逃げ出したので逮捕したという事案において，「このような情報とこれに

符号する腕の傷という有力な証拠が確認され，交番へ同行を求められるや被告人が逃走しようとしたというような状況は，判示第一の窃盗の嫌疑が明白でかつ急速を要するばあいであり，刑事訴訟法212条2項本文，3号および4号にいう『罪を行い終つてから間がないと明らかに認められ』かつ『身体に犯罪の顕著な証跡があり』，『誰何されて逃走しようとするとき』に当り，同法213条により私人の準現行犯逮捕が許される場合というべきである。」と判示した。

本問設例は，名古屋高判平元・1・18判タ696・229を題材としたものである。同判決の事案は，無免許・酒気帯び運転の際に引き起こした交通事故のために自らも負傷し，病院に運ばれた被告人について，病院に駆けつけた警察官が，酒臭を認め，治療が終わり帰宅できることを医師から確認の上，呼気検査をして，犯行から約52分後に酒気帯び運転の被疑事実で現行犯逮捕したというものである。これに対し，同判決は，「被告人が刑訴法213条2項3号にいう『身体又は被服に犯罪の顕著な証跡があるとき』の準現行犯に該当することは明らか」とした。

これを本問設例についてみると，Kは，Aの酒臭を認めたのであるところ，酒臭は酒気帯び運転という「犯罪の顕著な証跡」といえ，それが身体にあったといえるから，刑訴法212条2項3号にいう「身体……に犯罪の顕著な証跡があるとき」に当たる。そして，Kは，Aが事故を起こして病院に搬送された直後に病院に駆けつけたのであるから，「罪を行い終つてから間がないと明らかに認められるとき」（刑訴法212条2項柱書）との要件も満たすといえる。したがって，Aは酒気帯び運転の準現行犯人に当たるから，Kは，Aを酒気帯び運転の被疑事実で準現行犯逮捕できる。

(5)「身体又は被服に犯罪の顕著な証跡があるとき」　137

Q 62

　某日午前1時頃，パチンコ店の売上金を回収する現金輸送車を狙った強盗致傷事件が発生した。現場近くを警ら中であった甲警察署地域課の司法巡査Ｋらは，110番通報により犯人は3人組の男性で，3人とも白のＴシャツにジーンズを着用しており，身長180センチメートル位のやせ型という特徴を有し，金属バットを使用して警備員を殴打し，警備員の返り血を浴びた可能性があるとの情報を得た。Ｋらは，同日午前1時30分頃，現場から2キロメートルほど離れた路上において，通報にあった特徴と類似する3人組の男性を見かけたことから職務質問を開始した。3人組の男のうち，ＡとＢは，履いているジーンズに真新しい血痕が付着していた。他方でＣには血痕の付着等は認められなかった。Ｋらは，Ａ，Ｂ及びＣについて準現行犯逮捕することができるか。

A

　Ａ，Ｂ及びＣのいずれについても準現行犯逮捕することができると考える。

解説

　逮捕は，被疑者の身体の自由を拘束し，それを短期間継続する強制処分をいうと解されるところ（安冨・刑訴87頁），通常逮捕の場合であれば被疑者ごとに令状審査が行われ，被疑者ごとに逮捕状が発付されるのであるから，逮捕の要件はその処分を受ける者ごとに備わっていなければならない。これが令状主義からの当然の帰結である。このことは現行犯逮捕，準現行犯逮捕においても同様である。準現行犯逮捕の要件は，①刑訴法212条2項各号のいずれか一つに当たること，②時間的近接性とその明白性，③犯罪と犯人の明白性であるとされるところ（古江・演習72頁），これらの要件についても準現行犯逮捕をされる者ごとに備わっているか検討されなければならないものである。

　本問設例の場合，①刑訴法212条2項3号の「身体又は被服に犯罪の顕著な証跡があるとき」に当たるかが問題となる。

　この「身体又は被服に犯罪の顕著な証跡があるとき」とは，身体又は被服にその犯罪を行ったことが客観的に明らかな痕跡が認められることをいうと解される（安冨・刑訴103頁）。殺人事件や傷害事件の発生直後に，現場付近で負傷したり，血だらけになったりした犯人を発見したような場合が典型的

な例に当たるとされる（渡辺・大コメ刑訴4巻501頁）。本問設例では，AとBについては，それぞれ履いているジーンズに血痕が付着し，しかもその血痕が真新しいものであって，かつ，問題となっているのが警備員を金属バットで襲った強盗致傷事件であり犯人が返り血を浴びた可能性がある事件であることに鑑みると，ジーンズの血痕が強盗致傷事件を行ったことの客観的に明らかな痕跡と認められるといえ，刑訴法212条2項3号の「身体又は被服に犯罪の顕著な証跡があるとき」に該当する。

他方で，Cについてはそのような事情はなく，刑訴法212条2項各号要件を満たしそうにないように思える。逮捕の要件の有無は，前記のとおり，被逮捕者ごとに検討すべきであり，令状主義の原則の例外である現行犯逮捕，準現行犯逮捕においてはなおさら厳格に解すべきであって，逮捕される者ごとに要件を備えているかを検討すべきであり，あくまでCの身体又は被服に証跡がない以上は，Cに対する準現行犯逮捕は許されないと考えることもできる。

しかし，本問設例で問題となっているように，3人組のうちの2人について犯罪の顕著な証跡といえる血痕が付着しているのに，残り1人には血痕がなかったからといって，先の2人は準現行犯逮捕できても，残りの1人については通常逮捕ないし緊急逮捕するしかないというのは硬直的にすぎ，不合理のように思える。

東京高判昭62・4・16判時1244・140は，「すでに述べたとおり，警察当局は，丙川が乱闘の目撃後直ちにした具体性のある届け出に基づき，本件車両を被疑車両として手配していたところ，同車両は右乱闘の約40分後に，乱闘場所から僅か約600メートル離れただけの地点で発見され，被告人らはこれに乗車していたのであり，しかも，そのうちの一人の着衣に血痕が付着していたというのであるから，被告人らが罪を行ったと明らかに認められる状況があったことは否定し難く，警察官らが被告人らについて準現行犯逮捕の要件としての犯罪の明白性があると認めたことは，正当として是認することができる。なるほど，被告人B，同Dら三名は第三キャンプから本件車両に乗り込んだものであって，セブンイレブン付近での乱闘には参加しておらず，その限りでは結果的に警察官らの認定に誤りがあったことになるが，右

のような事情は本件に特有の例外的な出来事であって，警察官らがこの事情の介在に気付かなかったことを非難することはできず，前記のような外形的状況が存在した以上，警察官らの認定は正当として是認すべきであり，その点に結果として誤りがあったことによって，右三名に対する準現行犯逮捕が違法となるものではない。また，被告人らは，乱闘後警察官らによって発見された時間及び距離の関係からすると，準現行犯逮捕の要件としての犯罪後間がないと明らかに認められる場合に該当するものということができる。更に，被告人Aのワイシャツに付着していた血痕については，それが同被告人自身からの出血によるものか，相手方の出血が返り血となって付いたものかなど，付着経緯の詳細は不明であったとうかがわれるが，その血痕は，付着箇所や付着状況からみて，少なくとも同被告人が乱闘に加わったことにより付着したと認められるものであったから，同被告人が『被服に犯罪の顕著な証跡があるとき』（刑訴法212条2項3号）の要件を具備していたことは疑いを容れない。また，被告人A以外の被告人らについては，その者ら自身の被服には格別の証跡等があったわけではないが，犯行が複数の犯人によるものであって，しかも，その犯人らが同一の車両に乗って行動を共にしていたことが明らかな場合であるから，被告人Aのワイシャツに血痕が付着していたことは，その同乗者である他の被告人らについても『被服に犯罪の顕著な証跡があるとき』にあたるものと解することができる。」と判示している。

　そして，同一車両での移動の場合のように犯行の時点から発見されるまでの間に人の入れ替わりの可能性が低く，行動を共にしてきたと認められるような場合には，行動を共にしてきた者を一体と見ることができ，そのような場合にはその者の中の一部に認められる「犯罪の顕著な証跡」について，残りの者にとってもそれぞれに「犯罪の顕著な証跡」があると認めることができると考える。

　よって，本問設例においては，強盗致傷事件が3人組の犯人によってなされたものであるところ，その3人組がそのまま行動を共にして，現場付近に配備された警察官の目の前に犯人の特徴を備える3人組の男が現れたのであるから，Cについても，①刑訴法212条2項3号の要件を満たすものと考える。また，本問設例では，事件から約30分後に約2キロメートルと徒歩で

まっすぐ移動してきたとすれば矛盾しない場所において，発見されており，②時間的近接性とその明白性も認められる。また，3人ともそれぞれ通報にあった白色Tシャツとジーンズ，180センチメートルのやせ型という3人組の犯人の特徴と一致しており，通報から強盗致傷事件を起こしてきたことが明らかとなっているから，③犯罪と犯人の明白性も認められる。

よって，A，B及びCのいずれについても準現行犯逮捕することができると考える。

(6) 「誰何されて逃走しようとするとき」

Q63

制服姿で警ら中であった甲警察署地域課司法巡査Kは，某日午前2時頃発生したひったくり窃盗事件の通報を受けて，現場に臨場したところ，同日午前2時10分頃，現場から約300メートル離れた路上に通報にあった犯人の人相風体と酷似したAが立っているのを認めたことから，お互いに認識できる位置まで近づいた上で，Aに対し「どうしましたか。」と声をかけたところ，AがKのことを警察官と気付いて逃走しようとした。Kは，Aを準現行犯逮捕することができるか。

A

準現行犯逮捕することができる。

解　説

準現行犯逮捕の要件は，①刑訴法212条2項各号の要件を備えること，②時間的近接性及びその明白性，③犯罪と犯人の明白性とされるところ（古江・演習72頁），本問設例でAがKから声をかけられたのに対して，警察官と気付いて逃走しようとしたことで，①刑訴法212条2項4号の「誰何されて逃走しようとするとき」に当たるかが問題となる。

「誰何されて逃走しようとするとき」の「誰何」とは，本来，「誰か。」と声をかけて問うことである。単に声をかけられたのにすぎないにもかかわらず，逃走しようとするのは，通常人であれば，逃走しないような場合に逃走

したことになるので，それが犯罪を犯した犯人でなければとらない行動であろうという推認が働くことになり，犯罪と犯人の明白性を客観的に担保する事情となることから，刑訴法212条2項各号の一つに含まれていると考えられる。

通常人であれば逃走しないような場合に逃走したことが重要なのであるから，犯人が警察官を見て逃げ出した場合も誰何に含めてよいと解されている（仙波厚「準現行犯の意義及び範囲」判タ296号103頁）。

最決昭42・9・13刑集21・7・904は，「警察官が犯人と思われる者達を懐中電灯で照らし，同人らに向って警笛を鳴らしたのに対し，相手方がこれによって警察官と知って逃走しようとしたときは，口頭で『たれか』と問わないまでも，同条項第4号にいう『誰何されて逃走しようとするとき』にあたるとした判断は，相当であって，同条項を不当に拡張解釈したものということはできない。」と判示している。

最決平8・1・29刑集50・1・1も，警察官から待つように声をかけられ，更に後方から肩に手を当てられて停止させられ，「今，内ゲバ事件があったので聞きたい。」と質問を始められたのに対し，駆け出した被告人らにつき，刑訴法212条2項4号に当たると判断している。

よって，本問設例の場合も刑訴法212条2項4号の「誰何されて逃走しようとするとき」に当たる。その上で，事件から逮捕までに約10分しか経過しておらず，事件現場から約300メートルしか離れていない場合であるから，②時間的近接性及びその明白性も認められ，通報によってひったくり窃盗事件の発生が認められる上，本問設例のAは，その通報にあった犯人の人相風体と酷似しているというのであるから，③犯罪と犯人の明白性も認められることになるのであって，Aを窃盗で準現行犯逮捕することができると考える。

3 現行犯逮捕をめぐる諸問題

(1) 共犯者の現行犯逮捕

Q 64

甲警察署地域課の司法警察員Kは、警ら中、深夜、繁華街の路上において、A及びBが、路上で横臥して仮睡中の被害者Vから数メートル離れた場所で、数十秒間、Vの方を見てその様子をうかがい、その後、Vに近づくと、Bが、Vの横に立って周囲を見回し、Aが、Vのズボンのポケットから財布を手で抜き取って窃取し、その直後、A及びBが、足早にその場から立ち去る状況を現認した。Kは、窃盗の実行行為を行っていないBを共謀共同正犯として現行犯逮捕できるか。

A

現行犯逮捕できる。

解 説

共謀共同正犯、教唆犯、幇助犯についても現行犯逮捕が許されると解されている（渡辺・大コメ刑訴4巻492頁、小田・令状基本（上）148頁）が、問題は、どのような場合に共謀共同正犯、教唆犯、幇助犯の現行犯逮捕ができるかである。

まず、共謀共同正犯、教唆犯、幇助犯のいずれの場合も、実行行為者の実行行為について、刑訴法212条1項が定める「現に罪を行い、又は現に罪を行い終つた者」という要件を満たさなければならない。

さらに、教唆犯、幇助犯の場合については、教唆行為、幇助行為にも現行性が認められる場合、現行犯逮捕ができると解されている（渡辺・大コメ刑訴4巻492頁）。したがって、教唆犯の場合は、教唆犯による教唆行為が犯罪の現場で行われ、正犯者による実行行為がその直後にその現場で行われた場合以外は、教唆犯を現行犯逮捕することができる場合はほとんど考えられ

ず，幇助犯の場合は，幇助犯による幇助行為が犯罪の現場で行われた場合以外は，幇助犯を現行犯逮捕できる場合は考えられないとされている（小田・令状基本（上）150頁）。

　実行行為を分担しない共謀共同正犯の場合については，共謀者が犯罪の現場にいない事前共謀の場合，その共謀者が共謀共同正犯であることが明白であるといえることは現実には余り考えられない（渡辺・大コメ刑訴4巻493頁）。したがって，共謀者が犯罪の現場に姿を現さない典型的な事前共謀の共謀共同正犯の場合は，共謀者を現行犯逮捕できないとされている（小田・令状基本（上）150頁）。

　他方，共謀者が犯罪の現場にいる場合は，実行行為者の行為と共謀者の挙動から判断し，実行行為者と共謀者の間に，正犯者として主体的に犯罪を行うという意思の連絡が存在することが明白である場合は，現行犯逮捕できると解するべきである（小田・令状基本（上）150頁）。現場共謀の場合に限らず，事前に謀議行為によって共謀が成立していた事前共謀の場合であってもよい（渡辺・大コメ刑訴4巻493頁）。逮捕者において，謀議行為自体を覚知する必要はなく，犯罪の現場にいる共謀者による外形的行為などから，実行行為者と共謀者の間に意思の連絡が存在することが明白であればよい。

　共謀共同正犯の現行犯逮捕に関する参考事例をみると，現行犯逮捕を適法とした下級審の裁判例として，東京高判昭57・3・8判時1047・157は，学生らが警察官に対して投石した公務執行妨害の事案において，「現行犯人とは，犯罪の実行正犯者に限定されるものではなく，現場共謀による共同正犯者を含むと解すべき」であるとした上で，「実行行為そのものを担当せず，単に現場にいて共謀者として関与したにすぎない者については，実行行為者の外観上明確な犯行と比較して犯罪の嫌疑並びに犯人の明白性が外形的に明らかとはいえない場合があるから，逮捕者において，共謀共同正犯の成立要件である共犯者間の意思連絡などの主観的要素の存否を判定するにあたっては，単に共謀者が犯罪現場にいたということのみならず，現実に行われた犯罪の態様，実行行為者の行為との関連における共謀者の外形的な挙動，その他犯行現場における四囲の具体的状況を総合判断して，いやしくも誤認することのないよう慎重を期すべきは当然のことといわなければならない」と判

示し，学生らの現場における行動状況などから，投石した集団の中にいた被疑者を現場共謀による共謀共同正犯と認め，その現行犯逮捕を適法とした。

本問設例においては，Aは，窃盗の実行行為者であり，Bは，その犯罪の現場にいるものの実行行為を行っていない共謀共同正犯と認められる。まず，Kは，AがVのズボンのポケットから財布を手で抜き取って窃取している状況を現認しているので，Aの実行行為について，刑訴法212条1項が定める「現に罪を行い，又は現に罪を行い終つた者」という要件を満たす。さらに，Kは，深夜，繁華街の路上において，A及びBが，路上で横臥して仮睡中のVから数メートル離れた場所で，数十秒間，Vの方を見てその様子をうかがっていたこと，Vに近づくと，Bが，Vの横に立って周囲を見回していたこと，その直後，Aが，窃盗の実行行為を行ったこと，A及びBが足早にその場から立ち去ったことを現認しているところ，そのようなAの行為及びBの挙動に照らせば，A及びBの間に正犯者として主体的に窃盗を行うという意思の連絡が存在することが明白であると認められる。

したがって，Kは，Aを窃盗の実行行為者として現行犯逮捕できるのみならず，Bを窃盗の共謀共同正犯として現行犯逮捕できるものと考える。

(2) 現行犯逮捕における有形力の行使

Q 65

司法巡査Kは，A運転車両による一時停止無視を現認したのでこれを停車させたが，Aが運転席に座ったまま窓を開けずに逃走の気配を示したことから，Kは所携の警棒で窓ガラスを叩き割って車内に手を入れ，エンジンキーを回してエンジンを止めた上で，Aを道路交通法違反（一時停止無視）の現行犯人として逮捕した。現行犯逮捕手続として問題はあるか。

A

逮捕に際する有形力行使として相当性の範囲内を超えるものとして，違法となるおそれがある。

解　説

　現行犯逮捕の場合，逮捕に伴う一定程度の有形力の行使は当然許容される上，そもそも「現行犯人」は被疑者が犯罪を現に行っている場合を含み，その場合には警職法5条による犯罪行為の制止も行い得るのは当然である。しかし，いずれにしても，有形力の行使は「相当の範囲内」においてのみ許される。現行犯逮捕における有形力の行使の限界については，個々の状況にもよるので具体的に類型化した基準を設けることは困難であるが，判断の中心は，犯人の抵抗の程度，態様と逮捕者の実力行使の程度，態様にあり，犯罪の軽重，態様，犯人の兇器等の所持の有無，犯人と逮捕者の体格，犯人と逮捕者の人数，逮捕者の身分，逮捕者が警察官である場合の任意捜査の可能性などが考慮される（渡辺・大コメ刑訴4巻513頁）。

　この点につき，具体的な事例を見てみると，奈良地判平3・3・27判タ764・157では，警察官が，駐停車禁止場所にエンジンを掛けたまま停車していたXに対し，運転席横の窓を叩きながら運転免許証の提示を求めたが，Xはこれに応えず，車をゆっくり前進させたことから，停車させて職務質問を継続するため，所携の警棒で同車のフロントガラスや天井端付近を数回殴打し，右ガラスを破損させ天井端付近に4か所凹損を生じさせたとの事案について，「運転者であるXに対し，窓を叩いて運転免許証の呈示を求めた行為が適法であることは明らかであるが，逃走しようとしたX車のフロントガラス等をかなり強く殴打し，破損させた行為は，Xに対する嫌疑が道路交通法違反（駐停車違反で，罰則は罰金刑のみである）で，その罪質も軽微なものであったこと，これに対し，X車の被害の程度が大きいことなどに照らせば，職務質問を継続するためX車を停車させる措置としては，著しく相当性を逸脱した違法なものと言わざるを得ない。」としている。

　他方，東京地判平19・11・27公刊物未登載は，警察官がY車の道路交通法違反（通行区分違反）を現認し，これを停車させて運転免許証の提示を求めたものの，Yはこれを拒否し，窓ガラスを閉めドアを施錠して車に閉じ込もり，さらに，周囲に複数の警察官がいたにもかかわらず車を前進・後退させたため，警察官らは公務執行妨害罪でYを逮捕することとし，Yに，車の

フロントガラス越しに，5分以内に本件車両から降車しなければ逮捕する旨記載した紙片を示し，降車しなければ本件車両の窓ガラスを割って逮捕する旨告げたが，Yは降車しようとしなかったため，警察官らが車の運転席側窓ガラスを警棒附属のガラスクラッシャーで破壊し，車の運転席側ドアを開けてYを車外に引っ張り出し，なおも抵抗するYをうつ伏せに倒し後ろ手錠を掛けて逮捕したとの事案では，「これらの状況からすれば，Yが警察官の危険を顧みずに，本件車両を発進させて逃亡を図ることを視野に入れて警察官らが行動することは十分に合理的であること，本件現場横の第二通行帯には通行車両があったのであるから，運転席横付近でのYの拘束には危険を伴う状況であったこと，及びYが，ドアを開けられてから拘束されるまで，腕や足を振り回すなどして逮捕に抵抗していたことなどに照らすと，窓ガラスを割ってドアを解錠し，Yの両腕をつかんで本件車両から引き出し，なおも暴れるYをより危険の少ない本件車両の後方へ両腕及び肩を押さえて連れて行ったうえ，同所において足をつかんでゆっくりとうつ伏せにし，後ろ手に手錠をかけた行為は，……逮捕のため必要かつ相当と認められる限度内の正当なものというべきである。」としている。

これらを踏まえて本問設例についてみてみると，一時停止無視（道交法119条1項2号，43条）は3か月以下の懲役又は5万円以下の罰金刑と比較的軽微な犯罪であり，Aの「逃走の気配を示した」との具体的な事情は明らかでないとしても，直ちに所携の警棒で窓ガラスを叩き割るとの有形力の行使は，著しく相当性を逸脱した違法なものと評価せざるを得ないように思われる。

Q66

深夜，飲食店「甲」にAが来店した。店長Vは，閉店時刻頃，Aに飲食代金を請求したところ，Aが手拳でVの顔面に殴りかかった。そこで，VはAを取り押さえ，前屈座りの状態となったAの背中から覆いかぶさった。Vは，その状態のまま，通行人Wに110番通報を依頼した。その後，警察官Kが臨場し，VがAを押さえ込んでから約10分経過後に，KはVをAから引き離した。しかし，Aは既に窒息死していた。Vの逮捕行為は適法か。

A

違法である可能性が高い。

解 説

　逮捕をしようとする場合において，被疑者から抵抗を受けた場合には，当該被疑者に対し必要な範囲で有形力を行使することが許容されることは学説上も異論のないところである。

　この点について，最高裁は，現行犯逮捕において，被疑者から抵抗を受けたときは，逮捕をしようとする者は，警察官であると私人であると問わず，その際の状況から見て社会通念上逮捕のために必要かつ相当であると認められる限度内の実力を行使することが許され，たとえその実力の行使が刑罰法令に触れることがあるとしても，刑法35条により罰せられないとしている（最判昭50・4・3刑集29・4・132）。そして，この趣旨は現行犯逮捕以外の逮捕についても当然に適用される（森下・警察基本判例255頁）。

　有形力行使の限度を超えているか否かの判断に当たっては，現行犯逮捕時の個々の状況にもよるが，犯罪の軽重，態様，犯人の凶器等の所持の有無，犯人と逮捕者の体格，犯人と逮捕者の人数，逮捕者の身分（警察官か，私人か。この点は後述する。），逮捕者が警察官である場合の任意捜査の可能性などが考慮されよう（大野・警察実務判例（任意同行・逮捕篇）98頁，大阪地判昭40・4・23下刑集7・4・628）。

　では，現行犯逮捕の際の有形力行使の適法性判断の基準において，警察官と私人とで違いはあるのか。

　この点については，警察官は，逮捕について専門的な教育，訓練を受け，警察比例の原則に従う義務を負っている（警職法1条2項参照）のに対し，私人はかかる義務を負っていない。そうすると，逮捕の際の有形力行使において，警察官と私人に同様の必要性及び相当性の判断を要求することはできず，よって，私人による現行犯逮捕の際の有形力行使の必要性及び相当性の判断に当たって逮捕者が私人であることを考慮するのが相当であると解すべきである（大野・前掲96頁，渡辺・大コメ刑訴4巻518頁）。この点について，

裁判例も，逮捕者の身分により，許容される有形力行使の限度に差異があることを認めている（例えば，東京高判昭37・2・20下刑集4・1＝2・31，札幌地判昭47・3・9刑裁月報4・3・516）。

しかし，私人による現行犯逮捕の際の有形力行使が限度を超えて違法と評価される場合があることも当然ながら存する。例えば，私人による現行犯逮捕後，被逮捕者が抵抗力を失ったにもかかわらず，その後も継続して有形力を行使した場合は，法令行為（刑法35条）としての相当性が認められない可能性があることから，留意する必要がある。

この点が問題となったのは，東京高判平25・3・27判タ1415・180であるところ，事案は次のとおりである。

飲食店経営者（逮捕者）が，自己の飲食店に酔って来店して飲食した被逮捕者に対し，閉店時刻頃，同経営者から飲食代金を請求したところ，被逮捕者が突然立ち上がり，左拳で逮捕者の顔面目掛けて殴りかかった。そこで，逮捕者はこれを避けて被逮捕者を押さえ込み，被逮捕者が前屈の状態で二つ折りになったところを覆いかぶさり，当該体勢のまま約10分強の間（上から体重をかけて，通行人による110番通報により警察官が臨場し，警察官が逮捕者と被逮捕者を引き離すまでの間），被逮捕者を押さえ込んだところ，被逮捕者は窒息死したというものである。

同判決は，傷害致死罪で起訴された逮捕者に同罪の過剰防衛が成立するとした原判決の判断を是認したが，その理由は次のとおりである。

すなわち，同判決は，逮捕者による防衛行為の相当性の判断について，被逮捕者の前記殴打行為及びこれに対する逮捕者の前記押さえ込み行為並びにそれ以降被逮捕者の強い抵抗がしばらく続いたと認められることから，当該時点までの逮捕者の行為は相当性を有するとしたものの，①被逮捕者の攻撃は最初の一撃のみでそれも当たらず，必ずしも強かったといえないこと，②その後の被逮捕者の抵抗も逮捕者を殴るなどの暴行に至る危険が大きかったとは考えられないこと，③通行人が現場に到着した時点では被逮捕者がぐったりしており，前記危険性が著しく低下していたといえること，④それに対して逮捕者が前記態勢のまま通行人到着後約6分間被逮捕者を抑え続けたことから，被逮捕者からの前記危険が著しく減少した後警察官に引き離される

まで被害者を抑え続けたことは相当性を欠き，逮捕者の一連の暴行を全体としてみれば，過剰防衛が成立するとした。

以上を前提に本問設例についてみると，AのVに対する攻撃の程度，Vが逮捕した後のAの抵抗行為がVの生命身体に危険を及ぼす程度，Vの逮捕中におけるAの態様等を考慮して，Vの逮捕中の有形力行使の相当性について判断することになろうが，VのAに対する押さえ込み行為がAの抵抗力が相当程度失われた後にもかかわらず継続して行われていたような場合には，当該逮捕行為は違法と評価される可能性が高いであろう。

(3) 現行犯逮捕に着手した後に被疑者が逃走した場合

Q67

X駅からY駅までの線路を走行中の車両内において，痴漢の被害（条例違反）を受けたVは，その痴漢の犯人であるAの手を捕まえてY駅で降車した。Y駅でAが逃走しようとするので，Vは，周囲のサラリーマンにも協力してもらい，Aをいったんその場にうつ伏せに取り押さえることができた。Vは，鉄道警察隊の警察官KにAを引き渡そうとしたが，その前にAが逃げ出してしまった。Vは，再度Aを取り押さえることができるか。仮に，鉄道警察隊の警察官Kが引渡しを受けて引致した後にAが逃げ出した場合はどうか。

A

逮捕行為が完了しておらず，いまだ現行犯逮捕の要件を満たすのであれば，再度Aを取り押さえることができる。引致した後は，逮捕行為が完了しており，現行犯逮捕の要件を満たすことも考えられないので，現行犯逮捕することはできず，通常逮捕ないし緊急逮捕の手続による必要がある。

解 説

被疑者の逮捕は，その身体を官公署に引致した時に完了する。したがって，逮捕した被疑者が官公署への引致前に逃走した場合には，通常逮捕の場合であれば，発付されている逮捕状の有効期間内ならば，その逮捕状によって再度逮捕することができる（安冨・刑訴106頁）。

現行犯逮捕の場合，現行犯人は，ある種の犯人を指すのではなく，一定の

時間的段階における犯人を指すのであって，このような時間的段階にある限り全ての犯人は現行犯人であるとともに，全ての現行犯人はその時間的段階を経過すればもはや現行犯人ではなくなる（古城敏雄「現行犯の意義及び範囲」判タ 296 号 98 頁）。現行犯逮捕は，①犯罪と犯人の明白性，②現行性・時間的接着性，③逮捕の必要性の要件の下で許されると解されており（古江・演習 55 頁），再度取り押さえようとする場面においても，その時点において，これらの要件が認められない限り，現行犯逮捕をすることができないと解される。

いったんは現行犯逮捕の要件を満たし，現行犯逮捕に着手した場合に逃走されたとしても，その時点においていまだに①犯罪と犯人の明白性を満たし，②現行性・時間的接着性も認められる場合には，誤認逮捕や不当な見込み逮捕のおそれがなく，現に逃げ出している以上は③逮捕の必要性も明らかに認められるから，現行犯逮捕が許される。

よって，本問設例のＶがＡを再度取り押さえようとする場合には，再度取り押さえようとする時点において，現行犯逮捕の要件を満たす限り，取り押さえることができると解する。

他方，引致した後である場合には，引致により，逮捕行為が完了したことになり，通常逮捕であれば発付されていた逮捕状での逮捕ができなくなる。現行犯逮捕の場合には，先と同様に改めて現行犯逮捕の要件を満たすかが検討されることになるが，いったん引致まで至っている以上は現行犯逮捕の要件を満たすことは考えにくい。

よって，改めて通常逮捕あるいは緊急逮捕によることになる。

もっとも，引致前，引致後のいずれの場合についても，被疑者が逃走を開始したとしても，いまだ完全に逮捕者の支配を脱していないと認められる限り，旧逮捕行為の続行としてこれを追跡・逮捕することはできると解される（木谷・令状基本（上）190 頁）。その意味でどの時点をもって逃走したと認定できるかが問題となるが，逃走の認定にあたっては，逃走罪の既遂時期が参考となると解される（福井大海「逮捕中被疑者が逃亡した場合の措置」判タ 296 号 97 頁）。

(4) 現行犯逮捕に先立つ捜索・差押えの適法性

Q 68

司法警察員Kは、被疑者をAとし、覚せい剤取締法違反の被疑事実で、Aの投宿先のホテルの一室を捜索すべき場所、覚醒剤を差し押さえるべき物とする捜索差押許可状の発付を受けた。Kは、Aが暴力団関係者であり、覚醒剤所持等による実刑判決を受けた前科を有していたことから、Aにおいて司法警察員の来訪を察知すれば、覚醒剤等を毀棄するおそれがあると考えた。そこで、Kは、前記捜索差押許可状の呈示に先立ち、ホテル支配人の許可を受け、前記ホテル一室の入口ドアをマスターキーで解錠して入室し、Aに捜索差押許可状を呈示して同所を捜索したところ、覚醒剤を発見したので、Aを現行犯逮捕した。かかる逮捕は適法か。

A

適法と解する。

解 説

本問設例では、KがAによる覚醒剤所持自体を現認していることから、Aが現行犯人であるとの要件自体は満たしている。しかし、Kは捜索差押許可状の執行に当たり、Aの投宿先ホテル一室の入口ドアをマスターキーで解錠し、その後、Aに捜索差押許可状を呈示している。当該捜索差押許可状の執行方法が違法であるか否かは後に検討するが、仮に当該執行方法が違法であるとした場合、Kによる現行犯逮捕の効力はどうなるか。

現行犯逮捕の契機となった捜査官の行為が重大な違法性を帯びる場合には、現行犯逮捕手続自体が違法であるとされ、さらに、当該逮捕を前置した勾留請求も却下される場合がある（藤永・注釈刑訴3巻124頁、渡辺・大コメ刑訴4巻358頁、松尾・条解393頁）。前記の重大な違法性とは、当該違法性を放置して身柄拘束手続を継続することが適正手続の保障及び令状主義の精神に反するような重大な違法を意味すると解され（渡辺・大コメ刑訴359頁）、この重大な違法性の有無の判断は、一見明白な重大な違法である場合を除いて、個々の具体的な事件について、その違法を放置することによる被疑者の

人権侵害又は人権侵害の危険性の程度，捜査官の主観的意図等を考慮して判断するほかなく，その意味で軽微な瑕疵にとどまる場合にまで勾留請求が許されないと解するべきではない（藤永・注釈刑訴3巻125頁）。

重大な違法性を帯びる典型的な場合とは，捜査官の行為が，被疑者の居住する住居への立入りである場合においては，人の住居等は極めて重要な私的領域であり，当該領域は，令状に基づかない限り，原則として侵されることがないのである（憲法35条1項）から，たとえ犯罪の嫌疑があったとしても，令状に基づかずに，居住者の意思に反して人の住居に立ち入り，あるいは，ドアを解錠する行為を契機として，現行犯逮捕に及んだときは，当該捜査官の行為は決して軽微とはいえない違法行為であるとして，現行犯逮捕自体が違法であると評価される（後掲判タ1320・282参照）。

例えば，東京地決平22・2・25判タ1320・282は，警察官及び入国管理局員ら（以下「捜査官ら」という。）において，不法残留の外国人の稼働場所として把握していた建物に赴き，ドアが施錠されていたものの内部に人がいる様子であったことから，同建物を管理する不動産業者に対し，同建物内に不法滞在中の外国人が居住している疑いがあることを告げ，同ドアの解錠を求め，同業者が解錠した後，捜査官らにおいて同建物内に立ち入り，外国人2名に任意同行を求め，警察署同行後，不法残留の現行犯人として逮捕した事案について，前記ドアの解錠は，「建物に関する賃貸借契約（上），貸主が借主の承諾なく解錠できる場合（に）該当するとは認められない」上，「不動産業者が解錠に応じる意思を持つに至った過程には，捜査官らの働きかけがあったことが明らかであること」から，「捜査官らによる解錠行為は違法」であるとした。さらに，同決定は，捜査官らの行為の違法性の程度について，「当時の状況等に照らせば，捜査官らは，臨検許可状あるいは捜索差押許可状等の発付を受け，……適法に立ち入ることが可能で……このような手続を取ることなく本件建物へ立ち入ったことを正当化する緊急性等があったとも認められないから，……軽微……ではない」として，「本件逮捕手続に違法があるとして勾留請求を却下した原裁判が相当性を欠くとはいえない」旨判示した。

このほかにも，浦和地決平元・11・13判タ712・286は，傷害事件で通常

逮捕状を請求する一方で，その発付を見越して被疑者宅の玄関引き戸を開き，家人の承諾のないまま被疑者の就寝している室内まで勝手に立ち入るなどして警察署に同行を求め，その後同署において令状に基づいて逮捕した事案につき，いまだ逮捕状が発付されていない段階で被疑者方に勝手に上がり込んで同行を求めるのは，本来，逮捕状の執行としてでなければ許されないものであり，逮捕手続の前段階での違法が重大であると逮捕自体も重大な違法となり，逮捕を前提とする勾留もまた許されないとした。

それでは，本問設例のKの捜索差押許可状の執行は違法なのであろうか。

本問設例は，最決平14・10・4刑集56・8・507を題材としている。

同決定は，本問設例と同様の態様による捜索差押許可状の執行の適否について，「警察官ら（による）被疑者に対する覚せい剤取締法違反被疑事件につ（いて），捜索差押許可状の執行の動きを察知されれば，覚せい剤事犯の前科もある被疑者において，直ちに覚せい剤を洗面所に流すなど短時間のうちに差押対象物件を破棄隠匿するおそれがあったため，ホテルの支配人からマスターキーを借り受け（て）……開けて室内に入り，その後直ちに被疑者に捜索差押許可状を呈示して捜索及び差押えを実施した……措置は，捜索差押えの実効性を確保するために必要であり，社会通念上相当な態様で行われていると認められるから，刑訴法222条1項，111条1項に基づく処分として許容される。」旨判示した。

また，捜索差押許可状の呈示時期について，「法222条1項，110条による捜索差押許可状の呈示は，手続の公正を担保するとともに，処分を受ける者の人権に配慮する趣旨に出たものであるから，令状の執行に着手する前の呈示を原則とすべきであるが，前記事情の下においては，警察官らが令状の執行に着手して入室した上その直後に呈示を行うことは，法意にもとるものではなく，捜索差押えの実効性を確保するためにやむを得ないところであって，適法というべきである。」旨判示した。

同決定は，捜索差押許可状の呈示に先立って居室のドアを合鍵で開けて入室する措置が，一定の事情の下では許されることを正面から肯定したもの（永井・判例解説（刑）平14・219）であって，妥当なものである。

なお，当然のことであって改めて確認するまでもないことであるが，同決

定と前記各裁判例との違いは、捜査官において、被疑者の住居へ立ち入るに当たり令状の発付を受けているか否かである。前記各裁判例の事案においては、捜索差押許可状の発付を受けてから令状の執行として住居に立ち入ることができたのにもかかわらず、無令状で住居に立ち入った点で、逮捕行為の契機となった捜査官の行為は、被疑者の住居の不可侵という重要な人権を侵害しており、捜査官の主観的意図も故意的ともいえることから、適正手続の保障及び令状主義の精神に反する重大な違法性を帯びていたといえる。一方、本問設例は、捜索差押許可状の発付を受けており、かつ、当該捜索差押許可状の執行態様も適法であったという点で逮捕の契機となった捜査官の行為に何ら問題はないと思われる。

以上からすれば、本問設例の捜索差押許可状の執行態様は適法であり、よって、現行犯逮捕も適法であると解される。

(5) 緊急逮捕すべきところを現行犯逮捕した場合

Q 69

甲警察署地域課の司法巡査Kは、被疑者Aを強制わいせつの被疑事実で現行犯逮捕し、直ちにAを甲警察署刑事課の司法警察員Lに引致した。Lは、Kから逮捕の経緯について報告を受けたところ、Aの現行犯逮捕手続は違法であり、緊急逮捕すべき事案であったことが判明した。Lとしては、Aの身柄について、どのような手続を執るべきか。

A

釈放した上で、同じ強制わいせつの被疑事実で緊急逮捕すべきである。

解説

緊急逮捕すべきものを現行犯逮捕した場合には、本来執るべきであった逮捕状請求手続が執られておらず、司法審査を経ていないことから、その逮捕手続はもとより違法となる。

逮捕手続にかかる重大な違法があった場合には、その後の勾留は認められ

ないし、違法が特に令状主義の精神を没却するようなものである場合、逮捕中に得られた証拠の証拠能力が否定される場合もある（渡辺・大コメ刑訴4巻526頁）ことから、本問設例のLとしては、まずAの身柄を釈放する必要がある。

　一方で、Lとしては、Aの身柄を拘束して捜査を継続する必要性が存する以上、身柄不拘束のまま、任意捜査を行うのも妥当ではないことから、Aを釈放後、直ちに緊急逮捕すべきである。

　この点、緊急逮捕該当事案を現行犯逮捕により処理したため、検察官の勾留請求が却下されたが、その後改めて緊急逮捕した上で勾留請求し、それが認められた事案として、京都地決昭44・11・5判時629・103がある。同決定は、「捜査官においてひとたび逮捕手続についての違法を犯したならば、爾後一切再逮捕ならびにこれに続く勾留が許されず、強制捜査の途が完全にとざされてしまうというのでは、被疑者についての勾留制度が認められている実質的理由があまりにも軽ろんぜられる結果になる場合もあると思われるのである。結局、被疑者の身柄拘束手続に対する司法的抑制の見地と被疑者の勾留を必要とする実質的理由という見地とのからまりあい具合の如何によっては、本件のような再度の勾留請求であってもこれを認容することの許されなければならない事例もありうると解される。」とした上で、「本件勾留請求は最初の『現行犯逮捕』の時点からしても72時間の制限時間内に行われており、本件請求を認容しても被疑者の逮捕段階における身柄拘束時間が本来の制限時間以上に長くなるという不都合な結果も生じないこと」などを理由に、再度の勾留請求を認容した。

　この判旨からすれば、本問設例のLが、Aを釈放後に緊急逮捕した場合には、緊急逮捕状の発付は認められると思料されるが、違法とされる最初の現行犯逮捕から48時間以内（刑訴法203条1項）に検察官に送致する必要があり、検察官は、最初の現行犯逮捕から72時間以内（刑訴法205条2項）に勾留を請求する必要がある。

　なお、現行犯逮捕できる場合であるにもかかわらず緊急逮捕した場合には、警察官が逮捕手続の選択を誤ったにすぎないから、たとえその緊急逮捕手続に違法があったとしても、当該逮捕自体は適法であるとする裁判例があ

る（東京高判平 18・9・12 高検速報（平 18）155）。

(6) 準現行犯逮捕すべきところを現行犯逮捕した場合

Q 70

甲警察署の司法巡査Ｋは，被疑者Ａを傷害の被疑事実で現行犯逮捕し，直ちにＡを甲警察署の司法警察員Ｌに引致した。Ｌは，Ｋから逮捕の経緯について報告を受けたところ，Ａの逮捕は，準現行犯逮捕の要件は満たすが，現行犯逮捕の要件はないことが判明した。Ｌは，違法な現行犯逮捕だったとしてＡを釈放しなければならないか。

A

釈放しなくてもよい。

解　説

　刑訴法212条は，1項において本来の意味での現行犯人について，2項において現行犯人とみなされる準現行犯人について規定する。
　では，刑訴法212条2項の準現行犯として逮捕すべきものを同条1項の現行犯として逮捕した場合，違法な現行犯逮捕であるとして被疑者を釈放しなければならないか。例えば，現行犯逮捕に求められる時間的・場所的接着性の要件を欠いていたが，212条2項各号のいずれかの要件に該当し，「罪を行い終つてから間がないと明らかに認められるとき」の要件は満たしているような場合が考えられる。なお，同条1項の現行犯として逮捕したことは，現行犯人逮捕手続書にその旨記載されることで明らかとなる。
　この点，刑訴法212条は，213条によって何人でも逮捕状なくして逮捕できる犯人についてその範囲を定めたもので，現行犯人と準現行犯人との差に意味があるわけではないから，212条2項の準現行犯として逮捕すべきものを同条1項の現行犯として逮捕した場合であっても，その逮捕は適法である。
　これを本問設例についてみると，Ａの現行犯逮捕については，逮捕の経緯

(6) 準現行犯逮捕すべきところを現行犯逮捕した場合　157

からすると，現行犯逮捕の要件はないが，準現行犯逮捕の要件は満たすというのであるから，逮捕自体は適法である。したがって，Ｌは，逮捕が適法である以上，Ａを釈放する必要はない。

第3 通常逮捕

1 逮捕状の請求
　(1) 被疑者特定の程度（Q71）……………………160
　(2) 「被疑者が罪を犯したことを疑うに足りる相当な
　　　理由」（Q72）……………………………………162
　(3) 有効期間を7日未満とする逮捕状請求の可否
　　　（Q73）……………………………………………165
　(4) 逮捕状請求後の撤回の可否（Q74）……………167
　(5) 被害者特定事項の記載（Q75）…………………169
　(6) 逮捕の必要性（Q76）……………………………172
　(7) 同一事実による再逮捕の可否（Q77〜Q78）……174
　(8) 余罪による再逮捕の可否（Q79〜Q80）…………180

2 逮捕状の発付
　(1) 複数の逮捕状発付の可否（Q81）………………187
　(2) 逮捕状発付後，逮捕前の引致場所の変更の可否
　　　（Q82）……………………………………………189
　(3) 逮捕状発付後に，逮捕状請求書に記載漏れが
　　　あったことが発覚した場合の措置（Q83）………190
　(4) 逮捕状の有効期間が経過した場合の措置（Q84）
　　　……………………………………………………192

3 逮捕状の執行
　(1) 逮捕状に重大な瑕疵がある場合の執行の可否
　　　（Q85）……………………………………………195
　(2) 逮捕状の呈示（Q86〜Q88）……………………197
　(3) 逮捕に伴う第三者に対する有形力行使の可否
　　　（Q89）……………………………………………202
　(4) 逮捕状の緊急執行（Q90〜Q93）………………206

4 引　致
　(1) 司法警察員から司法警察員への引致（Q94）……218
　(2) 司法巡査による逮捕後引致前の釈放の可否（Q95）
　　　……………………………………………………220

5 逮捕後の手続
　(1) 弁解録取手続の時間的限界（Q96）………………222
　(2) 逮捕後に被疑者が逃走した場合（Q97〜Q99）…224
　(3) 逮捕後に逮捕状記載の被疑事実に誤りがある
　　　ことが判明した場合（Q100）……………………230

1 逮捕状の請求

(1) 被疑者特定の程度

Q71

司法警察員Kは，被害者Vから暴行の被害届を受け，捜査したところ防犯ビデオに犯行状況が記録されていたため犯人を特定できたが，人定が確認できなかったため，被疑者氏名欄に防犯ビデオで特定した，「氏名不詳，身長1.72メートルくらい，髪短く，白色トックリセーターを着た年齢20代くらい，一見チンピラ風の男」と記載の上，逮捕状を請求した。かかる逮捕状請求に問題はあるか。

A

被疑者の特定が不十分であり，請求は却下されるものと考える。

解 説

逮捕状には，「被疑者の氏名及び住居」を記載して被疑者を特定しなければならないとされる（刑訴法200条1項）。令状主義からは，処分を受ける対象を特定しないいわゆる一般令状は許されず，逮捕状においても，逮捕の対象となる被疑者は逮捕状発付の時点で特定されていなければならない。裁判官が対象を特定した令状を発付するには，もとより請求段階から対象が特定されていなければならず，逮捕状の請求書にも，「被疑者の氏名，年齢，職業及び住居」が記載事項とされている（刑訴規則142条1項1号）。

しかしながら，捜査の初期の段階では，必ずしも被疑者の人定事項が全て判明しているわけではなく，場合によっては氏名も判明しないことはある。そのため，刑訴法200条2項は，同法64条2項及び3項を準用し，逮捕状においても，被疑者の氏名が明らかでないときは，人相，体格その他被疑者を特定するに足りる事項で被疑者を指示することができるとし，住居が明らかでないときは記載を要しないとする。これを受けて，逮捕状請求書におい

ても，「被疑者の氏名が明らかでないときは，人相，体格その他被疑者を特定するに足りる事項でこれを指定しなければならない。」とされ（刑訴規則142条2項），「被疑者の年齢，職業又は住居が明らかでないときは，その旨を記載すれば足りる。」とされる（同条3項）。

　いずれにしても，逮捕状請求書においては被疑者の特定が求められ，被疑者が特定されていない逮捕状請求書による逮捕状の請求は，不適法として却下される。それでは，被疑者の氏名が明らかでないときは，人相，体格等により特定することになるが，どの程度まで特定される必要があるか。

　この点，逮捕状における被疑者の特定というのは，誤った逮捕を防ぐという観点から十分かどうかを考えればよく（東條・注釈刑訴3巻99頁），逮捕状の記載から特定の個人を指示していることが明らかになればよいのであって，必ずしも逮捕しようとする相手が逮捕状に記載された者と同一人物であるかどうかをその場で直ちに判断できる必要はないとされている（金谷・令状基本（上）115頁）。

　被疑者の特定が問題となって事例としては，麻薬取締法の事案で，「通称A某，5尺5，6寸位，慎太郎刈り，22，3才」との記載を「逮捕状記載の被疑事実と相まつて優に被疑者を特定するに足りる」としたもの（東京高判昭38・4・18東時14・4・70）がある一方で，「氏名自称Bという年令50才位，身長165～70センチ位，髪長くメガネ使用，一見芸術家タイプ，職業自称能面師，住居不詳」と記載した逮捕状請求を「法律上要求されている被疑者の特定に関する記載を欠くと判断せざるを得」ないとして却下したもの（東京簡命昭48・6・13刑裁月報5・6・1068），被疑者を「氏名不詳の男（年令25，6才，身長167.8センチ，太つて丸顔，色浅黒，髪短く，7・3に分け薄いサングラスをかけ，黒皮ジヤンパーを着たCの友達）職業，住所不詳」として特定した逮捕状請求に基づき同一の記載で被疑者を特定した逮捕状について，「充分に被疑者を特定しうるものとは到底言い得ない」として同逮捕状に基づく逮捕を違法としたもの（東京地命昭48・3・2刑裁月報5・3・362）などがある。

　本問設例は，東京地命昭48・5・11判時719・104を題材としたものであるが，同裁判例の事案は，被疑者氏名欄に「氏名不詳，身長1.68メートルくらい，髪短く，白色トックリセーターを着た年令28才くらい，一見チン

ピラ風の男」と記載した逮捕状を「被疑者の特定に欠ける」として同逮捕状による逮捕を違法としており，本問設例の逮捕状請求書はこれと比べても特定を欠いており，被疑者の特定として不十分と判断されよう。

なお，写真を用いた被疑者の特定も許され，被疑者の氏名が判明した場合，日本人の場合は戸籍によって身元を確認し，外国人の場合はパスポート等によって確認するが，確認がとれなければ「自称」扱いとして被疑者を撮影した写真を添付して特定する方法は，実務的にも行われている。もっとも，本問設例のように捜査中に入手した防犯ビデオの画像を使って被疑者を特定できるかについては，現状における防犯ビデオの画像程度の解像度では，特定の手段とするには問題があるように思われる。

(2) 「被疑者が罪を犯したことを疑うに足りる相当な理由」

Q72

司法警察員Kらは，7月1日に甲市内で発生した被害者Vに対する殺人事件について捜査していたところ，Bに対してVの殺害を告白したAを捜査対象者として選定した。もっとも，Bは「Aは7月1日，乙市に終日いた。」との供述も行っていた。Bの供述を前提とすると，Aにはアリバイが成立するものの，KらはBの供述のうちのAのアリバイに関する部分が信用できないとして，Aを殺人罪の被疑者として逮捕状請求することとした。かかる逮捕状請求に問題はあるか。

A

逮捕状請求には問題がある可能性があり，消極証拠についても慎重に吟味して嫌疑の存否を判断すべきである。

解説

通常逮捕の要件は，実質的要件として①罪を犯したことを疑うに足りる相当な理由（刑訴法199条1項），すなわち，犯罪の嫌疑の存在，②逃亡又は罪証隠滅のおそれ等，逮捕の必要がないことが明らかな場合でないこと（刑訴

法199条2項，刑訴規則143条の3），形式的要件として，③逮捕状の存在である（渡辺・大コメ刑訴4巻196頁）。

①の要件は，刑訴法199条1項によれば，捜査機関が逮捕を行うに当たっての要件として規定されているが，これが逮捕状請求の際に備わっていなければならないのは当然である（渡辺・大コメ刑訴4巻196頁）し，逮捕状請求の際に当該要件を具備していたとしても，逮捕状発付後，逮捕の要件がなくなったときは，もはや逮捕の権限は認められず，逮捕すべきでない（東條・注釈刑訴3巻94頁）。

そこで，本問設例では，まず，司法警察員Kらの逮捕状請求の時点において，「罪を犯したことを疑うに足りる相当な理由」が認められるかが問題となる。

この点，「罪を犯したことを疑うに足りる相当な理由」とは，特定の被疑者が，特定の犯罪を犯したことについての相当の嫌疑の存在であるとされる（渡辺・大コメ刑訴4巻197頁）。

この嫌疑の程度は，捜査機関の単なる主観的嫌疑では足りず，捜査資料に裏付けられた客観的合理的根拠がなければならない（団藤・条解371頁，例題解説（4）62頁，石松・捜査法大系（1）77頁，渡辺・大コメ刑訴4巻197頁）。もっとも，「有罪」心証より低いものでよく（東京地判昭35・4・5訟月6・5・914，広島高松江支判昭32・5・8下民集8・5・873，高松高判昭34・6・15下民集10・6・1241），公訴提起の際の嫌疑より低いものでもよく（前掲高松高判昭34・6・15），また，緊急逮捕の要件としての「罪を犯したことを疑うに足りる充分な理由」（刑訴法210条1項）よりも低いものでもよい点は異論がない（団藤・条解371頁，例題解説（4）62頁，藤永・注釈刑訴3巻161頁，渡辺・大コメ刑訴4巻198頁，松尾・条解382頁ほか）。

「相当の理由」との文言は，勾留の要件（刑訴法60条1項柱書）と法文上同じ表現であることから，勾留の要件としての「相当の理由」の嫌疑の程度より同程度であることを要するか，低いものでよいかについては争いがある（同程度の説として，石松・捜査法大系（1）73頁，多田・新コメ刑訴458頁）が，捜査の発展的，段階的構造を考慮し，まず逮捕という短期の身柄拘束について裁判官の司法的審査を経させ，その間の取調べの結果によって段階的によ

り長期の身柄拘束への移行を認め，被疑者の人権保護を全うする逮捕前置主義の趣旨から考えて，逮捕の場合には，勾留の要件としての嫌疑の程度よりも実質的に低いものであってもよいと解される（東條・注釈刑訴3巻94頁，松尾・条解382頁，例題解説（4）62頁，篠田省二「罪を犯したことを疑うに足りる相当な理由」判タ296号124頁，新潟地長岡支判昭37・7・30訟月8・9・1408，大阪高判昭50・12・2判タ335・232）。

　以上を前提に本問設例について検討すると，司法警察員Ｋらは，Ｖの殺人事件の被疑者としてＢにＶ殺害を告白したＡを選定している一方，Ａにはアリバイがある旨のＢの供述も判明していることからすれば，少なくともＡにおいて犯行が可能であった旨の捜査資料ないしＢの供述が信用できない点についての捜査資料が存在し，これらを総合すれば，殺人事件とＡとの結びつき（犯人性）について客観的かつ合理的な嫌疑が認められなければならないといえよう。

　したがって，本問設例では，司法警察員Ｋらが逮捕状請求の時点までに収集したＡのアリバイに関する捜査資料の程度によっては，逮捕状請求に問題があるとされる可能性があるといえよう。

　もとより，本問設例のような重大事件において，犯人性に関する消極証拠がある場合には，当該消極証拠について虚心坦懐に吟味し，被疑者の逮捕に当たっては，慎重を期すべきことはいうまでもないといえる。

　なお，裁判例では，被疑者が強盗殺人等の犯人であると疑わしめる主な証拠資料が犯行当時の被疑者の投宿先の女将に対する犯行告白であったものの，女将の供述を前提とすると被疑者が犯行当時，前記投宿先から外出していない事実も認められたにもかかわらず，被疑者を強盗殺人等により逮捕して勾留した（検察官は勾留延長満期に，不起訴処分により釈放した。）という国賠訴訟事案において，「被疑者が当該犯行を犯したことを積極的に肯認しうる資料が存するばかりでなく，若し被疑者が犯行を犯したものでないと窺われる資料（例えばアリバイの存在の如き）の存する場合には該資料自体証拠価値に乏しく否定的認定をなすに足らない場合は兎も角しからざる限り他に右資料の証拠価値を覆えすに足る有力な資料が存することにより否定的根拠を排斥しえない限りは右肯定的資料が存在することのみで相当の理由があると

なしえないものと解するのが相当である。」として原告の主張を認容したものがあり（広島地呉支判昭34・8・17下民集10・8・1686），参考となる。

(3) 有効期間を7日未満とする逮捕状請求の可否

Q73

司法警察員Kらは，某年10月20日，器物損壊罪の被疑事実でAに対する逮捕状を請求した。Kらは，Aについては同年10月25日の経過をもって公訴時効が成立することから，逮捕請求書には逮捕状の有効期限欄に「某年10月25日まで」と記載した。かかる逮捕状請求に問題はあるか。

A

逮捕状請求には問題はない。

解　説

逮捕状の有効期間は原則として7日であるが，裁判官が相当と認めるときは，7日を超える期間を定めることができる（刑訴規則300条）。

逮捕状の有効期間とは，適法に，逮捕状による逮捕に着手し得る期間をいい，同期間は，被疑者の身柄を拘束する期間ではないから，期間計算の一般原則（刑訴法55条）により，初日を算入しない（小田・令状基本（上）120頁）。

有効期間経過後の逮捕は違法であり，これに引き続く勾留も認められない（東條・注釈刑訴3巻100頁，渡辺・大コメ刑訴4巻262頁）。

有効期間を7日と定めた趣旨については，以下のように説明されている。すなわち，裁判官は逮捕状の発付に当たり，逮捕の理由と必要性の有無を判断する。この判断の基準時は逮捕状発付時であるところ，逮捕状発付から実際の逮捕まで相当期間の経過があるときは，逮捕時点では発付時の逮捕の理由と必要性が消滅していることがあり得る。そうすると，逮捕状の有効期間はその間に逮捕の理由や必要性が変化することが通常予想されない程度の短期間であることが望ましいことから，有効期間を原則として7日としたのである（小田・令状基本（上）121頁，堀籠・警察実務判例（任意同行・逮捕篇）

51頁，渡辺・大コメ刑訴4巻262頁)。

　それでは，逮捕状請求書に逮捕状の有効期間として7日より短い期間を記載する逮捕状請求は許されるのであろうか。

　この点，裁判官が逮捕状発付に当たり7日より短い期間を定めることは，原則として許されないとするのが通説であり，実務の取扱いである（小田・令状基本（上）122頁，松尾・条解385頁，堀籠・警察実務判例（任意同行・逮捕篇）52頁)。理由としては，刑訴規則が7日を超える期間を定めることができるとのみ規定し，7日より短い期間の定めについては規定を置いていないこと（小田・令状基本（上）122頁)，7日という期間が比較的短い，いわばぎりぎりの線であり，前記のとおり刑訴規則としても7日より短い期間を定めることは予想していないと見られること（例題解説（4）73頁）などが挙げられている。

　もっとも，本問設例のように，5日後には公訴時効が完成してしまうというような場合には，前記の理由が前提とする通常予想される事実関係とは異なっていること，公訴時効が完成してしまえば，公訴の提起は不適法となり（刑訴法337条4号，吉田・大コメ刑訴5巻118頁)，公訴提起遂行を目的とする捜査の利益はなくなる結果，被疑者を逮捕すること自体許されなくなるのであるから，このような場合には，例外として7日より短い有効期間を定めることも許されると解される（小田・令状基本（上）122頁)。また，犯罪終了時期が明確である場合には，むしろ公訴時効の完成日を越えた有効期間を定めた令状を発付することは許されないといえよう（例題解説（4）73頁，渡辺・大コメ刑訴4巻264頁)。

　しかしながら，犯罪終了時期が明確ではないため，公訴時効完成日が明確ではなく，逮捕状請求書の有効期間内に時効が完成しているかもしれないという場合には，時効が完成しているかどうかを明らかにすることも捜査の一つの目的であり，捜査の利益がないとはいえず，任意捜査はもとより強制捜査も一応可能と思われる（刑資174号45頁)。よって，このような場合は，有効期間を7日にすることが相当と解される（例題解説（4）74頁)。

　以上を前提に検討すると，本問設例では，10月25日の経過をもって公訴時効が成立するということであるから，まさしく器物損壊罪の犯罪終了時期

が明確な場合である。

よって，司法警察員Kらとしては，逮捕状請求書に「某年10月25日まで」と記載すべきであるといえ，本問設例の逮捕状請求は適法であると解される（もっとも，この場合には，逮捕状請求書の被疑事実及び疎明資料から器物損壊罪の犯罪終了時期が明確であることが認定されなければならないことはいうまでもない。）。

なお，器物損壊罪の犯罪終了時期が必ずしも明確ではない場合には，有効期間を7日として逮捕状請求すべきということとなろう。

ちなみに，公訴時効期間の計算方法についてであるが，公訴時効期間の初日は，時間を論じないで1日としてこれを計算し（刑訴法55条1項ただし書），期間の末日が日曜日，土曜日，国民の祝日に関する法律に規定する休日，1月2日，1月3日又は12月29日から12月31日までの日に当たるときでも，これを公訴時効期間に算入する（刑訴法55条3項）。また，器物損壊罪の公訴時効期間は，3年である（刑法261条，刑訴法250条2項6号）。

(4) 逮捕状請求後の撤回の可否

Q74

司法警察員Kは，万引き事件の被疑者Aの取調べを行おうとしてAに出頭を求めたが，Aは正当な理由なく3回にわたって出頭を拒否した。そこで，Kは，Aを窃盗罪で通常逮捕しようと考え，逮捕状を請求したが，同請求が裁判官に受理された後，KはAの出頭拒否に関する捜査報告書を疎明資料に加えていなかったことに気付いた。Kは，前記逮捕状請求を撤回することができるか。

A

Kは，逮捕状請求を撤回することができる。

解説

逮捕状の請求は，逮捕状の請求書に所定の事項を記載し（刑訴規則142条1項），逮捕の理由及び逮捕の必要があることを認めるべき資料（疎明資料）

を提供し（刑訴規則143条），書面によってなされる（刑訴規則139条）ところ，逮捕状の請求を受けた裁判官は，前記請求書や疎明資料のほか，必要と認めるときは，逮捕状の請求をした者の出頭を求めてその陳述を聴き，又はその者に対し書類その他の物の提示を求めることができる（刑訴規則143条の2）。その上で，裁判官は，これらの資料によっても逮捕の理由がなく，あるいは明らかに逮捕の必要がないと認めるとき，逮捕状の請求が著しくその方式に違反しているときには却下しなければならない（刑訴規則143条，143条の3，刑資85号73頁）。逮捕状の請求が却下された場合，逮捕状請求書には「本件逮捕状請求を却下する。」旨の記載及び却下をした裁判官の記名押印がされ，請求者に返還される（刑訴規則140条，141条，刑訴規則逐条説明（捜査・公訴）2頁）。

　それでは，本問設例のように，逮捕状を請求し，裁判官が受理したが，疎明資料に不備があることが判明したことなどから，当該逮捕状の却下を待たずして撤回することはできるか。

　実務では，裁判所の逮捕状請求に係る一件書類を持ち込んだ後の裁判官の受理前に一件書類の不備に気付いて持ち帰ることが行われているし（渡辺・大コメ刑訴4巻232頁），さらに，裁判官が逮捕状請求を受理した後逮捕状請求者に疎明資料の不備な点を指摘した場合等に，逮捕状請求の撤回を許して請求書を持ち帰らせ，その不備を補った後に再請求させて逮捕状を発付するという方法が広くとられているところである（三浦＝北岡・令状101問37頁）。現に平成27年の逮捕状請求の却下件数は36件であるのに対し，取下げ（撤回）件数は1373件に上っている（最高裁判所事務総局「平成27年司法統計年報」14頁）。

　この点について，法律上，逮捕状請求の撤回は許されないとする消極説もあり，その論拠としては，逮捕状請求の撤回を認めると，逮捕状請求者は，自己の請求が事実上裁判官の消極判断を受けても，正式に却下されることがないから，その結果として，請求者の判断が次第に安易に傾くおそれが生じ，これが，ひいては裁判官の判断をも誤らせることになること，逮捕状請求の撤回により請求の事実が裁判所の帳簿から抹消された場合には，同一の犯罪事実についてその被疑者に対し前に逮捕状を請求したことを秘匿して逮捕状

請求されても発見されずに終わる危険性があり，そうすると，前に逮捕状請求があった場合にその記載を要求する刑訴規則142条1項8号規定の潜脱を許すことになることを挙げる（木谷・令状基本（上）89〜90頁）。

しかしながら，公訴であっても第一審の判決があるまでこれを取り消すことができ（刑訴法257条），司法作用をいたずらに左右し，訴訟の相手方の利益を害するものでない限り，裁判所（官）の判断が下されるまでは請求の撤回は認められるのが裁判の原則ともいい得る（渡辺・大コメ刑訴4巻232頁）。

したがって，逮捕状の請求の撤回が法律上許されないというのは理論的とはいえない（渡辺・大コメ刑訴4巻232頁）。

また，逮捕状請求が撤回されても逮捕状請求があったという事実はなくなるものではなく，刑訴規則142条1項8号との関係でその旨の記載が法律上要求される点では却下の場合と同様であるし，裁判所の受付の帳簿の記載自体が抹消されるわけではないから，消極説のいう批判は当たらないと思われる（刑訴規則逐条説明（捜査・公訴）2頁，三浦＝北岡・令状101問37頁）。

以上から本問設例においても，逮捕状請求の撤回は認められる。

(5) 被害者特定事項の記載

Q75

司法警察員Kは，強制わいせつの被害者Vから告訴を受けて捜査を行い，犯人をAと特定して逮捕状を請求することとした。しかし，Kは，Vから「犯人に私の名前が知られるようなことは絶対に避けてほしい。」とも頼まれていた。Kはどうすべきか。

A

Vに対し，捜査記録・訴訟記録に被害者として氏名が掲記される可能性を説明し，了解が得られるよう努力するべきである。

解　説

被害者Vは強制わいせつの被害について告訴をしており，犯人の処罰を求

めている。司法警察員Kはその犯人を特定し，逮捕状を請求しようとしているのであるが，Aに刑罰を科すための今後の流れとしては，逮捕状を執行してAを逮捕して検察官に送致し，検察官はAの勾留を請求するなどして捜査を遂げ，Aを起訴して捜査書類を証拠として提出するなどし，有罪判決を得ることで刑罰が科されることになるが，その間，被疑者・被告人に被害者の氏名が知られる機会は少なくない。他方で，恋愛感情等のもつれに起因する暴力事案やストーカー事犯，性犯罪，暴力団が関与する組織的犯罪等において被害者や目撃者が被疑者・被告人の逆恨み等を恐れて自己の個人情報を秘匿したいと思うのは無理からぬところである。そのため，刑訴法においても，裁判所は，一定の犯罪において，公判手続において氏名等被害者を特定させる事項を明らかにしない旨の決定ができ（「秘匿決定」。刑訴法290条の2），また，検察官は，請求証拠の閲覧権を有する弁護人に対し，被害者を特定する事項を被告人に知られないようにすることを求めることができる（「秘匿要請」。刑訴法299条の3）とされている。

　なお，平成28年5月24日に成立した改正刑訴法では，検察官が弁護人に対し，被害者を含む証人や通訳人等の氏名，住居を開示する際にこれらを被告人に知らせてはならない旨の条件を付し，又は知らせる時期若しくは方法を指定できるようになり，さらに，それでも被害者等に害を加え畏怖困惑させる行為を防止できないおそれがある場合には証人等の氏名，住居を知る機会を与えないことも可能となった（刑訴法299条の4）。

　しかし，公判手続に進むための起訴状において，一般に被害者の氏名は公訴事実に記載されるし，そもそも逮捕の段階から，逮捕状の被疑事実にも被害者の氏名は一般に記載される。そして，逮捕状は執行の際に被疑者に対する呈示が求められており（刑訴法201条1項），起訴状にしても謄本を被告人に送達することが求められている（刑訴規則176条1項）。したがって，逮捕状の被疑事実や起訴状の公訴事実に被害者の氏名が記載されていれば，被疑者・被告人に被害者の氏名が知れることは避け難い。それでは，被害者の氏名を記載することなく被疑事実を特定した逮捕状の発付を得ることは可能か。

　被疑事実の要旨は逮捕状の必要的記載事項であるが（刑訴法200条1項），

これは、「何人も、……権限を有する司法官憲が発し、且つ理由となつてゐる犯罪を明示する令状によらなければ、逮捕されない。」とする憲法33条に由来し、ここに「理由の明示」とは、一般令状禁止の法理から、他の犯罪事実と識別可能な程度に具体的に特定されている必要があると解されている（なお、起訴状の公訴事実の記載（刑訴法256条2項2号、同条3項）についても、審判対象を特定し、二重処罰禁止の範囲を画定させるため、他の犯罪事実と識別可能な程度に特定されていなければならないとするのが判例の立場と解されている。）。

このような被疑事実の特定の要請に照らすと、強制わいせつ事件の場合、犯罪の客体である被害者ごとに犯罪が成立することから、日時・場所に加え、被害者を特定することで被疑事実の特定は可能となるが、他方、被害者が特定されなければ、他の犯罪事実との識別が不十分となるおそれがある。そこで、例えば被害者氏名に代えて、被害者が被疑者と電子メール等で連絡を取りあった際に使った通称や被害者の母親を氏名で特定した上で、「〇〇の長女」などといった特定方法を採る等の工夫が必要となろう。この点に関しては、平成24年12月20日付警察庁丁刑企発第239号「再被害防止への配慮が必要とされる事案における逮捕状の請求等について」においても、被疑事実の要旨の記載方法について、被疑者に知られるべきでないと思われる被害者等に関する情報を記載しないこととする配慮が求められている。

ただし、これらの特定方法は氏名ほどの明確性はなく、あくまで代替であり、裁判官によっては厳格に特定を要求することもあり、特定不十分の場合には逮捕状請求を却下され、あるいは発付されたとしても事後的に逮捕状を無効とされ、手続自体違法と判断されかねない。いずれにしてもこのような場合、警察官としては、裁判官と十分に協議をし、また、検察官に相談するなどしながら被害者の不安の解消し、理解を得る努力が必要であろう。

(6) 逮捕の必要性

Q 76

司法警察員Kは，道路交通法違反（駐車禁止）の被疑者Aの取調べを行うため，その自宅に架電したり，出頭要請状を自宅に送付したりするなどして再三警察署への出頭を求めたが，いずれも「忙しい。」などの理由でAは出頭を拒否した。Kは，逮捕状の発付を得てAを逮捕できるか。

A

逮捕は可能である。

解 説

　刑訴法199条2項は，「裁判官は，被疑者が罪を犯したことを疑うに足りる相当な理由があると認めるときは，検察官又は司法警察員……の請求により，前項の逮捕状を発する。但し，明らかに逮捕の必要がないと認めるときは，この限りでない。」と規定しており，ここから，逮捕の要件は「逮捕の理由」（被疑者が罪を犯したことを疑うに足りる相当な理由）と「逮捕の必要」と解されている。それでは，被疑者が正当な理由なく出頭に応じない場合に「逮捕の必要」は認められるか。

　「逮捕の必要」に関しては，刑訴規則143条の3が「逮捕状の請求を受けた裁判官は，逮捕の理由があると認める場合においても，被疑者の年齢及び境遇並びに犯罪の軽重及び態様その他諸般の事情に照らし，被疑者が逃亡する虞がなく，かつ，罪証を隠滅する虞がない等明らかに逮捕の必要がないと認めるときは，逮捕状の請求を却下しなければならない。」と規定している。ここに「逃亡の虞がな（い）」，「罪証を隠滅する虞がない」のみならず「等」とされており，この「等」の理解をめぐって議論が分かれている。刑訴法199条1項ただし書は，「30万円（刑法，暴力行為等処罰に関する法律及び経済関係罰則の整備に関する法律の罪以外の罪については，当分の間，2万円）以下の罰金，拘留又は科料に当たる罪」（以下「軽微犯罪」という。）について，通

常逮捕できるのは「被疑者が定まつた住居を有しない場合又は正当な理由がなく前条の規定による出頭の求めに応じない場合に限る。」と規定しており，「住居不定」と「正当な理由のない不出頭」も実質的には逃亡のおそれの一徴表であることから，これらも刑訴規則143条の3が規定する逮捕の必要の一内容をなす「等」に含まれる事情であるとする見解がある。このように解した場合，刑訴法199条1項ただし書の規定は，軽微犯罪について，一般的な逮捕の必要の基準である逃亡又は罪証隠滅のおそれの有無を問題とせず，「住居不定」又は「正当な理由のない不出頭」といった事情があれば逮捕できることになる。

　しかし，このように解すると，軽微犯罪ですらそれだけで逮捕できるのであるから，より重い一般の犯罪についてもそれだけで逮捕できることが可能と解することになるが，そうなると同項ただし書は単なる注意規定ということになろう。のみならず，一般的に「正当な理由のない不出頭」を逮捕の必要に含めてしまうと，出頭自体の義務性を認めることになり，それは刑訴法198条1項ただし書の規定と矛盾する。

　したがって，刑訴法199条1項ただし書の規定は，軽微犯罪について，逃亡又は罪証隠滅のおそれだけでなく，さらに，「住居不定」又は「正当な理由のない不出頭」の事由があるときに初めて逮捕できると解するのが通説的見解である。また，このように解すると，刑訴規則143条の3の「等」については，あくまでも逃亡のおそれがないことや罪証隠滅のおそれがないことと並んで逮捕の必要がない場合を表示しているものであり，逃亡や罪証隠滅のおそれに準ずる事情を示すものではないと解することになろう（小林・令状基本（上）110頁）。

　このように，正当な理由のない不出頭は，逃亡又は罪証隠滅のおそれと並ぶ「逮捕の必要」の一事由として認められるものではないが，一方で，正当な理由のない不出頭は一般的には逃亡又は罪証隠滅のおそれの一徴表と考えられ，それが1，2回に止まらず数回に及ぶ場合には，かかる徴表の反復を意味し，そのこと自体又は他の事情とあいまって，逮捕の必要が認められる場合があり，少なくとも3回以上繰り返されて初めて逃亡又は罪証隠滅のおそれが推定できるとされ，実務的にも，少なくとも3回の不出頭を要する取

扱いが定着しているとされる（小林・令状基本（上）111頁）。この点，最判平10・9・7裁集民189・613は，外国人登録法違反（法定刑は1年以下の懲役若しくは禁錮又は20万円以下の罰金，あるいは懲役又は禁錮及び罰金を併科）の被疑者に対し，5回にわたり任意出頭を求めたものの応じなかったため逮捕したことの適法性が争われた事案であるが，逃亡のおそれ及び罪証隠滅のおそれとも，強いものであったということはできないとしても，5回にわたって任意出頭するように求められながら，正当な理由がなく出頭せず，また，その行動には組織的な背景が存することがうかがわれたこと等にかんがみると，本件においては，明らかに逮捕の必要がなかったということはできず，逮捕状の要求及びその発付は，刑訴法及び刑訴規則の定める要件を満たす適法なものであったとしている。

　本問設例についてみてみると，駐車禁止は15万円以下の罰金（道路交通法119条の2第1項1号，44条）が定められる犯罪であり軽微犯罪には該当しないところ，被疑者Aは再三の出頭要請に対し「忙しい。」というのみで正当な理由を示さずこれを拒否しており，このような正当な理由のない不出頭が，少なくとも3回以上繰り返されているとすれば，逃亡又は罪証隠滅のおそれが推定され，逮捕も可能になると考えられる。

(7) 同一事実による再逮捕の可否

Q77

　甲警察署刑事課の司法警察員Kは，殺人の被疑事実で逮捕・勾留されたものの嫌疑不十分で起訴されずに釈放されたAについて，捜査を継続したところ，Aの前記被疑事実を裏付ける新たな重要な証拠を発見して収集したが，Aを前記被疑事実と同一の犯罪事実で逮捕できるか。

A

　逮捕・勾留の不当な蒸し返しに当たらない場合は，逮捕できるものと解する。

解　説

　同一の犯罪事実について逮捕・勾留を繰り返すことを認めれば，刑訴法203条以下に逮捕・勾留による身柄拘束について厳格な時間制限が設けられた意義が没却されるので，原則として，同一の犯罪事実による再逮捕・再勾留を繰り返すことは許されない（再逮捕・再勾留禁止の原則）。しかし，再逮捕・再勾留を一切許さないというのは，捜査の流動性などの実情を余りにも軽視するもので，現実的ではない。また，逮捕状の請求の要件を定める刑訴法199条3項及び刑訴規則142条1項8号は，再逮捕を前提としている上，刑訴法は，被疑者の勾留に逮捕を先行させている（逮捕前置主義）ことなどに照らせば，その再逮捕から発展する再勾留をも許容していると解される。したがって，例外として，同一の犯罪事実による再逮捕・再勾留が許される場合があると解すべきである。

　問題はどのような場合に同一の犯罪事実による再逮捕・再勾留が許されるかである。

　この点，逮捕・勾留後に釈放された被疑者に対する同一の犯罪事実による再逮捕・再勾留は，再逮捕・再勾留の必要性が高く，逮捕・勾留の不当な蒸し返しといえない場合は，許されると解すべきである（渡辺・大コメ刑訴4巻409頁）。そして，再逮捕・再勾留の必要性については，事案の重大性等の事情を考慮して判断し，逮捕・勾留の不当な蒸し返しといえない場合か否かについては，前の逮捕・勾留の釈放後の事情変更の内容（新たな重要証拠の発見や新たな逃亡・罪証隠滅のおそれの出現があるか），前の逮捕・勾留の身柄拘束期間の長短，その期間中の捜査経過等の事情を考慮して判断すべきである（渡辺・大コメ刑訴4巻409頁）。

　具体的な適用例としては，例えば，被疑者の釈放後，逃走していた重要な関係者を逮捕し，その関係者の取調べ等を実施し，被疑者が罪を犯したことを裏付ける前記関係者の供述及びそれを補強する証拠が得られた場合など，新たな重要な証拠の発見や新たな逃亡・罪証隠滅のおそれの出現が認められれば，再逮捕・再勾留が肯定されやすくなると思われる。もっとも，釈放後に新たな重要な証拠の発見があったとしても，例えば，前の逮捕・勾留中に

その証拠を発見することが容易にできたにもかかわらず，捜査官の怠慢が故にその証拠が発見できなかった場合は，逮捕・勾留の不当な蒸し返しといわざるを得ず，再逮捕・再勾留が否定されると思われる。また，前の逮捕・勾留の際に勾留期間が延長されて 20 日間の勾留がなされた場合は，そのこと自体のみから再逮捕・再勾留が否定されるわけではないと解すべきであるが，再逮捕・再勾留を否定する方向の一つの事情となり得るので，留意が必要である。

　参考になる裁判例として，東京地決昭 47・4・4 刑裁月報 4・4・891 は，「同一被疑事件について先に逮捕勾留され，その勾留期間満了により釈放された被疑者を単なる事情変更を理由として再び逮捕・勾留することは，刑訴法が 203 条以下において，逮捕勾留の期間について厳重な制約を設けた趣旨を無視することになり被疑者の人権保障の見地から許されないものといわざるをえない。しかしながら同法 199 条 3 項は再度の逮捕が許される場合のあることを前提にしていることが明らかであり，現行法上再度の勾留を禁止した規定はなく，また，逮捕と勾留は相互に密接不可分の関係にあることに鑑みると，法は例外的に同一被疑事実につき再度の勾留をすることも許しているものと解するのが相当である。そしていかなる場合に再勾留が許されるかについては，前記の原則との関係上，先行の勾留期間の長短，その期間中の捜査経過，身柄拘束後の事情変更の内容，事案の軽重，検察官の意図その他の諸般の事情を考慮し，社会通念上捜査機関に強制捜査を断念させることが首肯し難く，また身柄拘束の不当なむしかえしでないと認められる場合に限るとすべきであると思われる。このことは，先に勾留につき，期間延長のうえ 20 日間の勾留がなされている本件のような場合についても，その例外的場合をより一層限定的に解すべきではあるが，同様にあてはまるものと解され，また，かように慎重に判断した結果再度の勾留を許すべき事案だということになれば，その勾留期間は当初の勾留の場合と同様に解すべきであり，先の身柄拘束期間は後の勾留期間の延長，勾留の取消などの判断において重視されるにとどまるものとするのが相当だと思われる。そこで，本件についてみると，関係記録により本件事案の重大さ，その捜査経緯，再勾留の必要性等は……申立理由中に記載されているとおりであると認められ，その他，

前回の勾留が期間延長のうえその満了までなされている点についても，前回の勾留は本件被疑事実のみについてなされたのではなく，本件を含む相互に併合罪関係にある5件の同種事実……についてなされたものであることなどの点も考慮すると，本件の如き重大事犯につき捜査機関に充分な捜査を尽させずにこれを放置することは社会通念上到底首肯できず，本件について被疑者を再び勾留することが身柄拘束の不当なむしかえしにはならないというほかなく，前記の極めて例外的な場合に該当すると認めるのが相当である。」と判示した。同決定も，前の逮捕・勾留の釈放後の事情変更の内容，前の逮捕・勾留の身柄拘束期間の長短，その期間中の捜査経過等の事情を考慮し，逮捕・勾留の不当な蒸し返しに当たらないかなどを判断している。

そこで，本問設例について検討すると，殺人という重大な事案であり，再逮捕・再勾留の必要性は高いと認められる上，被疑事実を裏付ける新たな重要な証拠の発見という前の逮捕・勾留の釈放後の事情変更が認められるので，前の逮捕・勾留の期間中の捜査経過等に照らし，逮捕・勾留の不当な蒸し返しに当たらない場合は，Aを前記被疑事実と同一の犯罪事実で逮捕できる。

他方で，そのように新たな重要な証拠の発見という事情変更が認められたとしたとしても，例えば，前の逮捕・勾留中にその証拠を発見することが容易にできたにもかかわらず，捜査官の怠慢が故にその証拠が発見できなかった場合など，逮捕・勾留の不当な蒸し返しに当たる場合は，Aを前記被疑事実と同一の犯罪事実で逮捕できないと思われる。

Q78

常習累犯窃盗の被疑事実で逮捕・勾留されたAについて，その起訴後に余罪を捜査したところ，Aが逮捕前に前記常習累犯窃盗と常習一罪の関係にある別件窃盗を犯していたことが判明した場合，司法警察員Kは，Aをその別件窃盗の被疑事実で逮捕できるか。

A

逮捕・勾留の不当な蒸し返しといえない場合は，逮捕できるものと解する。

解　説

　同一の犯罪事実について逮捕・勾留を繰り返すことを認めれば，刑訴法203条以下に逮捕・勾留による身柄拘束について厳格な時間制限が設けられた意義が没却される。したがって，同一の犯罪事実については，原則として，一つの逮捕・勾留を1回のみ行うことができる（一罪一逮捕一勾留の原則）。

　この同一の犯罪事実の範囲をいかに解するか，この一罪一逮捕一勾留の原則の一罪，つまり，犯罪事実の同一性をいかなる基準で判断すべきかが問題となる。

　この点，犯罪事実の同一性を実体法上の罪数を基準として判断し，同一の犯罪事実とは実体法上の一罪あるいは単一かつ同一の犯罪事実と考えるのが通説である（渡辺・大コメ刑訴4巻366頁）。したがって，常習一罪の場合であっても，一罪一逮捕一勾留の原則が適用されるので，常習一罪の一部をなす事実について逮捕・勾留した後，同じ常習一罪の一部をなす事実でさらに逮捕・勾留することは許されないのが原則である。もっとも，常習一罪の場合，実体法上一罪の関係にあるといっても，事実自体は別個なものであるから，常習一罪の一部をなす事実について逮捕・勾留，起訴された後に同じ常習一罪の一部をなす新たな事実で逮捕・勾留することが一切許されないとするのは，結論の妥当性に欠けるように思われる。したがって，問題となるのは，同じ常習一罪の一部をなす新たな事実での逮捕・勾留が認められる例外的な場合はどのような場合なのかということである。

　では，まず，常習一罪の場合と異なり，全く同一の犯罪事実による再逮捕・再勾留の場合についてみてみると，再逮捕・再勾留禁止の原則により，同一の犯罪事実による再逮捕・再勾留を繰り返すことは許されないが，例外として，逮捕・勾留後に釈放された被疑者に対する同一の犯罪事実による再逮捕・再勾留は，再逮捕・再勾留の必要性が高く，逮捕・勾留の不当な蒸し返しといえない場合は，許されると解される（渡辺・大コメ刑訴4巻409頁）。そして，再逮捕・再勾留の必要性については，事案の重大性等の事情を考慮して判断し，逮捕・勾留の不当な蒸し返しといえない場合か否かについては，前の逮捕・勾留の釈放後における事情変更の内容（新たな重要な証拠の

発見や新たな逃亡・罪証隠滅のおそれの出現があるか)，前の逮捕・勾留の身柄拘束期間の長短，その期間中の捜査経過等の事情を考慮して判断すべきである（渡辺・大コメ刑訴4巻409頁）。なお，この点については，本書Q 77（174頁）を参照されたい。

　このように全く同一の犯罪事実による再逮捕・再勾留の場合であっても，再逮捕・再勾留が認められる場合があることに鑑みれば，実体法上一罪の関係にあるとはいえ別個の事実による再逮捕・再勾留の場合は，なおさら再逮捕・再勾留を認めるべきである。そして，常習一罪の一部をなす事実について逮捕・勾留した上で起訴した後，その逮捕前に犯されていた常習一罪の一部をなす事実が発覚した場合も，前記の全く同一の犯罪事実による再逮捕・再勾留の場合と同様の基準，すなわち，再逮捕・再勾留禁止の原則の例外の基準によって新たな事実で逮捕・勾留することが許されるか判断すべきと解される（川出敏裕「逮捕・勾留に関する諸原則」刑ジャ4号147頁，川出敏裕「演習」法教379号131頁）。このように，同時処理の可能性があり，一罪一逮捕一勾留の原則が適用される場合であっても，前記の再逮捕・再勾留禁止の原則の例外の要件を満たす場合，すなわち，事案の重大性等の事情を考慮し，再逮捕・再勾留の必要性が高く，前の逮捕・勾留の後の事情変更の内容，前の逮捕・勾留の身柄拘束期間中の捜査経過等の事情を考慮し，逮捕・勾留の不当な蒸し返しといえない場合は，新たに発覚した事実で逮捕・勾留することが許されると解すべきである。

　これを本問設例について検討すると，常習累犯窃盗の被疑事実で逮捕・勾留されたAについて，その起訴後に余罪を捜査したところ，Aがその逮捕前に前記常習累犯窃盗と常習一罪の関係にある別件窃盗を犯していたことが判明した場合は，最初の逮捕・勾留の機会にその逮捕前に犯していた別件窃盗について同時に捜査・処理することが不可能だったとはいえず，原則として，その別件窃盗で逮捕・勾留することは許されない。もっとも，例えば，被害額が多く悪質な別件窃盗につき，最初の逮捕・勾留中に鋭意捜査したものの発見することができなかった新たな重要な証拠が起訴後に発見されてAによる犯行であることが判明した場合など，逮捕・勾留の必要性が高く，逮捕・勾留の不当な蒸し返しといえない場合は，その別件窃盗で逮捕・勾留す

ることが許されるものと解される。

(8) 余罪による再逮捕の可否

Q79

司法警察員Kは，同じ手口で多数の被害者を狙って連続的に詐欺事件を起こしていた被疑者Aをまず被害者Xの事件の関係で通常逮捕し，勾留もなされたが，一連の事件の背景や余罪についての捜査が不十分であったため，Xに対する事件に関連して取調べを行ったこともある別の被害者Yに対する詐欺の事実で再逮捕しようと考えた。かかる再逮捕は可能か。

A

再逮捕は一応可能と考えられる。

解 説

逮捕・勾留は，事件，すなわち被疑事実ごとに行われる。その効力は当該被疑事実のみに限られ，それ以外の犯罪事実には及ばない（事件単位の原則）。「その効力が当該被疑事実のみに限られる」とは，令状審査，例えば逮捕の必要性や勾留の要件なども当該被疑事実について判断されるということであり，被疑事実が異なれば，逮捕・勾留は別途その必要性等を考慮して行われることとなる。

一方，刑訴法は被疑者の人権保障の見地から，逮捕・勾留手続に関し厳格な時間制限を規定しており，同一事実での再逮捕・勾留は時間制限を潜脱する不当な蒸し返しとなる逮捕・勾留につながりかねないので，原則としては認められない（一罪一逮捕一勾留の原則）。この「一罪」と事件単位の原則における「事件（被疑事実）」の範囲は合致し，原則として実体法上の一罪を基準に考えられている。

本問設例では，被疑者Aは当初Xに対する詐欺罪で逮捕・勾留されたものであるが，同じ詐欺罪でも被害者を異にし犯意も別個であれば併合罪の関係に立つので「別罪」であり，この点ではYに対する詐欺罪での別途逮捕・勾

留は可能と考えられる。

　次に，Yに対する詐欺事件に関しては，既にXに対する詐欺事件の逮捕・勾留中にも取調べを行っている。逮捕・勾留中の被疑者に対する被疑事実以外の犯罪事実，すなわち余罪に関する取調べについては，事件単位の原則を厳格に捉え，余罪に関しては取調べ受忍義務（刑訴法198条1項ただし書）を認めない見解もある。しかし，事件単位の原則は取調べの範囲まで画するものではないし，別事件でも社会的事実として一連の密接な関連がある場合には，別事件に関する事実を取り調べることは，他面において被疑事実の捜査ともなるのであるから，「当然しなければならない取調べ」（最決昭52・8・9刑集31・5・821）をするものにほかならない。刑訴法198条1項ただし書も，「逮捕又は勾留されている場合を除いては」とするのみで被疑事実に何ら限定を加えておらず，しかも，同条項は刑訴法223条2項により参考人調べにも準用されているが，参考人には事件単位の原則の適用の余地はないなど，実務的には余罪に関しても取調べ受忍義務を認める見解が多数説といってよい。したがって，Xに対する詐欺事件の逮捕・勾留中に，Yに対する詐欺事件に関して取調べを行うことも問題はないであろう。

　もっとも，取調べ受忍義務を被疑事実に関する取調べに限定すべきとする見解も有力である上，余罪の取調べを許容する見解の中にも逮捕・勾留期間を利用して別件の取調べを行った場合には，その期間を後に別件で逮捕・勾留が行われた場合から差し引く，あるいは必要性において考慮すべきとする見解もあり（小林・令状基本（上）224頁，川出・別件逮捕265頁），実質的には不当な蒸し返しと評価されるような事情があれば，逮捕が許されない場合も考えられよう。刑訴規則142条1項8号が，逮捕状請求書において，同一の犯罪事実による過去の逮捕状請求の事実だけでなく，「現に捜査中である他の犯罪事実」についての逮捕状請求の事実をも記載を求める趣旨も，数個の犯罪が同時捜査可能であるにもかかわらず，細分化して各部分につき順次逮捕・勾留する濫用的逮捕の防止にあると解されている（刑訴規則逐条説明（捜査・公訴）12頁）。

　この観点から更に本問設例について見ると，被疑者Aについては被害者Xの事件での逮捕・勾留中に，余罪である被害者Yの事件に関しても取調べ

行っているが，そもそもAは同じ手口で多数の被害者を狙って連続的に詐欺事件を起こしており，Yら他の被害者に関する事件について事実関係を確認することは，被害者Xの事件との関連性や背景事情を解明する上で不可欠といえよう。また，一連の事件の被害者・犯罪事実の数等，事件の態様・規模に照らし，一回の逮捕・勾留では公訴提起の必要性の有無，全被害者に対する全事実の取調べが困難となれば，再逮捕も認められると考えられる。

この点，東京高判昭62・11・24東時38・10＝12・106は，被害者多数の連続的な詐欺事件を起こした被疑者に対し，別事実で再逮捕を繰り返し，その期間を通して，捜査官が全事実に関して取調べを行ったことにつき，弁護人が同一事実での再逮捕・再勾留に該当し違法であると主張したが，「各事件の性質・態様・規模及び被告人の供述内容に徴し一回の逮捕勾留により事案の解明，公訴提起の必要性の有無，全被害者に対する全事実の取調をすることには困難があつた」として，再逮捕・再勾留を適法としている。

Q 80

Aは甲市内における住居侵入，窃盗事件（以下「甲市事件」という。）で起訴されたが，その起訴前からAによる乙市内における別の住居侵入，窃盗事件（以下「乙市事件」という。）が司法警察員Kらに発覚しており，KらはAに対する取調べも実施していて，既にAを乙市事件で逮捕できる程度の資料が整っていた。かかる状況下において，甲市事件につき，Aの弁護人による保釈請求がされた。Kは，当該請求を聞き及ぶと，Aに対する乙市事件での逮捕状を請求した。かかる逮捕状請求に問題はないか。

A

逮捕状請求は違法である可能性が高い。

解　説

逮捕・勾留の効力は，逮捕状又は勾留状に記載された被疑事実（刑訴法200条1項，207条1項，64条1項参照）のみに及ぶという事件単位説に立つのが通説であり，実務もこれにならっているところ，事件単位説からは，同一事実については，原則として一つの逮捕及び勾留しか認められないという

一罪一逮捕一勾留の原則が導かれることとなる。したがって，一度，ある被疑事実（以下便宜的に「別件」という。）について逮捕又は勾留された被疑者に対し，当該被疑事実と併合罪関係にある被疑事実（以下便宜的に「本件」という。）について新たな逮捕又は勾留をすることは一罪一逮捕一勾留の原則から禁止されるわけではない。しかしながら，同時捜査が可能であるのに，逮捕・勾留の時間制限を免れるために罪名を小出しにして逮捕を繰り返すような場合（例えば，靴一足を盗んだとして窃盗罪で逮捕し，勾留請求が却下されるや，再度，靴一足を盗んだとして同罪で逮捕し，勾留請求が却下されるや，再々度，靴一足を盗んだとして同罪で逮捕状請求するというような場合）には，逮捕権の濫用として許されないとするのが通説的見解である（渡辺・大コメ刑訴4巻364頁，小林・令状基本（上）23頁，石井一正「違法逮捕と勾留」法時38巻4号94頁）。

　それでは，本問設例のように，別件の保釈出所と同時に本件で逮捕するような場合，逮捕権の濫用とされないのであろうか。

　この点については，本件の発覚が別件の起訴前か，起訴後かによって区別して考えなければならない。

　まず，本件の発覚が別件の起訴後である場合において，捜査官が被告人から本件の取調べを拒否されたときは，本件で逮捕して取り調べるほかないこと（刑訴法198条1項参照），保釈時に逮捕するとしても，逮捕状の性質は許可状であるとするのが通説的見解であり（東條・注釈刑訴3巻94頁，松尾・条解382頁，渡辺・大コメ刑訴4巻193頁），逮捕の時期の判断は捜査官の裁量に属しているといえる（京都地決昭45・3・3判時598・100）ことから，保釈出所時の逮捕をもって逮捕権の濫用ということはできない（小林・令状基本（上）124頁）。

　もっとも，このような場合でも，被告人が起訴後の取調べを拒否しておらず，捜査官が本件の取調べをすることができたにもかかわらず，十分な取調べをしなかった上，捜査官は本件の逮捕状を得てから相当期間が経過していたが，別件の保釈時まで逮捕状を執行しなかったような場合はどうか。

　この場合においても，逮捕の時期の判断は捜査官の裁量に属していることからすれば，逮捕権の濫用として直ちには違法とはならないと解される（小

林・令状基本（上）124頁）。また，十分な取調べをしなかったという点についても，被疑者の取調べをいつ，いかなる事項について行うかについては，本件の性質，関係者の数，客観的証拠の収集の程度・関係者に対する取調べ等の捜査の進展状況等に応じて捜査機関において決することであるから，原則としては，直ちに逮捕権の濫用として違法とまではいえないといえよう。

しかし，捜査機関において，直ちに逮捕状による逮捕を実施するにつき特段の障害となる事由がなく，かつ，その実施を遷延させることにつき何ら合理的な理由が存しないにもかかわらず，ことさらにその実施を遷延させ，そのため，現実に被疑者の人権が著しく侵害されて社会通念上許容し得ない事態が生じた場合には，逮捕権の濫用とされる場合もあるといえる（京都地決昭44・11・8判時615・100，小林・令状基本（上）124頁）。

それでは，本問設例のように別件の起訴前から本件が発覚している場合はどうか。

このような場合，確かに，常に別件と本件を同時に捜査すべきとまではいえず，例えば，別件の事案が複雑又は重大であるなど，各別に捜査を遂げることに合理的な理由がある場合には，別件の処理後に本件の逮捕をしても違法ではないものの，可能な限り，場合によっては本件を合わせて勾留請求するなどして，同時に捜査を行うことが望ましい（小林・令状基本（上）125頁，渡辺・大コメ刑訴4巻366頁）。特に，同時捜査が可能であって一個の逮捕事実の起訴事実に含めることができるにもかかわらず，逮捕・勾留期間の制限を潜脱するために罪名を小出しにして逮捕を繰り返すような場合は，逮捕権の濫用になり，当該逮捕は違法となるであろうし，このような場合には，逮捕の時点が保釈の前後であるかは問題とならないといえる（小林・令状基本（上）125頁）。

この点につき，別件と本件の同時処理の可能性があったことなどを前提に，本件による逮捕を違法とした裁判例を紹介しておく。

福岡地決昭47・1・26刑裁月報4・1・223は，被疑者A及びBについて，Aは，別件（筆者注：凶器準備集合罪）の現行犯逮捕時に既に本件（筆者注：決定文から明らかではないが，同種の罪名であると思料される。）の逮捕状が発付され，その後，別件で起訴され，また，Bは別件による現行犯逮捕の2日

後に本件の被疑者として特定され、別件の起訴後に本件による逮捕状の発付がされていたところ、Aの別件勾留が取り消され、Bは別件につき保釈決定がなされて検察官の準抗告が棄却された段階で、A及びBを本件で逮捕・勾留した事案について、①少なくとも別件起訴後は本件の捜査について障害がなかったこと、②本件について別の共犯者について本件で起訴された者や、本件によるBに対する逮捕状発付と同時期に、本件の逮捕状が発付されていた別の共犯者が既に本件で逮捕されていたことから、「少なくとも、前記別件各被疑事実について公訴の提起がなされた以降は、その勾留期間中に本件各被疑事実について任意或いは強制捜査を行うことが可能であった」「しかも本件各被疑事実についてそれぞれ逮捕状の発付まで得ていながら、これをすみやかに執行せず」に「公訴提起後約10日ないし20日を経過し」たことから、「勾留取消し或いは保釈許可がなされた段階において行われた本件各逮捕及びこれに基づく勾留の請求は、いわゆる逮捕・勾留のむし返しであり、起訴前の逮捕・勾留につき厳格な時間的制約を設けた法の趣旨に反する違法なものというべきである。」旨判示した。

　また、大阪地決平21・6・11判タ1321・283は、被疑者が別件（債権取立て名目による強要・恐喝）で逮捕・勾留され、釈放後、本件（別件の翌日における同一債権取立て名目による同一被害者に対する恐喝未遂）で逮捕し、勾留請求されたが、原裁判が勾留請求を却下したのに対し、検察官が準抗告した事案において、本件と別件は人的に共通し、背景事情や目的も共通し、連日の犯行であること、別件の逮捕前には捜査機関は両事件について被疑者の取調べを行った上で相当程度把握していたことから、「捜査機関において両事実につき前回（筆者注：別件）勾留の際に同時処理を行うことが困難であったとは認められない。」として、検察官の準抗告を棄却した。

　さらに、神戸地決昭49・12・4判時769・114は、別件保釈後の本件逮捕について、捜査機関が別件起訴後かつ本件の逮捕前に別の余罪を追送致した際、検察官に「余罪なし」と報告していることから、「右時点（筆者注：追送致時点）において捜査官は爾後被疑者につき本件の強制捜査をする意思がなかったのではないかと疑われるしかるに被疑者が……保釈されるとみるやにわかに本件での逮捕状を請求してその執行するが如きは不当に被疑者の身柄

拘束を継続する意図に出たものとの疑いを抱かざるを得ない」などとして，本件逮捕に基づく勾留を違法としている。

　これらを見ると，被疑者のみならず，共犯者も含めた捜査の進展状況等をも踏まえて，現実に同時処理の可能性が高いといえる場合には，本件の逮捕に対して厳しい判断がされているし，別件と本件が密接に関連しており，実質的な重なり合いが認められるような場合にも同様の厳しい判断がされているといえる。また，捜査機関に本件逮捕により被疑者の身柄拘束期間を不当に継続させようとの意図が疑われるような場合にも厳しい判断をしているといえる。

　以上を前提に本問設例について検討する。

　本問設例では甲市事件の起訴前から乙市事件が発覚しており，逮捕できる程度の資料が整っていたというのであるから，このような場合において，捜査機関が甲市事件の起訴後，特段の理由もなく乙市事件による逮捕状請求をせずにいたというときは，ことさら捜査機関において，Aが甲市事件で保釈されるのを待って，Aの身柄拘束期間を長くしようとの意図があったとか，あるいは，そもそも乙市事件については強制捜査の意図はなかったが，甲市事件で保釈される可能性が出てきたことから乙市事件によってAの身柄拘束を継続しようとの意図があったと疑われかねない。

　よって，乙市事件での逮捕状請求は違法である可能性が高いといえよう。

2 逮捕状の発付

(1) 複数の逮捕状発付の可否

Q81

司法警察員Kは，詐欺グループによる詐欺事件を捜査し，逮捕状の発付を得て被疑者Aを逮捕しようと考えたが，同詐欺グループには複数のアジトがあり，Aがそのどこに潜伏しているか分からないため，各アジトに一斉に探索を行うこととした。同一事実に関し複数通の逮捕状発付を得ることは可能か。

A

複数通の逮捕状発付を得ることは可能である。

解 説

同一事実での複数通の逮捕状の発付については，刑訴規則146条が，「逮捕状は，請求により，数通を発することができる。」と規定してこれを許容しており，逮捕状請求書に関しても，「逮捕状を数通必要とするときは，その旨及び事由」を記載することとされている（刑訴規則142条1項7号）。逮捕状を複数通発付することについては，通常逮捕では原則として逮捕に際し逮捕状を被疑者に呈示することが求められているため（刑訴法201条1項），被疑者の潜伏先が1か所に絞り込めず，被疑者が現在していそうな場所を一斉に捜索するような場合に，あらかじめ数通の逮捕状の発付を得ておくことに実益があるとされている。

この点，通常逮捕にあっても，急速を要する場合には逮捕状を呈示しないで逮捕する，いわゆる緊急執行が可能である（刑訴法201条2項，73条3項）。緊急執行が認められるのであれば，逮捕状を複数通発付を受けておく実益は一見なさそうであるが，令状主義の原則からすれば緊急執行は例外的に許容されるものである。すなわち，逮捕状の執行に当たって逮捕状を呈示して行

うこととされているのは、憲法34条前段の「何人も、理由を直ちに告げられ、且つ、直ちに弁護人に依頼する権利を与へられなければ、抑留又は拘禁されない。」に由来しており、令状の呈示自体は憲法上の要請ではないものの、逮捕の「理由を告知」する方法として、刑訴法では逮捕状の呈示を求めることとしたのである。かかる令状呈示の趣旨からすれば、原則的には、緊急執行に頼ることなく、複数通の逮捕状の発付を得るなどして準備を整えた上で、なるべく逮捕状を呈示した上で逮捕することが求められていると解すべきであるから、数通発付により原則に従った逮捕状を呈示しての逮捕が可能であれば、やはり数通発付の実益があるといえる（刑訴規則逐条説明（捜査・公訴）31頁）。

複数通発付された逮捕状は、いずれも正本であり、それぞれ独立に逮捕状としての効力を有する。そのうち一通によって逮捕したときは、逮捕という目的は達したのであるから、他の逮捕状は失効する（高田・注解刑訴（中）75頁、東條・注釈刑訴3巻101頁、松尾・条解386頁）。したがって、一通の逮捕状により逮捕した後、被疑者が逃走した場合に、発付を受けていた他の逮捕状によって逮捕することは許されない（なお、通常逮捕した後に被疑者が逃走した場合の再度の身柄拘束の可否について、本書 Q 97（224頁）及び Q 98（226頁）参照）。

一通によって逮捕したときは、発付を受けていた残りの逮捕状（失効したもの）は裁判官に返還しなければならない（渡辺・大コメ刑訴4巻286頁）。

本問設例では、被疑者Ａが複数のアジトのいずれに潜伏しているか判明しておらず、これを一斉に捜索し、いずれかのアジトにおいてＡを発見できた場合、同所を捜索した司法警察職員が逮捕状を所持していなければ緊急執行によらざるを得ず、逮捕状を複数発付受けることでこれを回避できるのであるから、複数通の逮捕状の発付を得るべきである。複数通の逮捕状を請求する場合には、逮捕状請求書の所定欄に「被疑者は県内の複数のアジトで組織的に詐欺を行っている犯罪集団の一員であり、これらアジトを一斉に捜索して被疑者を発見逮捕する必要があるもいずれのアジトに潜伏しているか判明していないため。」などと記載し、必要な通数を請求すればよい。

(2) 逮捕状発付後, 逮捕前の引致場所の変更の可否

Q 82

司法警察員Kは, 窃盗の被疑事実でAの逮捕状の発付を受けたが, その後, 逮捕前に, 引致場所を変更する必要が生じた場合, その変更を裁判所に求めることができるか。

A

できる。

解説

逮捕状には, 引致すべき場所を記載することとされている（刑訴法200条1項）が, 逮捕状発付後, 逮捕前に, 逮捕状記載の引致場所を変更することは可能であろうか（なお, 逮捕状記載の引致場所と異なる警察署における留置の可否につき本書Q 106 (248頁) 参照）。

このような逮捕状発付後, 逮捕前の逮捕状の記載事項の変更は, 性質上裁判の変更に当たるが, まず, 逮捕状の記載事項のうち, 被疑者や被疑事実の要旨といった本質的な記載事項の変更はおよそ許されるものではない（ポケット刑訴（上）453頁）。

しかしながら, 引致は, これによって逮捕行為が完了し, その後の所要の手続を進めることができるという効果があるにすぎず, 引致場所はその後の留置場所を意味するものでもない。

そうであるならば, 例えば, 権利の告知等引致後の手続を遅延させるため, ことさらに遠隔地の警察署等に引致場所を変更するような場合でない限り, 逮捕前の段階で引致場所の変更を許さない理由はないように思われる（渡辺・大コメ刑訴4巻260頁）。

したがって, 逮捕状発付後, 逮捕前に, 引致場所の変更を求める特別の事情が生じた場合には, 裁判官に変更を求めることができるものと解すべきである（ポケット刑訴（上）453頁, 渡辺・大コメ刑訴4巻259頁, 松尾・条解386

頁，新関＝小林・令状基本（上）185頁）。

この点については，特段の異論を見ないところであり，これを受けて，犯罪捜査規範124条は，逮捕前における引致場所の変更の手続について規定しているところである。

もっとも，実務上は，引致場所については，「○○警察署又は逮捕地を管轄する警察署」というような択一的な指定を受けることが多く，変更を求めなければならないような事態は余り生じないように思われる（渡辺・大コメ刑訴4巻260頁）。

(3) 逮捕状発付後に，逮捕状請求書に記載漏れがあったことが発覚した場合の措置

Q 83

司法警察員Kは，逮捕・勾留中の被疑者Aにつき，検察官から同事実については処分保留で釈放し，余罪の犯罪事実で再逮捕されたい旨の指示を受け，余罪の犯罪事実で逮捕状を請求し，その発付を得たが，その際，先にAを逮捕した事実について逮捕状請求書に記載し忘れていたことに気付いた。かかる逮捕状を執行することに問題はあるか。

A

逮捕状発付手続に違法があるので，いったん返還の上，改めて先に逮捕した事実を記載した逮捕状請求書により逮捕状の発付を得るべきである。

解 説

逮捕状請求書の記載要件として，「同一の犯罪事実又は現に捜査中である他の犯罪事実についてその被疑者に対し前に逮捕状の請求又はその発付があったときは，その旨及びその犯罪事実」が掲げられている（刑訴規則142条1項8号）。これは，捜査機関が，特段の理由なく，同一の犯罪事実で被疑者の逮捕を繰り返したり，同時捜査が可能な実質上同一の犯罪事実を形式的に細分化し，各部分につき順次逮捕したりするなどして逮捕権を濫用するのを防止するため，あらかじめ逮捕状請求書に再逮捕等の事実を記載させ，

(3) 逮捕状発付後に，逮捕状請求書に記載漏れがあったことが発覚した場合の措置　191

裁判官が逮捕状を発付するか否かの判断に当たって，前の逮捕状請求・発付の事実を考慮できるようにしたものである（酒巻・刑訴55頁）。なお，「現に捜査中である他の犯罪事実」とは，逮捕状請求時において，当該被疑者に対し犯罪の嫌疑ありとして逮捕状の請求をし，又は発付を受けて捜査を行っている全ての犯罪事実のことをいうと解される。「捜査中」の意義について，公訴の提起に至るまでは，たとえ検察庁に送致され，その後，被疑者が処分保留のまま釈放された事件であっても，捜査官がこの事実を把握していれば，これを捜査中として逮捕状請求書への記載を要するとの裁判例（東京高判昭48・10・16刑裁月報5・10・1378）がある。

それでは，刑訴規則142条1項8号の規定する記載を欠いて逮捕状の請求がなされ，それに基づいて発付された逮捕状の効力はどうなるか。

この点，最決昭42・12・20裁集刑165・487は，「原判示第二の逮捕状……による被告人の逮捕が，いわゆる逮捕のむしかえしによる逮捕権の濫用とは認められないから，右逮捕状の請求書に刑訴規則142条1項8号所定の事項の記載を欠いていても，右の逮捕およびこれにひきつづきなされた本件の勾留が違法ではないとした判断は相当である。」として，逮捕の蒸し返しによる逮捕権の濫用とは認められない場合には，請求書に記載を欠いたまま発付を得た逮捕状による逮捕，さらに勾留も適法とした。

しかし，その後，大阪地決昭43・3・26下刑集10・3・330では，「本件逮捕状請求者は……既に別件によりに逮捕勾留されていることを知りながら，故意に本件逮捕状請求書に別件逮捕状の発布があったことを記載せず，かつ被疑者は住居不詳であるから3カ月間の有効期間を要する旨記載した」として，「本件の如き逮捕状請求は違法であり，それにもとづいて発付された逮捕状にも重大な瑕疵がある。」とし，札幌地決昭47・1・24刑裁月報4・1・221は，先に逮捕・勾留中であるにもかかわらず，別件での逮捕状請求において先の逮捕状の発付事実等を請求書に記載しなかったことに加え，検察官が先の事件での勾留期間中に当該事件についての捜査を遂げることができたとして，同事件での逮捕・勾留は違法であるとした。

さらに，函館地決昭44・3・20刑裁月報1・3・340，新潟地長岡支決昭49・2・8刑裁月報6・2・176等も，刑訴規則142条1項8号所定の記載の

欠缺は逮捕状請求手続における重大な瑕疵として，これにより発付された逮捕状に基づく逮捕を違法としている。

　これを本問設例についてみると，当初の逮捕状の発付手続は違法であると解さざるを得ない以上，やはり手続を履践し直すべきであり，裁判官に事情を説明して発付された逮捕状を返還し，改めて先に逮捕状が発付された事実を記載した逮捕状請求書に基づいて逮捕状の発付を得るべきものと考える。

(4) 逮捕状の有効期間が経過した場合の措置

Q 84

　司法警察員Kは，詐欺事件の被疑者Aの逮捕状の発付を得てその行方を追っていたが，逮捕状の有効期間である7日以内にAの所在を探知することができなかった。Kはどうすべきか。

A

　発付された逮捕状を裁判官に返還した上で，改めて逮捕状の発付を得る必要がある。

解　説

　逮捕状には「有効期間」が記載事項として法定されているが（刑訴法200条1項），逮捕状の有効期間とは，適法に逮捕状による逮捕に着手し得る期間をいい，身柄拘束を継続できる期間ではない。また，この有効期間は「逮捕に着手し得る期間」であり，着手後身柄拘束中に有効期間が満了したとしても，逮捕の効力としての留置ができなくなるものではない。逮捕状の有効期間が経過した場合，当該逮捕状の執行は許されず，逮捕状は裁判官に返還しなければならない（このことは逮捕状の記載事項としても法定されている。刑訴法200条1項）。

　逮捕状を含む令状にこのような有効期間が定められているのは，令状執行により強制処分を受ける者の人権制約は避けられないところ，被処分者を期間の定めなくそのような不安定な状態に置くのは人権保障上問題があるから

と考えられる。特に逮捕に関しては，段階的に発展する捜査構造を考慮すると，犯罪の嫌疑が捜査の進展により次第に高まる場合のあることはもちろんであるが，反対に消滅する場合もあり，これは逮捕の必要性にも影響を与えるであろう。それにもかかわらず，逮捕状発付の段階で認められた犯罪の嫌疑又は逮捕の必要性のみで，現実に逮捕するか否かの裁量を長期間捜査機関に委ねておくことは，司法的抑制の見地から好ましくないと解されるからである。

有効期間については，原則は7日間とされるが（刑訴規則300条本文），裁判官が相当と認めるときは7日を超える期間を定めることができるとされている（同条ただし書）。この規定は，令状一般の原則として，執行するのに無理のない十分な時間的余裕があり，しかも，長時間に過ぎて事態の変化に対応せず，また，令状の相手方を不安定な地位に置かないための合理的期間として定められたものである（小田・令状基本（上）120頁）。なお，この点については，本書Q73（165頁）を参照されたい。いずれにしても，有効期間経過後は逮捕状をいったん返還させ，必要とあれば再度請求させることとして，裁判官による司法的抑制を実行あらしめるものとしたものと考えられる。なお，制度としては，逮捕の理由及び必要性に変化がなければ，既にあった逮捕状の効力はそのままにし，その有効期間のみの延長を請求するという方法も可能とも思われるが，逮捕状の有効期間延長請求を許可する旨の規定がないことなどを理由に，裁判実務ではそのような取扱いは認めていない（刑資73号99頁）。

したがって，本問設例では，有効期間を経過し執行できなかった逮捕状は裁判官に返還しなければならない。しかし，被疑者Aを逮捕する必要性は依然としてあるので，司法警察員Kとしては新たにAの逮捕状を請求し発付を得る必要がある。

このように改めて逮捕状の発付を得る場合，旧逮捕状の有効期間経過後に，旧逮捕状を添付した逮捕状請求書を提出して新逮捕状を請求する方法と，旧逮捕状の有効期間内にこれを返還し（刑訴規則157条の2），新逮捕状を請求するという方法があり，後者の方法によれば逮捕状の効力に空白期間が生じないという利点があるので，実務的にはこの方法によることが多い。

この場合，新逮捕状の請求は有効期間満了日当日，ただし，その日が休日である場合にはその前日とするのが通常のようである。

　また，被疑者Ａの所在が７日間のうちに探知することができず，その後も直ちに所在が判明する見込みがないような場合，前記のとおり逮捕状の有効期間は７日間を超える期間を定めることも可能であるから，その必要性を裁判官に疎明し，より長期間の有効期間の逮捕状の発付を得ることも考慮すべきである。その具体的な期間については，余りに長期になると前記有効期間が定められている趣旨に照らし相当でないことから，実際には１か月ないし３か月程度の有効期間を定めた逮捕状を請求し，発付される場合が多い。

　なお，このようにして新たに逮捕状の発付を得る場合も，その請求の際には刑訴規則142条１項８号の「同一の犯罪事実……についてその被疑者に対し前に逮捕状の請求又はその発付があったとき」に該当するので，その旨を逮捕状請求書に記載しなければならない。また，逮捕状請求書（甲）の様式では再請求の理由についても記載を要するので，「有効期間内に逮捕に至らなかった。」などと記載することになる。

3 逮捕状の執行

(1) 逮捕状に重大な瑕疵がある場合の執行の可否

Q 85

甲警察署の司法警察員Kは，傷害事件の被疑者Aについて逮捕状の発付を受けたため，逮捕状の確認をしたところ，裁判官の記名はあるが，押印がないことに気付いた。Kは，同逮捕状でAを逮捕できるか。

A

逮捕できない。

解 説

　刑訴法200条は，1項で「逮捕状には，被疑者の氏名及び住居，罪名，被疑事実の要旨，引致すべき官公署……を記載し，裁判官がこれに記名押印しなければならない。」と規定し，2項で被疑者の氏名や住居が明らかでないときの記載方法について規定して，逮捕状に記載すべき事項等その方式を定めている。憲法33条が，逮捕を行うに当たって「権限を有する司法官憲が発し，且つ理由となつてゐる犯罪を明示」した令状を要求していることを受け，逮捕状の記載要件は，直接人権に関係する重要な事項であるので，裁判所の規則に譲ることなく，特に法律に明文を置いたものである（東條・注釈刑訴3巻99頁，松尾・条解385頁）。

　逮捕状には，裁判官の「記名押印」が必要とされているところ，裁判官の押印が欠けていた場合，当該逮捕状の効果をどのように考えるべきか。

　裁判官の押印は，単に，裁判書の方式違反というにとどまらず，裁判官による事前審査という令状主義の趣旨から要請されるもので，当該逮捕状が権限のある裁判官により真正に発せられたものであることについて疑義を許さず明確にするものとして極めて重要である。したがって，裁判官の押印を欠

いた逮捕状は無効であると解すべきであり，このような無効な逮捕状に基づく逮捕に引き続く勾留は，取り消されるべきである（東條・注釈刑訴3巻99頁，渡辺・大コメ刑訴4巻265頁）。そのような勾留は，適法な逮捕を前提としないことから，逮捕前置主義に反し，違法というべきであろう。

　この問題に関し，東京地決昭39・10・15下刑集6・9＝10・1185は，「逮捕状の方式違反の効果については，刑事訴訟法上は何ら規定するところがない。従つて，右方式の違反が逮捕状を無効ならしめるものか否かは，個々の方式違反の各場合について，逮捕状の本質に照らしその方式の要求される趣旨，重要度等を考慮して決すべきである。そこで，裁判官の押印を欠いた場合について考えるに，逮捕状にその発付責任者たる裁判官の押印がないというのであれば，当該逮捕状がはたして裁判官の真正に発したものであるか否か到底知ることができず，もしかかる逮捕状をもつて有効とせんか，私人の権利保護に欠けるのみならず，裁判の確実性を害するものというべきである。そして，このことは，たとえ裁判官の記名と裁判所の庁印があつたところで変るものではない。従つて，裁判官の押印の欠缺は，逮捕状を無効ならしめるものといわなければならない。」として，裁判官の押印がなく，逮捕状請求書との間に契印もなかった本件逮捕状用紙について，「本件逮捕状用紙は，裁判官の押印がなく，逮捕状請求書との間に裁判官の契印すらないのであるから，あくまでも用紙にすぎず，逮捕状としての効力を有しないものと断ぜざるを得ない。」として無効とした。さらに，このような無効な逮捕状に基づく逮捕に引き続く勾留について，「勾留状発付が適法であるためには，まず第一に適法な勾留請求が存在しなければならず，請求が適法であるためには，逮捕手続が適法でなければならない。本件においては，逮捕手続が違法であるから勾留請求が不適法であり，従つて勾留状発付も不適法というべきである。」として，勾留を取り消した原裁判を維持した。

　同決定に従えば，本問設例においても，逮捕状には裁判官の押印がないのであるから，無効な逮捕状である。このような無効な逮捕状で逮捕することは違法であるから，Kは，本問設例の逮捕状では逮捕できない。

　なお，逮捕状は，憲法33条にいう「令状」であり，この令状は許可状たる性格を有するものであるから，これにより逮捕するかどうかは捜査機関の

裁量に委ねられるものと解される（松尾・条解382頁）。違法な逮捕状により逮捕しないためにも，本問設例におけるKのように，発付された逮捕状について，その逮捕前に点検し，過誤を未然に防ぐことが肝要であると思われる。

Kとしては，本件被疑事実でAを逮捕したいというのであれば，改めて逮捕状を請求し，新たに，裁判官の押印のある瑕疵のない逮捕状の発付を受けるべきであろう。

(2) 逮捕状の呈示

Q 86

司法警察員甲は，覚せい剤取締法違反の被疑事実による通常逮捕状の発付を得て，被疑者Aを逮捕するべくA方に赴いたところ，いきなりAが逃走を図った。甲は，直ちにAを追跡し，Aを取り押さえようとしたところ，Aが暴れ出したため，逮捕状を示したり，被疑事実の要旨を告げたりすることができず，やむなく，逮捕状が出ていることだけを告げた。甲は，Aの身柄を確保し，約10メートル離れた場所に止めていた警察車両内に連行した後で，前記逮捕状をAに示すとともに，被疑事実の要旨を告げた。かかる手続は，逮捕状の呈示として適法か。

A

適法と解する。

解説

刑訴法201条1項は，「逮捕状により被疑者を逮捕するには，逮捕状を被疑者に示さなければならない。」と規定している。「示す」というのは，被逮捕者に渡すということではなく，あくまでも閲覧の機会を与えることを意味する（東條・注釈刑訴3巻102頁）。

憲法34条前段は，「何人も，理由を直ちに告げられ……なければ，抑留又は拘禁されない。」と規定しており，逮捕状の呈示自体が憲法上求められているものではないものの，逮捕の理由の告知方法の一つとして，刑訴法上，逮捕状の呈示が求められているのである（ポケット刑訴（上）454頁，松尾・

条解386頁，渡辺・大コメ刑訴4巻271頁)。したがって，逮捕状を呈示しなければ，その逮捕は違法となる（大阪高判昭32・7・22高刑集10・6・521，東京高判昭34・4・21高刑集12・5・473)。

では，逮捕状の呈示の時期に制限はあるのであろうか。

もとより，逮捕に着手する前に呈示することが法の趣旨に沿うものと考えられるが，必ず逮捕行為の着手前に呈示する必要はない。なぜなら，被疑者の中には，警察官を認めるや逃走したり，抵抗したりする者も少なくなく，そのような場合には，まず逃走を防止し，抵抗を排除することは当然のことであって，逮捕に着手する前に必ず逮捕状を呈示することを法が求めているとは到底考えられないからである（渡辺・大コメ刑訴4巻271頁)。

では，本問設例における逮捕状の呈示は，呈示時期として適法であろうか。

本問設例は，東京高判昭60・3・19刑裁月報17・3＝4・57がモデルとなっているが，同判決は，「逮捕……までの間にX警部補は，その所携の逮捕状を被告人に示す機会も状況もなく，被告人においてそれを示されても見る余裕など全くなかつたことが認められるところ，その悾惚（筆者注：忙しいこと）の間にあつてXは被告人に対し逮捕状の出ていることは告げており，一方被告人は逮捕の被疑事実が覚せい剤取締法違反の事実であることは，仮りに告げられなくても十分知つていたものであり，右手錠をかけられたときにはそのことによつて逮捕されたものと認識しており，なおXら警察官は，被告人に右のように後手錠をかけるや同人を直ちに逮捕現場から僅か10メートルしか離れていない自動車の中に連行し，そこですぐ被告人に逮捕状を示し，口頭で被疑事実を告げていることが認められるのである。このような右一連の具体的状況，とくに逮捕時に密接しかつ殆ど逮捕現場と同一場所と目される場所において被逮捕者である被告人に逮捕状が示されている事実にかんがみるならば，本件は被告人を逮捕するに当たり，同人に逮捕状を示して逮捕したものというべく，右逮捕は適法であつて，なんら刑訴法201条1項違反の廉はないということができる。」と判示している。

したがって，本問設例における手続も適法と考える。

(2) 逮捕状の呈示　199

Q 87

　司法警察員Kは、覚せい剤取締法違反の被疑事実による通常逮捕状の発付を得て、被疑者AをするべくA方に赴いた。Kは、Aに同逮捕状を呈示すべく、自己の背広内ポケット内から封筒を取り出し、同封筒から同逮捕状を取り出そうとしたところ、いきなりAが同逮捕状を摑んで口の中に差し入れて飲み込もうとした。そこで、甲は、逮捕状が発付されていること及び被疑事実の要旨を告げた上で、前記覚せい剤取締法違反の被疑事実でAを通常逮捕した。かかる手続は、逮捕状の呈示として適法か。

A

　適法と解する。

解　説

　刑訴法 201 条 1 項は、「逮捕状により被疑者を逮捕するには、逮捕状を被疑者に示さなければならない。」と規定している（同条の趣旨については、本書 Q 86（197 頁）参照）。

　「示す」というのは、被逮捕者に渡すということではなく、あくまでも閲覧の機会を与えることを意味し（東條・注釈刑訴 3 巻 102 頁）、その場合には、被逮捕者に対して逮捕状が発付されていること、その被疑事実の概要を被逮捕者に理解できるような方法で示す必要がある（ポケット刑訴（上）454 頁、松尾・条解 386 頁、渡辺・大コメ刑訴 4 巻 273 頁）。

　では、本問設例のように、警察官が逮捕状を呈示しようとしたところ、いきなり被逮捕者が当該逮捕状を毀損しようとした場合には、どのようにすれば、刑訴法 201 条 1 項の手続を履践したことになるのであろうか。

　この点、仙台高秋田支判昭 31・1・17 高検速報（昭 31）24 は、「逮捕状を執行するにあたり該令状を示すときはこれを奪取され又は毀損される虞れのある場合には、必ずしも現実にこれを呈示する必要のないことは当然である。」旨判示している。

　そもそも、前述のとおり、刑訴法 201 条 1 項の「示す」とは、閲覧の機会を与えることを意味するが、閲覧の機会を与える前に奪取若しくは毀損されたり、又はその高度の蓋然性がある場合にまでも閲覧させなければならない

とするのは行き過ぎであろう。他方で，同条同項が，逮捕の理由の告知方法の一つとして逮捕状の呈示を求めていることからすれば，かかる場合には，実際に逮捕状を呈示する必要はないものの，少なくとも，被逮捕者に対して，逮捕状が発付されていること及びその被疑事実の要旨を告知することは必要と解すべきであろう（ポケット刑訴（上）454頁，渡辺・大コメ刑訴4巻273頁）。

　これを本問設例についてみると，司法警察員Kは，現実に逮捕状の呈示は行ってはいないが，Aに対して，逮捕状が発付されていること及びその被疑事実の要旨を告げているわけであるから，刑訴法201条1項の手続を履践しているものと考えられる。

Q 88

司法警察員Kは，偽装結婚（電磁的公正証書原本不実記録・同供用）の外国人被疑者Aの逮捕状を得て逮捕することとしたが，Aは日本語が理解できなかった。Kは，Aを逮捕するに当たり，どのようにして逮捕状を呈示すればよいか。

A

Aが理解できる言語の通訳人を同行し，通訳人を介して逮捕状の被疑事実を読み聞かせる，あるいは，あらかじめ被疑事実についての翻訳文を準備して逮捕状に添付し，同翻訳文を被疑者に示すなどの方法で呈示すべきである。

解　説

　刑訴法201条1項は，「逮捕状により被疑者を逮捕するには，逮捕状を被疑者に示さなければならない。」と規定する（同条の趣旨については本書Q 86（197頁）参照）。

　逮捕状を呈示しない逮捕は，違法であり，これに抵抗して暴行・脅迫しても公務執行妨害罪は成立しない（東條・注釈刑訴3巻101頁，ポケット刑訴（上）454頁，大阪高判昭32・7・22高刑集10・6・521）。

　呈示の程度は，被疑事実の概要を知らしめる程度であることを要し，かつ，それをもって足りる（松尾・条解386頁）。

　「示す」とは閲覧の機会を与えることであり，必ずしも相手に手渡す必要

はなく，被疑者に機会を与えれば足りるのであって，実際に閲読させなくてもよい（東條・注釈刑訴 3 巻 102 頁，松尾・条解 386 頁）。刑訴法 201 条 1 項が正面から規定しているのは逮捕状の呈示であるが，視力障害等のため読むことができない者に対しては，被疑事実の要旨を読み聞かせるという方法を採ることが妥当であろうし，また，示すことにより被疑者が逮捕状を破棄するようなおそれがある場合には読み聞かせの方法を採っても差し支えない（高田・注解刑訴（中）76 頁，ポケット刑訴（上）454 頁，松尾・条解 387 頁）。

　被疑者が外国人であっても，逮捕状により逮捕するには逮捕状を示さなければならないことは日本人と同様であって，当然のことである。したがって，日本語を理解しない外国人の場合，逮捕状による逮捕である旨を理解させる工夫をし，その内容をできるだけ速やかに告知する手立てを講ずるべきである（松尾・条解 387 頁）。

　逮捕状による逮捕の場合には，あらかじめ逮捕状が発付されており，逮捕する予定も決まっていることが想定されるから，緊急逮捕の場面と異なり，あらかじめ被疑者が理解できる言語での通訳人を手配して，逮捕時に通訳人を同行したり，翻訳文を準備して逮捕状に添付したりするなどの準備が可能であると思われる。被疑者が理解する言語につき，母国語に限らないことについては，本書 **Q 8**（19 頁）を参照されたい。したがって，なるべく翻訳文を添付することが望ましいし，逮捕状により逮捕する際には通訳能力のある警察官又は通訳人を同行する必要があろう。もっとも，現行法上，翻訳文の添付や通訳人の同行を要求する規定はないから，翻訳文の添付がないこと，又は，通訳人の介在がないことをもって直ちに違法と評価されることはないと思われる。

　起訴状の謄本についての裁判例であるが，東京高判平 2・11・29 判時 1375・139 は，「起訴状の謄本の送達に伴い被告人に起訴されたことを了知させる措置が取られたり，更には起訴状の謄本に被告人の理解できる言語で記載した訳文が添付されていたり，或いは謄本の送達後間もない時期に通訳人を介し起訴状の内容を知る機会が与えられたりすることが好ましいことはいうまでもない。」としつつも，翻訳文を添付せずに起訴状の謄本を送達しても違法ではないとしている。

これを本問設例についてみると、Aは外国人であり、日本語を理解できないことがあらかじめ分かっているのであるから、Aに対する逮捕状の呈示において、Aが被疑事実の内容を知る程度に告知するため、あらかじめAが理解できる言語の通訳人を手配して逮捕の際には通訳人を同行し、通訳人を介して被疑事実の要旨を読み聞かせたり、あるいは、被疑事実の要旨等について、Aが理解できる言語での翻訳文を準備して逮捕状に添付し、Aにその翻訳文を閲読させたりするなどの方法により、逮捕状の呈示をすべきであると考える。仮に、そのような手立てがとれなかったとしても、逮捕後、可能な限り早い時期に通訳人を確保して、裁判官が発した逮捕状によって逮捕されたものであることや被疑事実の内容を被疑者に告知する措置を講ずることで、刑訴法201条1項の要請は満たすものと解されよう（宇井＝萬羽・外国人犯罪捜査（手続編）35頁）。

(3) 逮捕に伴う第三者に対する有形力行使の可否

Q 89

警察官Kは、暴力団組員らのグループによる振り込め詐欺事件の捜査を担当していた。Kは、同グループのうちの一人であるAに対する詐欺罪の逮捕状発付を受け、Aがいることが確実なアジトを把握した。Kは、内偵捜査の結果、同アジトにおいては、A以外の詐欺グループの構成員と思料される10名が出入りしていることを把握していた。この状況下において、Kが同アジトに赴いてAに対する逮捕状を執行する際、同アジトにいるA以外の者の抵抗を排除することは許されるか。

A

逮捕を実施するための必要かつ最小限度にして、一時的な有形力行使は認められるであろう。

解説

逮捕に伴う被逮捕者に対する有形力行使については、本書Q 65（144頁）のとおり、被逮捕者に対して一定限度の有形力を行使することは認められて

いるが，それ以外の第三者に対しても同様に有形力の行使ができるのか，また，その場合の根拠及び限度について明文の規定がないことから問題となる。

まず，当該有形力行使については，警職法7条（武器の使用）の要件を満たす場合に限り認められるとする消極説が考えられる。

しかしながら，警職法7条が警察官に対し，犯人の逮捕の際，一定の要件の下に第三者に対しても武器の使用を認めている趣旨は，もともと第三者に対する一定限度の有形力行使は解釈上認められていたものの，武器の行使が最も強力な有形力の行使であることにかんがみ，その要件を厳格に定めたものと解されることから，理論的に妥当ではない。また，例えば，捜査官が混雑した電車内ですりを現行犯逮捕する場合，周囲の乗客に対し，合理的に必要な範囲で，かき分け押しのけるなどの有形力を行使されることが許容されるのは当然であり，たとえ明文上の規定がないとしても，逮捕に伴い，第三者に対して一定限度で有形力行使を認めるべきことは逮捕の実効性を確保する上で当然のことと解されることから，消極説は妥当ではない（木藤繁夫「刑事判例研究〔143〕」警学36巻1号176頁，森下・警察基本判例256頁）。

次に，積極説が妥当であるとしてもこの根拠が問題となる。

この点については，①警職法2条の職務質問に伴う有形力の行使として認める見解，②刑訴法197条1項本文の任意捜査における有形力の行使として認める見解，③被逮捕者に対する強制処分たる逮捕の付随的処分として認める見解が考えられる（木藤・前掲179頁，森下・前掲257頁）。

この点について，①説については，既に逮捕行為に出ている以上，警察官の行為を行政警察活動とみるよりは，捜査活動とみるのが自然であるから，およそ採り得ないように思われる（最決昭59・2・13刑集38・3・295参照）。

それでは，②説と③説のどちらが妥当であろうか。

この点について，第三者に対する有形力行使の根拠を任意捜査に求め得る場合は，有形力行使について，逮捕行為とは時間的，場所的にも接着しておらず，別個の捜査手段として評価し得る場合に限られることになろうが，このような場合はおよそ想定し難いと思われる（木藤・前掲179頁）。

結局，逮捕に伴う第三者に対する有形力行使の根拠は，逮捕の付随的処分

性に求めるのが相当であり，③説が妥当であるといえよう。

当該有形力行使を逮捕の付随的処分性に求め得る実質的な根拠としては，逮捕は特定の者の身体の拘束等を内容とする強制処分であるところ，その執行の過程においては，その相手方のみならず，他の第三者からの抵抗，妨害をも当然に排除し得る性格を持つものと解されることに求められよう（木藤・前掲180頁，宇津呂英雄「第三者に対する有形力の行使」研修387号83頁）。

それでは，逮捕に伴う第三者に伴う有形力の行使が認められるのはどのような場合か。また，その限度はいかなるものか。

この点について，③説を前提とすれば，正当な逮捕の実施が第三者によって妨害されるおそれがあるときは，必要かつ最小限度において相当と認められる方法により，一時的に第三者にも有形力を行使することが許されるといえよう（宇津呂・前掲83頁，なお，木藤・前掲180頁は，「逮捕の目的を達するため合理的に必要と認められる限度において許容される」として，前記基準よりやや緩和された基準を掲げるが，一般論としてどちらの基準によったとしても，具体的な場面では限界に大差はないものと思われる。この点を評したものとして，種谷・警察実務判例（任意同行・逮捕篇）66頁参照）。

逮捕に伴う第三者に対する有形力行使について判断を示した判例としては，東京高判昭53・5・31刑裁月報10・4＝5・883（大菩薩峠事件控訴審判決）がある（なお，同判決は最判昭55・4・15裁集刑217・421において是認されている。）。

事案は，赤軍派の一人に対する逮捕状の執行に当たり，逮捕の妨害を予防するため，そばに居合わせた赤軍派集団全員に対し，20分以内にわたり，身柄を拘束したという有形力行使の適法性が争われたというものである。前記昭和53年東京高判は，「第三者によって被疑者に対する逮捕状の執行が妨害されるおそれがあり，とくに，逮捕状の執行に従事する捜査官の生命・身体に危害が加えられるおそれがあって，右の捜査官において右のおそれがあると判断するについて相当な理由がある場合には，緊急やむを得ない措置として，逮捕状の執行に必要かつ最小の限度において，相当と認める方法により一時的に右の第三者の自由を制限することができると解するのが相当である。けだし，刑事訴訟法が逮捕状の執行という強制措置を認めている以上，

これに対する妨害の予防ないし排除のために，右の程度の緊急措置は刑事訴訟法ないし警察官等の職務執行に関する法によって当然に予定し，是認されているものと解すべきであり，このように解する以上，かかる強制手段の対象から第三者を除外すべきいわれはないからである。」との一般的基準を呈示した上で，「右の自由制限措置は逮捕状執行の妨害予防ないし排除の措置としてなされたとしても，必要かつ最小限内のものであり，手段としても相当と認められ（る）」とした。

同判決は，積極説に立った上，③説に立っているものと思われる（木藤・前掲181頁，宇津呂・前掲85頁，森下・前掲257頁）。

なお，同判決が「捜査官の生命・身体に危害が加えられるおそれ」があることを判示したのは，そのような場合であれば，逮捕に近い処分であることも許されること示すためと思われ，逮捕に伴う妨害の程度が捜査官の生命・身体に危害が加えられるおそれにまで達していない場合であれば，そのような状況において必要最小限度の有形力行使が許容されることはいうまでもない（宇津呂・前掲85頁）。

以上を前提に本問設例について検討する。

正当な逮捕の実施が第三者によって妨害されるおそれがあるときは，必要かつ最小限度において相当と認められる方法により，一時的に第三者にも有形力を行使することが許されるとの基準に従って検討すると，現実にA以外の者が抵抗した場合にこれを排除することができることはいうまでもない。また，A以外の者によって妨害されるおそれがある場合には，必要かつ最小限度において相当と認められる方法により，一時的にA以外の第三者にも有形力を行使することができる。

問題は，前記の妨害されるおそれの認定であるが，この点，通常の詐欺集団であれば，逮捕予定の被疑者やその関係者において粗暴性が認められ難く，前記のおそれが認められる可能性は低いともいえる。一方において，振り込め詐欺集団のような組織的な犯罪集団であって，一般的には構成員が暴力団員あるいは暴力団関係者である場合や背後に暴力団組織が介在している場合も多いことが知られている場合には別の考慮が必要である。本問設例の場合も，Aの境遇，属性，前科，性格，被疑事実における役割，グループ内

における立場はもとより，Aの所属する振り込め詐欺グループの性格・状況，アジト内の関係者の境遇，属性，前科等も考慮の上，Aの逮捕状執行に当たり，Aの逮捕を妨害するおそれがあるか否かを判断し，仮にAの逮捕状執行を妨害するおそれがあると認定できる場合には，あらかじめKにおいて，A以外のアジト内の関係者に対し，必要かつ最小限度の有形力行使を行うことができることとなろう。そして，妨害のおそれがある場合とは，前記のとおり，捜査官の生命・身体に危害が加えられるおそれまで要求されるのではなく，この程度にまで至らないおそれであっても，逮捕を実施するための必要かつ最小限度にして，一時的な有形力行使は認められることとなろう。

(4) 逮捕状の緊急執行

Q 90

　警察官Kは，Aについて殺人事件の嫌疑を抱いていたが，なお，逮捕状を請求するまでの嫌疑までは抱いていなかったところ，Aを任意同行の上，甲警察署で取調べを開始した。取調べにおいてAは犯行を自白するなどした。Kは，Aに対する殺人の嫌疑が高まったとして，裁判官に殺人罪の被疑事実でAの逮捕状を請求した。その後，Aは，Kに対し，帰宅を申し出たが，そのとき，Kは，Aに対する逮捕状が発付されたとの一報を得た。この場合，Kは，Aに対する逮捕状の緊急執行をすることができるか。

A

　Aが帰宅の意向を翻意しないのであれば，逮捕状の緊急執行をすることができると解する。

解　説

　逮捕状を示すことができない場合で，急速を要するときは，被疑者に対し，被疑事実の要旨と逮捕状が発せられている旨を告知して逮捕することができる（刑訴法201条2項，73条3項）。この場合には，逮捕後できる限り速やかに逮捕状を示さなければならないとされる。

　本問設例では，「急速を要するとき」の要件該当性が問題となる。

「急速を要するとき」（緊急性）とは，逮捕状所持者から逮捕状を入手し，あるいは，その到着を待ってから執行に着手したのでは，逃走されるなどしてその執行が著しく困難になることをいうと解されている（東條・注釈刑訴3巻103頁，渡辺・大コメ刑訴4巻279頁など）。

判例・裁判例においては，緊急性について，緊急執行時の公務執行妨害事案において争われるケース（後記①，②，③，④，⑥，⑦，⑧）あるいは，覚せい剤取締法違反被疑事件等において，当該緊急執行自体の適法性が争われるケース（後記⑤，⑨）があるところ，緊急性を認めた事案は次のとおりである。

①最決昭31・3・9刑集10・3・303は，ある会社に勃発した労働争議に関し発生した建造物損壊被疑事件の被疑者に対し，逮捕状が発せられたので，警部補指揮の下に甲，乙両巡査を含む司法巡査5名が同会社工場内外付近各所において被疑者が工場を出てくるのを待って，右逮捕状を執行すべく待機中，自転車で工場から出てきた被疑者を甲，乙両巡査が発見したが，逮捕状の所持者と連絡してこれを同人に示す時間的余裕がなかったので，逮捕状が発せられている旨を告げて逮捕しようとしたという事案について，「急速を要するとき」に当たるとして「右行為を以て職務の執行であるとした原審の判断は正当である」とした。なお，当該事案では，被疑者に対し，逮捕状が発せられていたことは，当時，被疑者はもとより，その他の従業員も認識していたこと，甲及び乙は被疑者を逮捕しようとした際，逮捕状が発せられている旨は告げることはできたものの，被疑事実の要旨を告げる暇もなく被疑者及び多数の従業員の妨害を受けて，その場は逮捕できず奪還されてしまったという事情がある（高田・判例解説（刑）昭31・54参照）。

②東京高判昭34・4・30高刑集12・5・486は，甲，乙巡査が「逮捕に赴いた当時には，被告人が果して自宅に現在するか否か頗る不明確であり，自宅に現在することは殆ど予期し得ない状況にあつたこと……更に何時何処に出掛けて行くか計り難い状況にあつたことが容易に推認され……而も……両巡査が被告人宅に被告人の在宅することを確認した上，被告人に対する逮捕状の所持者である丙警部補に対し……電話が通じないため遂に約1時間近くの時間を空費しその連絡さえつかず，且つ（筆者注：丙警部補が逮捕状を所持

して逮捕に向かった）A村と被告人宅との間は……3里位離れて……逮捕状を取りに行くのは極めて困難であつた」こと，「何時甲警部補が逮捕状を持参して来るかは殆んど予測し難い状況にあつた」ことなどから「急速を要するとき」に該当するとした（筆者注：もっとも，被疑事実の要旨を告げなかった点から職務執行の違法性を認定している。）

③大阪高判昭36・12・11下刑集3・11＝12・1010は，「暴力団一斉検挙が実施され」ている状況下において，「被告人に対しても……傷害の被疑事実について2月11日逮捕状が発せられ，一斉検挙の対象者とされていたが，当時被告人は肩書住居地に居住しているかどうか判然としなかったので，被告人が盛り場の喫茶店等に現われるのを待って逮捕しようと努めていた」ところ，所轄警察署では「同署暴力係員全員約10名をもつて一斉検挙の対象者約30名の検挙にあたっていた関係上……これが捜査に当る警察官のうち何人が被告人を発見し逮捕するか予測できない状態」のため，被告人に対する逮捕状は同署担当係長が保管し，「係員は令状を持たないで捜査をすすめていたところ，たまたま甲，乙両巡査が同月24日午前1時頃（筆者注：暴力団関係者が出入りしていた）店の2階において被告人を発見したので，これを逮捕しようとした」という事案について，「急速を要するときに該当するものといわなければならない。」とした（筆者注：同判決は，両巡査は被疑事実を告げなかったものの，被告人の逮捕時の言動等から，両巡査において被告人が被疑事実を知らないと疑うに足りる事情はなかったことから，被疑事実を告げない逮捕行為が刑法上保護に値しない不適法な職務執行であるとは到底考えることができないとして，公務執行妨害罪成立を肯定している。）。

④大阪地判昭45・10・30刑裁月報2・10・1127は，被告人について恐喝の事実で逮捕状が発付され，指名手配されていたところ，上司からの指示を受け，被告人の立ち回り先を捜査中の甲及び乙巡査が，たまたま，被告人を認めたものの，被告人もそれに気付き，やにわに逃走したため，両巡査が被告人を追跡し，追い付いたところで被告人が抵抗したため，逮捕状を緊急執行した事案において，「前記事実関係のもとにおいて，本件逮捕行為が急速性の要件を充足していること」は「疑う余地もない」とした（筆者注：もっとも，両巡査が被疑事実の要旨を告知しなかったことから，公務執行妨害罪の成

立を否定している。）。

⑤東京高判平8・12・12東時47・1＝12・145は，警察署において，被告人に対する覚せい剤取締法違反（使用及び所持）の逮捕状を保管中のところ，午前7時頃，ある宿泊施設に赴いた際，そのマンション管理人が所持していた宿泊者の運転免許証のコピーから被告人の宿泊事実を確認できたが，被告人の宿泊料金支払状況から被告人がすぐにもチェックアウトする可能性を考え，同日午前8時40分過ぎ頃，被疑者宿泊中の部屋に入り，逮捕状の緊急執行をしたという事案において，「逮捕状の緊急執行は，逮捕状がすでに発付されており，それを示すのが少し遅れるという性質のものであることを考えると，逮捕状を入手することが全く不可能な場合のみに限定されるものではなく，本件のような状況があるときには……『急速を要するとき』に該当し，逮捕状の緊急執行を行うことが許されると解すべきである。」とした。

一方，緊急性を否定した事案は次のとおりである。

⑥東京高判昭25・12・19高刑判特15・51は，昭和24年12月13日，有効期間が同月19日までの逮捕状の発付を受け，同月13日午後2時過ぎ頃，被告人の逮捕を上司から命令された甲警察官が翌14日午前6時40分頃，被告人方で逮捕状の緊急執行をしようとした事案について，「緊急を要する場合であったとは認められない。」として逮捕を違法とした。

⑦大阪高判昭32・7・22高刑集10・6・521は，被告人に対する傷害の逮捕状を所持していた警察官が十数名の警察官と共に被告人方に赴いた上で，被告人に対し，逮捕状を呈示することなく「逮捕状が出ている」旨告げただけで被告人に対する逮捕行為に着手した事案において，警察官らが被告人方において，被告人の同居人らと「押問答をしたことは事実であるがそのため逮捕状を示す余裕のなかつた」ものとは認められないとして，緊急性を否定した。

⑧東京高判昭34・4・21高刑集12・5・473は，被告人に対する窃盗被疑事実について逮捕状の発付を受けていたところ，甲巡査が警察署において宿直中，喫茶店から被告人が来ている旨の電話連絡があったので，甲巡査が同店に赴き被告人に対し，「逮捕状が発せられている」旨告げるなどし，被告人の手を摑んで逮捕しようとしたという事案において，甲巡査が「被告人に

対する逮捕状を所持していた事実を確認し難いのみならず、逮捕状を被告人に示すべきいとまがなかったものとは到底認め難い」として緊急性を否定した。

⑨東京地判平 15・4・16 判時 1842・159 は、被告人に対する窃盗の事実での逮捕状が発付されていたところ、甲警部補らは、指名手配中の被告人が被告人方にいることを逮捕前日の夜に確認し、逮捕当日の深夜午前 2 時から被告人方の張り込みを実施し、同日午前 7 時 30 分に同人方の玄関を叩くなどして被告人に出てくるよう促し、同日午前 9 時 40 分に緊急執行したという事案において、「被告人の所在の確認がとれた逮捕時前日の夜から警察官が被告人の逮捕に向けた行動を起こした逮捕当日午前 7 時 30 分までの間に逮捕状を取り寄せることにつき、それを困難にする事情は全く認められず、かえって、甲警部補らは、当初から緊急執行でいくという方針をとっていたため、逮捕状を取り寄せることは考慮すらしなかったことが認められる。」「本件の場合、たしかに、逮捕した時点に限定して考えると、逮捕状が手元になく、しかも、その場で逮捕しなければ逃亡等の可能性があったとして、『急速を要するとき』の要件を満たしているとみえなくもない。しかしながら、本件は、被疑者が直ちに立ち去る可能性のある場所で逮捕すべき被疑者を発見した場合等とは異なり、少なくとも逮捕の前・当日は、捜査機関が被告人の逮捕に向けた行動をとっていることが被告人に察知されない限り、被告人が直ちに被告人方から行方をくらますことなど考え難い（現に、警察官が被告人方の勝手口や玄関等を叩くまで被告人は警察官が来たことに全く気が付かなかったことが認められる。）上、被告人の所在を確認した後、被告人の逮捕に向けた行動をとるまでに逮捕状を取り寄せる時間的余裕も十分存在した」ことなどから、「本件逮捕手続は、『急速を要するとき』の要件を満たしておらず、違法とみる余地がある。」とした。

以上の判例・裁判例によれば、緊急性の該当性判断に当たっては次の事情が考慮されているといえよう。

まず、通常執行ができない特別の事情もないのに、緊急執行によることは許されないといえる（前記⑥。保坂和人「新判例解説」研修 673 号 17 頁参照）。

また、緊急性の判定に当たり考慮すべき事情については、逮捕の時点の事

情に限定されるのではなく，逮捕に至るまでの事情も考慮される（保坂・前掲24頁参照）。特に前記⑨の裁判例の判示部分はそのことを示しているといい得る。

さらに，逮捕に至るまでの事情においては，捜査状況や検挙方針，被疑者の所在の確実性等から逮捕に当たった警察官が逮捕状を所持していなかった経緯及び理由が考慮されているといえよう。

また，逮捕の時点における事情としては，被疑者を発見した場所・時間，被疑者の動静，平素の行動状況等から直ちに逮捕に着手しなければ逃走されるなどして爾後に逮捕が著しく困難になるような事情があるかどうか，他方では，逮捕状の所持者あるいは逮捕状を保管する警察署との距離，入手のために要する時間，逮捕に携わる警察官の態勢等から逮捕状を入手することについてどの程度の困難を伴うのかといった点から，逮捕状の入手を待つ時間的余裕の有無が考慮されているといえよう（保坂・前掲24頁，山上圭子「刑事判例研究〔383〕」警学58巻3号186頁参照）。

例えば，逮捕地に被疑者が確実にいると認められており，かつ，逮捕状を所持して逮捕地に赴くことが困難ではないと認められる場合において，被疑者逮捕に至るまでの間に逮捕状を入手する時間的余裕があると認められるときは緊急性が否定されている（前記⑦，⑧，⑨）。

一方，所在捜査中に偶然被疑者を発見した場合や逮捕状を所持していなかったことについて理由がある場合において，発見後の被疑者の動静等から，逮捕状を入手する時間的余裕が認め難い場合には，緊急性が認められている（前記①，②，③，④，⑤）。

以上を前提に本問設例について検討する。

KはAについて殺人事件の嫌疑を抱いていたが，逮捕状を請求するまでの嫌疑を抱いていなかったのであるから，Aが自白するまでの間，逮捕状を所持していなかったことはむしろ当然といえ，この点は緊急性を否定する事情とはならない。

そこで，次に，KがAの帰宅申出後，請求済みの逮捕状の入手を待っていたのでは，逮捕状の執行が著しく困難になるような事情があったのかが問題となる。

この点については，Aが帰宅要請をした際の被疑者の言動，態度，逮捕状請求から発付，発付後警察署に逮捕状が到着するまでの時間等を総合的に考慮し，Aの帰宅希望の意思がKによる任意の説得によっても翻意しないのであれば，Aを帰宅させざるを得ず，そのような場合，殺人事件を自白した直後であることにかんがみると，Aが逃亡する可能性も高く，以後，逮捕状の執行が著しく困難になるといえ，このような場合は，緊急性が認められ，Kは逮捕状を緊急執行できるといえよう。

一方，Aが帰宅を申し出たとしても，Kによる任意の説得に応じる場合には，緊急性は認め難いといえよう。

なお，緊急執行の場合，被告人に対する被疑事実の要旨及び逮捕状が発せられている旨を告げなければならない（刑訴法201条2項，73条3項本文），前記裁判例のうち②及び④は，被疑事実の要旨を告げなかったことをもって公務執行妨害罪の成立を否定されていることから，当該手続の履践についても留意すべきである。

Q91

司法警察員Kは，覚せい剤取締法違反事件の被疑者として逮捕状が発付されているAを発見し，Aが逃亡する素振りを示したことから緊急執行により逮捕することとした。この場合，Kは，Aにいかなる事項を告げる必要があるか。

A

被疑事実の要旨及び逮捕状が発付されていることを告げる必要がある。

解説

通常逮捕の際には，被疑者に逮捕状を示すのが原則であるが（刑訴法201条1項），逮捕状を所持しないためこれを示すことができない場合において，急速を要するときは，法は，例外的に，逮捕状の呈示をせずとも逮捕することを許容している（逮捕状の緊急執行。同条2項，73条3項）。

その場合，勾引状や勾留状の緊急執行に関する規定では，「被告人に対し公訴事実の要旨及び令状が発せられている旨を告げて，その執行をすること

ができる。」と規定されているので（刑訴法 73 条 3 項），逮捕手続の場合には，「被疑事実の要旨」と「逮捕状が発せられている旨」と読み替えることとなる。

逮捕状の呈示は，「何人も，理由を直ちに告げられ…なければ，抑留又は拘禁されない。」との憲法 34 条前段の規定に由来し，「確かに令状に基づいた逮捕であることを明らかにする意味」と，「逮捕理由の告知の意味」という，逮捕の実質的要件及び形式的要件を明らかにする意味を持つ（田中・捜査法大系 (1) 168 頁）。

そこで，逮捕状の緊急執行にあっては，刑訴法は，逮捕状の呈示に代わるものとして，①「被疑事実の要旨」と，②「同事実による逮捕状が発せられている旨」の両者を告知することを求めている。いずれか一方，例えば，「逮捕状が出ている」旨を告げただけは，緊急執行としては違法である（大阪高判昭 32・7・22 高刑集 10・6・521）。なお，被疑者を逮捕する際には令状を示すのが原則であり，緊急執行はその例外であることから，緊急性の要件は厳格に解すべきとされる（田中・捜査法大系 (1) 161 頁。なお，緊急性の要件につき，本書 **Q 90**（206 頁）参照。）。

緊急執行の告知のうち，①被疑事実の要旨の告知に関しては，緊急執行が逮捕状の呈示の例外として特に認められるものであるから，どのような犯罪の嫌疑で逮捕されるかが分かる程度に告げなければならず，罪名だけの告知では不十分である（松尾・条解 387 頁，東京高判昭 34・4・30 高刑集 12・5・486）。

もっとも，緊急執行は緊急状態で行われるのが通常であるから，被疑者に理由なく逮捕するものではないことが伝わること，言い換えれば，いかなる犯罪事実による逮捕であるかを一応理解させる程度に被疑事実の要旨を伝えれば足りるとも解され，日時，場所，犯行態様など逮捕状に記載された「被疑事実の要旨」を全て漏れなく告知するまでの必要はない。

また，被疑者がどこまで事情を飲み込んでいるかなど，事案によって告知が必要とされる程度は異なるとされる（東京高判平 8・12・12 東時 47・1＝12・145）。例えば，覚醒剤使用の事実に関し，被疑者に身に覚えがあるようであれば，「平成〇年〇月〇日頃の覚醒剤の使用」，ないしは，覚醒剤所持の

事実に関し,「○日頃の○○警察署の敷地内における××ナンバーの車の中で覚醒剤を所持した」といった告知でも被疑事実の要旨の告知として足りるとされる(前掲東京高判平8・12・12)。

また,被疑者に罪名だけを告げた時点で,被疑者が「判ってまんがな一寸待ってください」と答えるなどし,その要旨の告知を受けようとしなかった場合に,それ以上被疑事実の要旨の告知を行わなくとも逮捕は適法とされるが(大阪高判昭36・12・11下刑集3・11=12・1010),これは,逮捕状の呈示が相手方に閲読の機会を与えれば足りると解されているのと同様に,被疑者がそれ以上の被疑事実の告知を受けようとしなかったとの点が重要であり,相手が被疑事実を了知しているからといって被疑事実の要旨の告知を省略できるものではないであろう。

緊急執行の告知のうち,②逮捕状が発せられている旨の告知に関しては,被疑事実の要旨の告知とともに同事実で逮捕状が発付されていることを告げれば足りる。なお,「指名手配中」との言い方は,指名手配が単に警察相互間の協力に関する手続にすぎず,逮捕状が発付されていることが含意されているとも解し得るが,それだけで被疑者が逮捕状が発付されていることまで了知し得るとは限らないので,「逮捕状が発付されていることの告知」としては適切ではないであろう。

なお,緊急執行を行った場合には,逮捕後,できる限り速やかに被疑者に逮捕状を呈示する必要がある(刑訴法201条2項,73条3項ただし書)。

Q 92

司法警察員Kは,指名手配されていた外国人被疑者Aを発見したが,逮捕状を所持しておらず,通訳人の同行もなかった。Kは,Aの逮捕状の緊急執行に当たり,どのようにすべきか。

A

その場で日本語により被疑事実の要旨と逮捕状が発付されていることを告げ,可能な限り早い時期に通訳人を確保して,通訳人を介して,Aが理解できる言語で,裁判官が発した逮捕状によって逮捕されたものであることや被疑事実の内容を告げるべきである。

解 説

　刑訴法201条1項は，73条3項を準用し，逮捕状による逮捕をする際，逮捕状を所持しないためこれを示すことができない場合において，急速を要するときは，被疑者に対し，被疑事実の要旨と逮捕状が発せられている旨を告げて逮捕できるとし，逮捕状の緊急執行について規定する。この場合には，できる限り速やかに逮捕状を示さなければならない。

　被疑事実の要旨の告知は，令状が発せられている旨の告知と併せて，逮捕が令状に根拠を置くものであることを被疑者に理解させるためのものであるから，逮捕状に記載されている被疑事実の要旨一切をそのまま告知する必要はないが，被疑者にいかなる嫌疑を受けているか理解させる程度のものであることが必要であるから，罪名だけの告知では不十分である（松尾・条解387頁，東條・注釈刑訴3巻102頁，ポケット刑訴（上）454頁）。なお，本書**Q91**（212頁）参照。このような要請は，日本語を理解できない外国人被疑者に対する逮捕状の緊急執行の場面でも，妥当することは当然である。したがって，外国人被疑者において，令状が発せられていること，逮捕が令状に基づくもので，どのような嫌疑で逮捕されるかが理解できる程度に告げる必要がある。

　しかし，逮捕状の緊急執行の場合には，まさに「急速を要する場合」に行われるものであるから，逮捕状による逮捕の場合には，あらかじめ準備して，通訳人の同行や翻訳文の添付を行うことができるとしても（本書**Q88**（200頁）参照），緊急逮捕の場合と同様，そのようなことは想定されないため，逮捕の時点で外国人被疑者の理解する言語で告知することが困難である場合が想定される。

　したがって，外国人被疑者に対して逮捕状の緊急執行をする場合においても，緊急逮捕の場合と同様，その場では，日本語により被疑事実の要旨と逮捕状が発付されている旨を告げ，可能な限り早い時期に通訳人を確保し，通訳人を介して，当該被疑者の理解する言語で，これらについての告知を行うことにより，外国人被疑者の権利を実質的に保障する措置をとるべきである（廣上・令状ハンドブック131頁）。このような措置を講ずることで，刑訴法

201条2項，73条3項の要請を満たすものと解されよう（宇井＝萬羽・外国人犯罪捜査（手続編）35頁）。

これを本問設例についてみると，Aは外国人被疑者であり，指名手配されていたところ，逮捕状を所持していなかったのであるから，逮捕状の到着を待っていたのでは逃走されるおそれなどしてその執行が著しく困難になるといえるから，「急速を要するとき」といえ，Kは，逮捕状の緊急執行をすることになる。しかし，その際，通訳人が同行していなかったことから，Kは，その場で日本語により被疑事実の要旨と逮捕状が発付されていることを告げ，逮捕後，可能な限り早い時期に通訳人を確保し，通訳人を介して，Aの理解できる言語でこれらの告知をすることで，刑訴法201条2項，73条3項の要件を満たすようにすべきであろう。

Q93

司法警察員Kは，某年4月1日午前9時30分，窃盗の被疑事実で，Aを逮捕状の緊急執行により通常逮捕した。Kは，同月3日午前8時30分に検察官に送致する手続を行ったが，検察官Pが勾留請求をする前の同日午前10時30分に至り，逮捕状をAに呈示することを失念していたことに気が付いた。Kは，直ちに検察庁内でAに逮捕状を呈示したが，その場合，逮捕手続は適法といえるか。

A

直ちに違法とまではいえないものの，遅くとも送致までに逮捕状を呈示すべきであったと思われる。

解 説

刑訴法201条2項は，「第73条第3項の規定（筆者注：勾引状・勾留状を所持しないで執行できる旨の規定）は，逮捕状により被疑者を逮捕する場合にこれを準用する。」と規定し，逮捕状の緊急執行を認めている。緊急執行においては，逮捕状を所持していないわけであるから，もとより逮捕時点で逮捕状を呈示することはできないが，逮捕時点における令状呈示が原則である以上，同法73条3項ただし書により，「できる限り速やかに」呈示することが

求められることとなる（渡辺・大コメ刑訴4巻283頁）。

では，この「できる限り速やかに」というのは，いつまでの呈示を求めているのであろうか。この点，48時間説と72時間説とがあるが，本書においては，72時間説を採用することとする。

我が国の刑訴法は，逮捕前置主義を採用しており（刑訴法207条1項参照），逮捕に引き続き被疑者の勾留を請求する場合には，被疑者の勾留は適法な逮捕手続が当然の前提となっている。すなわち，逮捕状の呈示を欠いたまま勾留請求がなされたときは，当該逮捕手続は違法と認められることとなるから，緊急執行の場合における逮捕状の呈示は，遅くとも勾留請求の時点までに逮捕状を呈示する必要があるものと考える（佐々木・令状基本（上）164頁）。

これを本問設例についてみると，司法警察員Kは，検察官送致後ではあるものの，勾留請求前に逮捕状を呈示しており，本書の見解からすれば，直ちに違法とまではいえないと考えられる。

これに対し，検察官による逮捕の場合には勾留請求までに逮捕状を呈示すればよいが，司法警察員による逮捕の場合には，検察官送致前に逮捕状を呈示すべきであるとの見解もある（渡辺・大コメ刑訴4巻284頁）。この見解は，「司法警察員の逮捕手続は，検察官送致の時点までに完了していなければならず，送致後の令状呈示という，いわば逮捕手続の適法性に関する追完が許されるとは思われない。」などとする。

本書においては，この見解は採らないが，刑訴法の原則は，逮捕時点における令状呈示であるから，「できる限り速やかに」の文言を余り緩やかに解すべきではなく，したがって，緊急執行の場合の令状呈示については，本来，遅くとも検察官送致までになされるべきであろう。

4 引　致

(1)　司法警察員から司法警察員への引致

Q 94

司法警察員Kは，逮捕状により被疑者Aを逮捕したが，もともと同事件は同僚の司法警察員Lが主任として捜査しており，事件の内容もLの方が詳しく知っていることから，Lに引致しようと考えた。司法警察員から司法警察員に被逮捕者を引致することは許されるか。

A

許される。

解説

　引致とは，身体の自由を拘束した者を一定の場所又は一定の者のところに強制的に連行することをいい（渡辺・大コメ刑訴4巻258頁），逮捕手続のほか，勾引（刑訴法73条1項）や勾留（同条2項）の執行としても行われる。このうち，「一定の場所」に関しては，逮捕状では，「引致すべき官公署その他の場所」を記載しなければならないとされているが（刑訴法200条1項），ここにいう官公署は場所を指し，官公署それ自体を意味するものではない（松尾・条解385頁）。逮捕状請求に当たって，「引致すべき官公署その他の場所」は逮捕状請求書の記載要件として定められているものではないが（刑訴規則142条1項），逮捕状請求書（甲）の様式として記載が求められており，通常は「（逮捕状請求者の所属する）官公署又は逮捕地を管轄する警察署」と記載し，これに基づいて裁判官が逮捕状に引致場所を記載することが多いであろう。なお，逮捕とは，被逮捕者の身体の自由を拘束し，かつ，その拘束状態を短期間継続することをいい，逮捕の効力として，被逮捕者の身体を拘束することに加え，「引致場所」として指定された場所まで被逮捕者を連行す

ることも当然許されており，引致が完了することで逮捕手続は完了する。

次に，「一定の者」に関しては，逮捕手続に関するものは，刑訴法上，司法巡査が被疑者を逮捕した場合についてのみ，「司法巡査はこれを司法警察員に引致しなければならない。」（刑訴法202条）と規定されており，司法警察員が被疑者を逮捕した場合の引致の取扱いについては，特段の規定がない。

ところで，逮捕手続における引致に関しては，それに引き続く手続として，「司法警察員は，逮捕状により被疑者を逮捕したとき，又は逮捕状により逮捕された被疑者を受け取つたときは，直ちに犯罪事実の要旨及び弁護人を選任することができる旨を告げた上，弁解の機会を与え，留置の必要がないと思料するときは直ちにこれを釈放し，留置の必要があると思料するときは被疑者が身体を拘束された時から48時間以内に書類及び証拠物とともにこれを検察官に送致する手続をしなければならない。」（刑訴法203条1項）と規定する。刑訴法は，逮捕状を請求することができる司法警察職員を「国家公安委員会又は都道府県公安委員会が指定する警部以上の者に限る」とするが（刑訴法199条2項本文），これは逮捕権の濫用を防止するため逮捕状請求者を限定したものと解されているところ，さらに，被疑者を逮捕した後も，被疑者に対し逮捕事実等を告知するとともにその弁解を確認することを求め，それを踏まえて留置の必要性を改めて判断させ，必要のない場合には釈放させることで，逮捕権の濫用の防止を図っている。そして，刑訴法は，このような留置の必要性についての判断の権限を司法警察員のみに委ね，司法巡査については，司法警察員の下に被疑者を引致させることとしたのである。

このように，引致はその後の被疑事実及び弁護人選任権等の告知並びに弁解録取手続，更には留置の必要性の判断まで含めて考えるべき手続であり，逮捕したのが司法警察員である場合でも，留置の必要性の判断をするに当たって，より適任の司法警察員がいれば，その者に被疑者を引致して留置の必要性判断を委ねることも刑訴法は排除してはいないと解される。したがって，司法警察員が被疑者を逮捕した場合には，自ら引致場所に被疑者を連れて行くことで引致を行っても構わないし，引致場所において他の司法警察員に引致するために連れて行くことも構わないが，後者であれば引致を受けた

者が刑訴法203条の手続を執ることとなる。実際，指名手配の被疑者を逮捕した司法警察員がこれを護送して手配を行った司法警察員に引き渡す場合，原則として，手配署の司法警察員が引致を受け，弁護人選任権の告知等の手続を行っている。

なお，このことからすれば，検察官が請求して得た逮捕状による逮捕を刑訴法193条3項の具体的指揮権に基づき司法警察職員にさせた場合には，逮捕した司法警察職員は，その被疑者を検察官に引致しなければならないこととなろう（宮下・逐条解説Ⅱ63頁）。

したがって，本問設例の場合でも，被疑者を逮捕した司法警察員Kは，引致場所まで被疑者を連れて行った上で司法警察員Lに引致することは可能である。なお，逮捕した司法警察職員が別の司法警察職員に引致する場合でも，引致には弁護人選任権の告知といった被疑者の権利保障の面があるので，直ちになされなければ逮捕手続は違法となる。

(2) 司法巡査による逮捕後引致前の釈放の可否

Q 95

甲警察署の司法巡査Kは，被疑者Aに対する逮捕状により逮捕したが，甲警察署の司法警察員Lに引致する前に，逮捕したのがAではなく，Bであることが判明した。このような場合，Kは，Bを釈放できるか。

A

釈放できると解される。

解 説

検察事務官，司法巡査が，逮捕状により被疑者を逮捕した場合には，直ちに検察事務官は検察官に，司法巡査は司法警察員に引致しなければならない（刑訴法202条）。

引致とは，被逮捕者の身柄の処置を決めるために強制力をもって連れて行くことをいう（高田・注解刑訴（中）79頁）。被逮捕者について身柄の処置を

決める権限を有するのは，検察官と司法警察員であり，検察官又は司法警察員でなければ，弁解録取，釈放その他身柄の処置を決めるための必要な手続を執ることはできない（刑訴法203条ないし205条）。刑訴法202条の趣旨は，逮捕後，被逮捕者をこれら権限のある者に直ちに引致すべきものと定め，手続を明確にするとともに，不必要に身柄に関する処置を長引かせることを防止して被逮捕者の人権を保障しようとするものである（東條・注釈刑訴3巻104頁）。

検察事務官，司法巡査には，自らの判断で釈放する権限はないから，検察事務官，司法巡査が，被逮捕者を引致する前に自らの判断で釈放することは原則として許されない（松尾・条解388頁，渡辺・大コメ刑訴4巻290頁）。しかし，逮捕状により特定された者と異なる者を逮捕したような場合のように，身柄の拘束を続けることが誰が見ても不当といえる例外的な場合には，逮捕した検察事務官，司法巡査であっても被逮捕者を釈放することができるとされている（渡辺・大コメ刑訴4巻290頁，ポケット刑訴（上）456頁，東條・注釈刑訴3巻105頁）。このような場合には，人権保障上の見地から，例外が認められるものと解されるからである。

これを本問設例についてみると，Kは，被疑者Aによる逮捕状で逮捕したものの，逮捕したのがAではなく，別人のBであったというのであるから，明らかな人違いであり，Bの身柄の拘束を続けることは誰が見ても不当というべきものであって，人権保障上の見地から例外が認められるべき場合に当たるといえる。

したがって，Kは，BをLに引致する前に，Kの判断において釈放することができると考える。

5 逮捕後の手続

(1) 弁解録取手続の時間的限界

Q 96

甲県警察の司法警察員Kは，乙県内に潜伏している被疑者Aを逮捕し，甲県内のN警察署に引致することとしたが，乙県からは500キロメートル以上離れており，引致に丸一日近くかかることが判明した。弁解録取手続はN警察署に引致後に行うことで構わないか。

A

逮捕地の最寄りの警察署等において，仮の弁解録取手続を行うべきである。

解 説

　検察事務官や司法巡査が被疑者を逮捕した場合には，「直ちに」検察官や司法警察員に引致しなければならないとされ（刑訴法202条），また，司法警察員や検察官が逮捕状により被疑者を逮捕した，又は逮捕状により逮捕された被疑者を受け取ったときは，「直ちに」犯罪事実の要旨等を告知し，弁解の機会を与えるなどしなければならないとされている（刑訴法203条1項，204条1項）。「直ちに」とは，速やかにと異なり，「何はさておいてもすぐに」の意であり（渡辺・大コメ刑訴4巻288頁）。これらの規定から，刑訴法は，逮捕された被疑者に対し，検察官又は司法警察員において，「直ちに」，犯罪事実等の告知及び弁解の機会の付与することを求めているといえよう。これら引致の手続が「直ちに」なされなければ，逮捕手続は違法となる。

　「直ちに」といえるかは，必ずしも時間の長短のみで決せられるものではなく，何時間以内などとは一概にはいえない。例えば，大阪地決昭58・6・28判タ512・199は，兵庫県飾磨警察署の司法巡査が午後10時30分に通常逮捕した被疑者を，司法警察員に引致する手続を執ることなく，同夜は同警

察署に留置し，翌日の午前9時45分に至って，引致場所として逮捕状に記載されていた大阪府阿倍野警察署司法警察員に引致したとの事案で，「逮捕の時間からすれば大阪府阿倍野警察署に引致すれば，それが深夜にわたることは認められるものの，これをもって直ちに右各遅延が止むを得ないものと言うことはできず，むしろ，兵庫県飾磨警察署若しくは最寄の警察署在勤の司法警察員に引致し，速やかに法定手続を経ることは十分可能であったと言わなければならない。」とし，かかる逮捕手続を違法とした。

一方，盛岡地決昭63・1・5判タ658・243は，宮崎県小林警察署へ出頭した被疑者を午後6時頃に逮捕し，新幹線等を乗り継ぐなどして，翌日午後5時50分に至って被疑者を盛岡東警察署司法警察員に引致したとの事案で，「右両警察署の地理的関係やその間の交通事情にも鑑み，右引致の過程に格別遅延と目すべきものがあったとは認められない。」として，逮捕手続を適法としている。このように，時間的長短のみで決せられるわけではなく，逮捕地と引致場所との地理的関係やその間の交通事情等を踏まえ，事案ごとに個別具体的に判断される。

ところで，引致手続では，検察官又は司法警察員において被疑者に弁解の機会を与え，それを踏まえて留置の必要性を判断することを求めている。これは，検察官又は司法警察員に留置の必要性を再考させることで無用な身柄拘束を抑止しようとするものであり，そうである以上，その判断は，事件をよく知る捜査主任等の検察官又は司法警察員において行うべきであろう。逮捕状請求書（甲）の書式には「引致すべき官公署又はその他の場所」の欄があり，通常はかかる観点から，実際に捜査を担当し，本来引致を受けるべき司法警察員が待機する警察署を指定した上で「又は逮捕地を管轄する警察署」と付記して逮捕状を請求し，裁判官もそれを参考に逮捕状を発付するのが一般的である。このような逮捕状に基づき逮捕したのが遠隔地である場合，逮捕地において同地の司法警察員が直ちに引致手続を行ったとしても，逮捕することが明らかに誤りと認められる場合でない限り，「留置の必要がない」旨の判断により釈放することは実際上考え難い。この観点からすれば，遠隔地で逮捕した場合でも，特別の事情がない限り，実際に捜査を担当している司法警察員に引致するのが妥当ともいえる。本問設例でも，N警察署に

引致した上で司法警察員が犯罪事実等の告知や弁解録取手続を行っても直ちに違法とまではいい難いであろう。

　もっとも，引致手続における「犯罪事実の要旨及び弁護人を選任することができる旨」の告知は，いずれも被疑者が防御権を行使する上で重要であり，逮捕後「直ちに」告知されるべき要請も高い。そこで，実務的には，交通事情等により本来引致すべき警察署まで被疑者を連行するのに宿泊を要するなど長時間を要する場合には，逮捕地を管轄する警察署などにおいて仮の引致手続，すなわち，被疑者に対し，犯罪事実の要旨及び弁護人選任権を告知し，弁解録取の手続を行っておき，その後，本来引致すべき警察署に被疑者を連行して「引致」を行った後に，改めて，犯罪事実の要旨等の告知及び弁解録取手続を行うといった方法が採られる。

　本問設例の場合も，N警察署まで被疑者Aを引致するのに丸一日を要するというのであれば，Aの防御権を保障する観点から，逮捕地を管轄する乙県内の警察署において司法警察員が仮の引致手続を行い，N警察署に引致した後，改めて司法警察員がAに対し犯罪事実の要旨等の告知及び弁解録取手続を行うことを考えるべきである。なお，この場合，仮に乙県内の警察署にAを連行したことが引致に該当するとしても，引致後に被疑者を別の留置場所（N警察署）に移動させることは可能である（最決昭39・4・9刑集18・4・127）。

(2)　逮捕後に被疑者が逃走した場合

Q97
　甲警察署刑事課の司法巡査Kは，被疑者Aを窃盗の被疑事実で通常逮捕したが，甲警察署の司法警察員に引致する前に，被疑者Aに逃走されてしまった。Kは，被疑者Aを再拘束するためにどのような手続を執るべきか。

A

　窃盗の同一逮捕状によりAの身柄を拘束すればよい。
　加重逃走罪（刑法98条）により，Aを現行犯逮捕，緊急逮捕又は通常逮捕できる場合もある。

解　説

　逮捕状は身体を拘束して指定の場所へ引致する効力を有するものであり，逮捕に着手した後でも，引致が終了するまでは，逮捕状による逮捕が完成していないので，同一逮捕状による身体拘束が可能であると解するのが多数説である（渡辺・大コメ刑訴4巻290頁，302頁）。
　なお，先行する逮捕行為により既に事実上拘束された時間は，その後の留置期間に通算されると解すべきであるので（渡辺・大コメ刑訴4巻303頁），留置の必要があるとして検察官送致をする場合は，先行する逮捕行為により既に事実上拘束した時間を起算として刑訴法203条1項で定められる検察官送致手続までの48時間の制限時間を数え，その制限時間を徒過しないように留意する必要がある。もっとも，逃亡が原因で勾留請求までの時間が制限を超えた場合は，刑訴法206条2項の「その遅延がやむを得ない事由に基く正当なものである」と認められ，その制限時間の不順守が免責される余地がある（渡辺・大コメ刑訴4巻303頁）。
　本問設例でも，逮捕に着手したものの，引致が終了するまでに逃走されてしまったのであるから，同一逮捕状によりAの身柄を拘束すればよい。
　その上で検察官送致をする場合は，先行する逮捕行為により既に事実上拘束した時間を起算として刑訴法203条1項で定められる検察官送致手続までの48時間の制限時間を数え，その制限時間を徒過しないように留意する必要がある。
　また，緊急逮捕の要件を満たせば，窃盗によりAを緊急逮捕できるが，実務上は，前記のとおり，同一逮捕状によりAの身柄を拘束すればよいのであるから，あえて緊急逮捕により身柄を拘束する必要性は低いように思われる。
　被疑者が逮捕中に逃走した場合の単純逃走罪（刑法97条）の成否について

は，逮捕中に逃走した被疑者は刑法97条の「裁判の執行により拘禁された既決又は未決の者」には該当しないため，単純逃走罪は成立しないと解される（渡辺・大コメ刑訴4巻303頁）。

したがって，本問設例でも，単純逃走罪によりAを現行犯逮捕及び通常逮捕することはできない。

もっとも，被疑者が逮捕中に逃走した場合の加重逃走罪（刑法98条）の成否については，逮捕中に逃走した被疑者は刑法98条の「勾引状の執行を受けた者」に該当すると解されるので（渡辺・大コメ刑訴4巻303頁），「拘禁場若しくは拘束のための器具を損壊し，暴行若しくは脅迫をし，又は2人以上通謀して，逃亡した」（刑法98条）場合は，加重逃走罪が成立する。

したがって，本問設例でも，Aが「拘禁場若しくは拘束のための器具を損壊し，暴行若しくは脅迫をし，又は2人以上通謀して，逃亡した」（刑法98条）場合は，現行犯逮捕，緊急逮捕又は通常逮捕の各要件を満たせば，加重逃走罪によりAを現行犯逮捕，緊急逮捕又は通常逮捕できる。

Q 98

甲警察署刑事課の司法警察員Kは，窃盗の被疑事実で通常逮捕されて司法警察員に引致された被疑者Aを検察官送致する前に，被疑者Aに逃走されてしまった。Kは，被疑者Aを拘束するためにどのような手続を執るべきか。

検察官送致後，勾留状発付前に，被疑者Aに逃走されてしまった場合は，どうか。

A

いずれの場合も，窃盗の同一の被疑事実について，再度，逮捕状の発付を得て，通常逮捕することとなる。

また，窃盗によりAを緊急逮捕できる場合もあるし，加重逃走罪（刑法98条）によりAを現行犯逮捕，緊急逮捕又は通常逮捕できる場合もある。

なお，検察官による勾留請求後だった場合は，勾留状が発付されれば，その勾留状の効力によりAを拘束することもできる。

解 説

逮捕状は身体を拘束して指定の場所へ引致する効力を有するが，それにと

どまり，再拘束の効力までは有せず，引致が終了して留置中に逃走された場合は，逮捕状による逮捕が完成しており，同一逮捕状による身体拘束は許されないと解するのが多数説である（渡辺・大コメ刑訴4巻290頁，302頁）。

このことは，検察官送致前に逃走された場合も，検察官送致後，勾留状発付前に逃走された場合も，同様であると解される。

本問設例でも，引致が終了して留置中に逃走されたのであるから，検察官送致前に逃走された場合も，検察官送致後勾留状発付前に逃走された場合も，同一逮捕状によりAの身柄を拘束することはできない。

そこで，引致が終了して留置中に逃走された場合は，同一の被疑事実について，再度，逮捕状の発付を得て，通常逮捕する方法が考えられる。この点，原則として，同一の犯罪事実による再逮捕・再勾留を繰り返すことは許されないものの（再逮捕・再勾留禁止の原則），その例外として，逮捕中に被疑者が逃走した場合は，当然，同一の犯罪事実による再逮捕が許されると解されている（渡辺・大コメ刑訴4巻214頁）。したがって，引致が終了して留置中に逃走された場合は，同一の被疑事実について，再度，逮捕状の発付を得て，通常逮捕することとなる。

本問設例でも，引致が終了して留置中に逃走されたのであるから，検察官送致前に逃走された場合も，検察官送致後勾留状発付前に逃走された場合も，窃盗の同一の被疑事実について，再度，逮捕状の発付を得て，通常逮捕することとなる。

また，緊急逮捕の要件を満たせば，窃盗によりAを緊急逮捕できる。

被疑者が逮捕中に逃走した場合，単純逃走罪は成立しないと解されるが，「拘禁場若しくは拘束のための器具を損壊し，暴行若しくは脅迫をし，又は2人以上通謀して，逃亡した」（刑法98条）場合は，加重逃走罪が成立すると解される（渡辺・大コメ刑訴4巻303頁）。なお，本書**Q 97**（224頁）参照。

本問設例でも，Aは逮捕中に逃走しているので，単純逃走罪によりAを現行犯逮捕，通常逮捕はできないが，Aが「拘禁場若しくは拘束のための器具を損壊し，暴行若しくは脅迫をし，又は2人以上通謀して，逃亡した」（刑法98条）場合は，現行犯逮捕，緊急逮捕又は通常逮捕の各要件を満たせば，加重逃走罪によりAを現行犯逮捕，緊急逮捕又は通常逮捕できる。

また、検察官による勾留請求後、勾留状発付前に、被疑者に逃走されてしまった場合は、勾留状が発付されれば、その勾留状の効力により被疑者を拘束することもできる。

勾留請求後、勾留質問前に被疑者に逃走された場合は、勾留質問を行うことはできないものの、かかる場合には勾留質問をせずに勾留をすることができる（刑訴法61条ただし書）ことから、勾留状が発付されれば、その勾留状の効力により被疑者を拘束することができる。

したがって、本問設例でも、検察官による勾留請求後、勾留状発付前に、被疑者Aに逃走されてしまった場合は、勾留状が発付されれば、その勾留状の効力により被疑者を拘束することができる。

Q 99

甲警察署刑事課の司法警察員Kは、窃盗の被疑事実で勾留状が発付されたAを勾留場所に引致する前に、被疑者Aに逃走されてしまった。Kは、被疑者Aを拘束するためにどのような手続を執るべきか。

Aを勾留場所に引致した後に、被疑者Aに逃走されてしまった場合は、どうか。

A

いずれの場合も、勾留状の効力によりAの身柄を拘束すればよい。

また、単純逃走罪（刑法97条）によりAを現行犯逮捕又は通常逮捕できる場合もある。

さらに、加重逃走罪（刑法98条）によりAを現行犯逮捕、緊急逮捕又は通常逮捕できる場合もある。

解 説

勾留の裁判は一定期間の拘束を内容とするので、勾留中に被疑者が逃走した場合も、その勾留の効力は失われず、その勾留の効力により被疑者を再拘束できる（渡辺・大コメ刑訴4巻411頁）。勾留場所への引致途中に被疑者に逃走された場合、勾留状の効力により被疑者を再拘束して引致することができるし、引致後の留置中に被疑者に逃走された場合も、勾留状の効力により被疑者を再拘束できる（木谷・令状基本（上）193頁）。

本問設例でも，勾留状の発付後，勾留場所に引致する前に逃走された場合も，勾留場所に引致した後に逃走された場合も，勾留状が発付されているのであるから，その勾留状の効力によりAの身柄を拘束すればよい。

　被疑者が勾留中に逃走した場合の単純逃走罪（刑法97条）の成否については，勾留中に逃走した被疑者は刑法97条の「裁判の執行により拘禁された……未決の者」に該当するので，単純逃走罪が成立する。

　なお，単純逃走罪の法定刑は1年以下の懲役刑であり（刑法97条），緊急逮捕の「死刑又は無期若しくは長期3年以上の懲役若しくは禁錮にあたる罪」（刑訴法210条1項）の要件を満たさないので，単純逃走罪により緊急逮捕することはできない（本書Q1（2頁）参照）。

　したがって，本問設例でも，現行犯逮捕又は通常逮捕の要件を満たせば，単純逃走罪によりAを現行犯逮捕又は通常逮捕できる。

　また，被疑者が勾留中に逃走した場合の加重逃走罪（刑法98条）の成否については，勾留中に逃走した被疑者は刑法98条の「前条に規定する者又は勾引状の執行を受けた者」に該当するので，「拘禁場若しくは拘束のための器具を損壊し，暴行若しくは脅迫をし，又は2人以上通謀して，逃亡した」（刑法98条）場合は，加重逃走罪が成立する。

　したがって，本問設例でも，いずれの場合も，Aが「拘禁場若しくは拘束のための器具を損壊し，暴行若しくは脅迫をし，又は2人以上通謀して，逃亡した」（刑法98条）場合は，現行犯逮捕，緊急逮捕又は通常逮捕の各要件を満たせば，加重逃走罪によりAを現行犯逮捕，緊急逮捕又は通常逮捕できる。

(3) 逮捕後に逮捕状記載の被疑事実に誤りがあることが判明した場合

Q 100

甲警察署の司法警察員Ｋは，被疑者Ａを窃盗の被疑事実で逮捕状を得て逮捕し，取り調べたところ，逮捕状記載の被疑事実とは，日時，場所，被害者，被害品が異なることが判明した。Ｋは，この逮捕状により，Ａの逮捕を継続してよいか。

A

継続してはならない。

解 説

逮捕状には被疑事実の要旨が記載される（刑訴法200条1項）。これは令状には犯罪を明示することを要するとの憲法33条の規定に基づくものであるから，被疑事実は特定されていることを要する（東條・注釈刑訴3巻99頁，ポケット刑訴（上）452頁）。

しかし，逮捕状が捜査の初期の段階のものであることを考慮すれば，訴因のように厳格に構成された事実であることを要しないのはもちろん，ある程度の不明確さがあってもやむを得ないと解されている（東條・注釈刑訴3巻99頁，ポケット刑訴（上）452頁，松尾・条解385頁）。要は，執行を受ける者に対して，いかなる事実により逮捕されるのかが明らかにされ，また，事実の流用ができないように他の事実と区別し得る程度に特定されていればよい（東條・注釈刑訴3巻99頁，渡辺・大コメ刑訴4巻257頁）。

とはいえ，逮捕の理由となっているものであるから，逮捕状の被疑事実と異なる被疑事実が判明した場合には，当該逮捕状で逮捕を継続することは許されないというべきである。なぜなら，後者の事実については，まだ逮捕状の発付がなく，被疑者を逮捕すべきか否かについては，まだ裁判官の審査を経ていないからである。両者の被疑事実の同一性については，日時，場所，

被害者，被害物件等を比較して判断することとなるが，これらが全く違っているという場合には，たとえ同じ窃盗という罪名であっても，両者には被疑事実の同一性が認められない。

したがって，当該逮捕状での逮捕を継続することはできず，新たに判明した窃盗の被疑事実について被疑者の逮捕が必要であれば，ひとまず被疑者の身柄を釈放した後，新たに判明した窃盗の被疑事実について緊急逮捕又は通常逮捕をするべきである。もっとも，通常逮捕による場合には，逮捕状が発付されるまでの間，被疑者を警察署内に留め置くことになろうが，その留め置きを正当化する理由を見いだすことは困難である。よって，緊急逮捕の対象犯罪であれば，緊急逮捕によるのが望ましい場合が多いであろう。

これを本問設例についてみると，KがAを取り調べたところ，逮捕状における窃盗の被疑事実とは，日時，場所，被害者，被害品が異なることが判明したというのであるから，同じ窃盗という罪名であっても，逮捕状記載の被疑事実と新たに判明した窃盗の被疑事実には同一性が認められない。窃盗罪の法定刑は，10年以下の懲役又は50万円以下の罰金であり（刑法235条），緊急逮捕の対象犯罪（刑訴法210条1項）であるから，Kとしては，Aを釈放した上で，新たに判明した窃盗の被疑事実により緊急逮捕して，裁判官に対し，直ちに緊急逮捕状を請求する手続を執るべきであろう。

第4 その他

1 逮捕に関する諸問題

(1) 令状によらない捜索・差押えの可否
 （Q101〜Q105）……………………………………234
(2) 逮捕状記載の引致場所と異なる警察署における
 留置の可否（Q106）………………………………248
(3) 任意同行が先行する場合の48時間の起算点
 （Q107）……………………………………………251
(4) 検察官送致の例外（Q108〜Q109）………………253
(5) 検察官送致と逮捕前置主義（Q110）………………257

1 逮捕に関する諸問題

(1) 令状によらない捜索・差押えの可否

Q 101

司法警察員Kは，路上でAの所持品検査を実施したところ，Aがバタフライナイフを所持していることが判明した。そこで，Kは，銃砲刀剣類所持等取締法違反の被疑事実によりAを現行犯逮捕しようとしたところ，いきなりAは逃走を図って走り出した。Kは，直ちにAを追尾したが，Aはその途中で，逃走経路に当たる公道上から当該公道に隣接していたW方敷地内に同ナイフを投げ捨てた。Kは，その後，W方から約100メートル離れた場所でAを取り押さえて現行犯逮捕したが，W方敷地内にある同ナイフを無令状で差し押さえることはできるか。

A

できないものと解する。

解　説

　検察官，検察事務官又は司法警察職員は，刑訴法220条1項2号，3項により，被疑者を逮捕する場合において，必要があるときは，令状なくして，「逮捕の現場」で差押え，捜索又は検証をすることができる。

　問題は，逮捕に伴う捜索・差押えの場所的限界であり，「逮捕の現場」といえるのはどこまでなのかである。

　まず，一般論として，「逮捕の現場」の意義については，逮捕に着手した場所，追跡中の場所及び逮捕した場所の全てを含み，これらの場所と直接接続する範囲の空間がこれに当たると解されている（ポケット刑訴（上）504頁，高田・注解刑訴（中）145頁，渡辺・大コメ刑訴4巻574頁）。

　この「逮捕の現場」に該当するかどうかの判断は，具体的事案においては，極めて微妙になることも多く，また，裁判例においては，積極・消極双方の

裁判例があり，一概にはいい難いところがある。

　しかしながら，あえて述べるならば，無令状の捜索・差押えが認められる場所的範囲は，逮捕地点を起点として同一の管理権が及ぶ範囲内の場所ということができよう（小林充「逮捕に伴う捜索・差押に関する問題点」警研48巻5号18頁。なお，この考え方は，無令状の捜索・差押えが認められる理由について，逮捕現場には，証拠が存在する蓋然性が一般的に高く，令状を請求すれば，それが当然に発付されるであろうから，裁判官による事前の司法審査までは不要であるとする，いわゆる相当説と親和性が高い。判例が，相当説に立つのか，これと対立する緊急処分説に立つのかは明らかではない（川出・判例講座151頁）ものの，「同一の管理権が及ぶ範囲内の場所」という基準は，有意義なものと考えられる。）。

　これを本問設例についてみると，Aがナイフを投げ捨てたのは，逃走経路に当たる公道に隣接していたW方敷地内である。前記のとおり，「逮捕の現場」には，逮捕行為に着手後の追跡中の場所も含まれることにはなるものの，W方敷地内には，Wの排他的な管理権が及んでいる以上，たとえその敷地内に証拠物件であるナイフが現在していることが明らかであったとしても，無令状による当該ナイフの押収が適法であるとは認め難いものと解される。

　したがって，本問設例においては，司法警察員Kとしては，Wに対し，当該ナイフの任意提出を求め，Wがこれに応じない場合には，改めて令状を得て，当該ナイフを差し押さえるべきであろう（なお，仮にAが逃走中に公道上にナイフを投げ捨てた場合には，刑訴法221条に基づき，当該ナイフを領置できるのは当然のことである。）。

　なお，本問設例に関し，言及しておくべき下級審裁判例（東京高判昭44・6・20高刑集22・3・352）があるので紹介することとする。

　この裁判例の事案は以下のようなものであった。

　被告人は，外国人Xとホテルに投宿していたが，警察官らは，同ホテル5階待合所において，Xに対し職務質問を行い，所持品を検査したところ，その所持品の中から大麻たばこ1本が発見されたため，Xを大麻取締法違反の現行犯人として逮捕した。その後，警察官らは，被告人及びXが宿泊している同ホテル7階の714号室内を捜索したところ（捜索時点では被告人は不在で

あった），同室内から大麻たばこ7本が入った石けん箱が発見されたため，これを無令状で差し押さえた。その後，被告人が外出先から帰ってきたため，警察官らが被告人に対して職務質問をしたところ，被告人が前記大麻たばこが自己の所有であると認めたことから，被告人を大麻所持の被疑事実により，緊急逮捕した。

　これについて，第1審は，714号室における捜索・差押は，明らかに逮捕時にXが直接支配していた場所を超えてなされたものであって，刑訴法220条，102条の規定に適合しない違法なものであるとしたが，前記東京高判は，「（大麻たばこ7本）に対する捜索押収が果して適法であったか否かについては疑いの余地が全くないわけではないけれども……Xの逮捕と……（大麻たばこ7本）の捜索差押との間には時間的，場所的な距りがあるといってもそれはさしたるものではなく，また逮捕後自ら司法警察員らを引続き自己と被告人の投宿している相部屋の右714号室に案内していること，同たばこの捜索差押後被告人も1時間20分ないし1時間45分位のうちには同室に帰って来て本件で緊急逮捕されていることおよび本件が検挙が困難で，罪質もよくない大麻取締法違反の事案であることなどからすると，……（本件大麻たばこ7本）の捜索差押をもって，直ちに刑事訴訟法第220条第1項第2号にいう『逮捕の現場』から時間的・場所的且つ合理的な範囲を超えた違法なものであると断定し去ることはできない。」と判示して，捜索差押手続を適法とした。

　しかしながら，この判決に対しては，研究者から強い批判がなされている（川出・前掲160頁，井上・判例百選9の58頁ほか多数）ばかりか，実務家からも，大きな疑問が呈されているところである（今崎・判例百選8の58頁，大野・判例百選6の54頁，亀山・判例百選5の52頁，伊藤=河上・注釈刑訴3巻216頁）。実際に，前記事案でXが逮捕されたのは5階待合所で，ホテル経営者の管理権が及ぶ場所であるのに対し，捜索が行われた714号室は，ホテル経営者の管理権も及んではいるものの，宿泊客の管理権が優先的に及んでいると解すべきであるから，およそ「逮捕の現場」とは言い難いように思われる。したがって，前記東京高判は，現在においては，その先例としての意義をもはや失っているものと解することとしたい。

Q 102

　司法警察員Ｋは，覚せい剤取締法違反の被疑事実で，Ａの逮捕状の発付を得た。Ｋは，Ａの行動確認を行っていたところ，ＡがＢ女方に出入りしているのを認めた。Ｋは，直ちにＡを逮捕すべく，Ｂ女方に赴いたが，Ｂ女方の捜索差押許可状を請求している余裕はなかった。Ｋは，Ｂ女にＡの所在を尋ねたところ，Ｂ女から「Ａは近所のコンビニにたばこを買いに行っている。間もなく戻ってくると思う。」との回答を得たことから，Ａが戻り次第，Ａを通常逮捕することとし，その逮捕手続に先立って，刑訴法220条1項2号に基づき，Ｂ女方の捜索を実施した。かかる捜索手続は適法か。

A

　違法と解される。

解　説

　検察官，検察事務官又は司法警察職員は，刑訴法220条1項2号，3項により，「逮捕する場合において」必要があるときは，令状なくして，逮捕の現場で差押え，捜索又は検証をすることができる。これは，憲法35条が「第33条の場合を除いて」捜索及び差押えについては令状によらなければならないとしているのを受けて，通常逮捕，緊急逮捕及び現行犯逮捕の場合に令状によらない差押え，捜索，検証を認めたものとされている（松尾・条解419頁）。

　本問設例では，逮捕行為に着手する前に，しかもＡが帰宅することがいまだ確実ではない状態で捜索を実施しているが，このような場合でも「逮捕する場合において」といえるのであろうか。逮捕に伴う捜索・差押えの時間的限界が問題となる。

　この点，この問題を解決する上で言及しておくべき最高裁判例（最大判昭36・6・7刑集15・6・915）があるので紹介することとする。

　この判例の事案は以下のようなものであった。

　麻薬取締官らは，麻薬所持の現行犯で逮捕した甲の自供に基づき，麻薬の入手先である乙を麻薬譲渡の被疑事実で緊急逮捕すべく，午後9時30分頃，乙方に赴いたが，乙はあいにく不在であった。麻薬取締官らは，乙が帰宅次

第，逮捕する態勢を整えた上で，留守番をしていた乙の娘（高校2年生，17歳）の承諾を得て，乙方内を無令状で捜索し，麻薬等を差し押さえた。午後9時50分頃，捜索がほとんど終わる頃になって乙が帰宅したため，麻薬取締官らは，乙を緊急逮捕するとともに，直ちに緊急逮捕状を請求し，その後，逮捕状が発付された。

　この事案で，前記最大判の法廷意見は，「『逮捕する場合において』と……は，単なる時点よりも幅のある逮捕する際をいうのであり，……逮捕との時間的接着を必要とするけれども，逮捕着手時の前後関係は，これを問わないものと解すべきであって，このことは，同条1項1号の規定の趣旨からも窺うことができるのである。したがって，例えば，緊急逮捕のため被疑者方に赴いたところ，被疑者がたまたま他出不在であっても，帰宅次第緊急逮捕する態勢の下に捜索，差押がなされ，且つ，これと時間的に接着して逮捕がなされる限り，その捜索，差押は，なお，緊急逮捕する場合その現場でなされたとするのを妨げるものではない。」して，前記麻薬取締官らによる無令状の捜索・差押えを適法とした。

　もっとも，この法廷意見に対しては，大法廷の構成裁判官14名のうち6名が異論を唱えており（判例百選9の224頁のAppendix5），かなりきわどい判断だったといっても過言ではない。中でも，横田喜三郎裁判官の「被疑者が間もなく帰宅し，これを逮捕したことは，予期しない偶然の事実にすぎない。もし被疑者の帰宅がおくれるか，帰宅しなかったならば，時間的と場所的の接着がなく，捜索差押を弁護することは，まつたく不可能であつたろう。同じ捜索差押の行為でありながら，被疑者が間もなく帰宅したという偶然の事実が起これば，適法なものになり，そうした事実が起こらなければ，違法なものになるというのは，明らかに不合理である。ある捜索差押の行為が適法であるかいなかは，その行為そのものによつて判断すべきで，その後に起こつた偶然の事実によつて左右されるべきではない。」という意見が有名である。

　次に，学説について，俯瞰しておく（なお，この論点には，無令状で捜索等を行い得る根拠に関する相当説，緊急処分説等の対立が関係し得るが，ここではこれに立ち入らない。なお，**本書Q 104**（243頁）参照）。

「逮捕する場合において」の意義に関する学説については，①現実に逮捕したことを要するとする見解（平野・刑訴106頁，高田・注解刑訴（中）143頁），②逮捕に着手したことを要するが，逮捕に成功したどうかは問わないとする見解（団藤・条解418頁，ポケット刑訴（上）504頁），③被疑者が現場に存在し，かつ，少なくとも逮捕の直前直後であることを要するとする見解（小林・令状基本（下）590頁，川出・判例講座155頁，前記昭和36年最大判の藤田・奥野両裁判官の意見，小谷・河村両裁判官の少数意見），④逮捕を実行する現実的可能性が認められる場合に限られるとする見解（酒巻・刑訴123頁，松尾・条解419頁）などがあるが，いずれの見解も基本的に前記昭和36年最大判の法廷意見に対して批判的である。

また，前記昭和36年最大判の法廷意見に対しては，実務家からも相当な批判が加えられていることも注目に値する（渡辺・大コメ刑訴4巻571頁等）。例えば，逮捕手続研究会編著『事例で学ぶ捜査手続Ⅰ　緊急逮捕・現行犯逮捕』（立花書房，2002）180頁は，「220条の規定は令状主義の例外の場合として認められたものであることにかんがみ，厳格に解釈するのがより憲法31条，同33条，同35条の趣旨に合致するものであると解するのが妥当である」と述べて，前記昭和36年最大判の法廷意見を批判している（同書は，おそらく前記②の見解に立っていると思料される。）。

これまで述べたところを総合すると，前記昭和36年最大判の法廷意見については，もはやその先例拘束性を失っているといっても過言ではないように思われる。

そして，本問設例についてみると，司法警察員Kは，およそ逮捕行為に着手しているとは言い難いから，前記①及び②の見解からは，違法であると解され，また，捜索開始時点において被疑者Aが現場に存在していない以上，前記③の見解からも違法と解される。そして，前記④の見解からは，「捜索・差押えの実行時点で被疑者を逮捕する現実的可能性はいまだ未確定」（酒巻・刑訴123頁）なのであるから，本問設例の捜索・差押えはやはり違法と解される。

Q 103

甲警察署地域課の司法警察員Kは，被疑者Aを大学構内で発生した内ゲバ事件の凶器準備集合及び傷害の準現行犯人として逮捕したが，逮捕の際に興奮したAから強く抵抗されたことなどから，その場で直ちにAの身体及び所持品に対する捜索・差押えを実施することが適当ではないと判断し，Aを逮捕現場から約500メートル離れた最寄りの警察署まで連行した上で，逮捕の約5分後にAの身体及び所持品に対する捜索を実施し，その所持品のうち前記事件に関連する籠手等を差し押さえた。Kのこのような逮捕に伴う捜索・差押えは適法か。

A

適法と解される。

解 説

 逮捕に伴う捜索・差押えについては，刑訴法220条1項が「検察官，検察事務官又は司法警察職員は，第199条の規定により被疑者を逮捕する場合又は現行犯人を逮捕する場合において必要があるときは，左の処分をすることができる。第210条の規定により被疑者を逮捕する場合において必要があるときも，同様である。」と規定し，同条項2号において「2 逮捕の現場で差押，捜索又は検証をすること。」と規定しており，通常逮捕（刑訴法199条），現行犯逮捕（刑訴法212条，213条），緊急逮捕（刑訴法210条）する場合において，必要があるときは，「逮捕の現場」で捜索・差押えができる。この「逮捕の現場」の意義については，逮捕に着手した場所，追跡中の場所及び逮捕した場所の全てを含み，これらの場所と直接接続する範囲の空間がこれに当たると解されている（池上＝河村・大コメ刑訴4巻574頁）。なお，本書Q 101（234頁）参照。

 もっとも，実務上，例えば，逮捕現場付近の状況に照らし，被疑者の名誉・プライバシーを害するおそれがある場合，被疑者らの抵抗による混乱を生じるおそれがある場合，現場付近の交通を妨げるおそれがある場合など，その場で直ちに捜索・差押えを実施することが適当でない場合，被疑者を逮捕現場から「逮捕の現場」とはいい難い最寄りの警察署や交番に連行した上で，

被疑者の身体及び所持品に対する捜索・差押えを実施することもある。そこで，逮捕現場から移動した後に被疑者の身体及び所持品に対する捜索・差押えを実施することの適法性が問題となる。

この点について，最決平8・1・29刑集50・1・1は，「刑訴法220条1項2号によれば，捜査官は被疑者を逮捕する場合において必要があるときは逮捕の現場で捜索，差押え等の処分をすることができるところ，右の処分が逮捕した被疑者の身体又は所持品に対する捜索，差押えである場合においては，逮捕現場付近の状況に照らし，被疑者の名誉等を害し，被疑者らの抵抗による混乱を生じ，又は現場付近の交通を妨げるおそれがあるといった事情のため，その場で直ちに捜索，差押えを実施することが適当でないときには，速やかに被疑者を捜索，差押えの実施に適する最寄りの場所まで連行した上，これらの処分を実施することも，同号にいう『逮捕の現場』における捜索，差押えと同視することができ，適法な処分と解するのが相当である。」「これを本件の場合についてみると，原判決の認定によれば，被告人Aが腕に装着していた籠手及び被告人B，同Cがそれぞれ持っていた所持品（バッグ等）は，いずれも逮捕の時に警察官らがその存在を現認したものの，逮捕後直ちには差し押さえられず，被告人Aの逮捕場所からは約500メートル，被告人B，同Cの逮捕場所からは約3キロメートルの直線距離がある警視庁町田警察署に各被告人を連行した後に差し押さえられているが，被告人Aが本件により準現行犯逮捕された場所は店舗裏搬入口付近であって，逮捕直後の興奮さめやらぬ同被告人の抵抗を抑えて籠手を取り上げるのに適当な場所でなく，逃走を防止するためにも至急同被告人を警察車両に乗せる必要があった上，警察官らは，逮捕後直ちに右車両で同所を出発した後も，車内において実力で籠手を差し押さえようとすると，同被告人が抵抗して更に混乱を生ずるおそれがあったため，そのまま同被告人を右警察署に連行し，約5分を掛けて同署に到着した後間もなくその差押えを実施したというのである。また，被告人B，同Cが本件により準現行犯逮捕された場所も，道幅の狭い道路上であり，車両が通る危険性等もあった上，警察官らは，右逮捕場所近くの駐在所でいったん同被告人らの前記所持品の差押えに着手し，これを取り上げようとしたが，同被告人らの抵抗を受け，更に実力で差押えを実

施しようとすると不測の事態を来すなど，混乱を招くおそれがあるとして，やむなく中止し，その後手配によって来た警察車両に同被告人らを乗せて右警察署に連行し，その後間もなく，逮捕の時点からは約１時間後に，その差押えを実施したというのである。以上のような本件の事実関係の下では，被告人３名に対する各差押えの手続は，いずれも，逮捕の場で直ちにその実施をすることが適当でなかったため，できる限り速やかに各被告人をその差押えを実施するのに適当な最寄りの場所まで連行した上で行われたものということができ，刑訴法220条1項2号にいう『逮捕の現場』における差押えと同視することができるから，右各差押えの手続を適法と認めた原判断は，是認することができる。」と判示した。

　したがって，逮捕現場から移動した後に被疑者の身体及び所持品に対する捜索・差押えを実施することの適法性については，前記平成８年最決の判旨のとおり，逮捕現場付近の状況に照らし，被疑者の名誉等を害し，被疑者らの抵抗による混乱を生じ，又は現場付近の交通を妨げるおそれがあるといった事情のため，その場で直ちに捜索・差押えを実施することが適当でないときには，速やかに被疑者を捜索・差押えの実施に適する最寄りの場所まで連行した上，これらの処分を実施する場合は，「逮捕の現場」における捜索・差押えと同視することができ，適法となる。

　すなわち，逮捕現場から移動した後に被疑者の身体及び所持品に対する捜索・差押えを実施する場合は，①逮捕現場で直ちに捜索・差押えを実施することが適当でない事情があること，②連行ないし捜索・差押えは速やかに実施すること，③連行する場所は捜索・差押えの実施に適する最寄りの場所であることの各要件をいずれも満たす必要がある。

　本問設例では，①逮捕の際に興奮したAから強く抵抗されたことなどの逮捕場で直ちにAの身体及び所持品に対する捜索・差押えを実施することが適当ではない事情が認められ，②連行した上での捜索・差押えは，逮捕の約５分後に実施しており，逮捕後速やかに実施したと認められ，③連行した場所は，逮捕現場から約500メートル離れた警察署であり，捜索・差押えの実施に適する最寄りの場所であったと認められ，Kの逮捕に伴う捜索・差押えは適法であると解される。

Q104

司法警察員Kは，被疑者Aにつき逮捕状の発付を得て，Aを逮捕するべくアパートの一室にあるA方に向かったところ，ちょうどAが外出から帰ってきてアパートのA方前通路に立っていたので，その場でAを逮捕した。Kは，引き続き無令状でAの居室内を捜索できるか。

A

Aの居室内の捜索は，違法となる可能性がある。

解 説

逮捕の現場においては，令状なくして，差押え，捜索又は検証をすることができる（刑訴法220条1項2号，3項）。令状主義に対しかかる例外が許容される理由については，いずれも逮捕の現場には証拠が存在する蓋然性が高いことを前提に，証拠隠滅のおそれがあることによる緊急の証拠保全の必要性と逮捕者の身体の安全確保に根拠を求める見解（緊急処分説），逮捕可能な程度までの犯罪の嫌疑の存在から令状発付が当然に見込まれることに根拠を求める見解（相当説）がある。

両者の違いは，例えば捜索が可能な場所的範囲について，緊急処分説からは「逮捕時において被逮捕者が証拠隠滅可能な範囲」とされ，相当説からは「令状が発付されるであろう範囲，すなわち同一管理権の及ぶ範囲」とされ，また，逮捕との時間的先後関係について，緊急処分説からは原則として逮捕の着手があって初めて証拠隠滅防止の緊急状態に至ると考えられ，相当説からは，逮捕との先後はもちろん，時間的接着性もその幅は比較的緩やかに認められることになり得る。

相当説に立った場合，捜索が可能な場所的範囲については同一管理権の及ぶ範囲と解され，家屋の外で逮捕した場合でもその場所が当該家屋の敷地と見られるならば，当該家屋もまた捜索・差押えの対象となり得ると解される（小林・令状基本（下）279頁）。

この点，無令状の捜索・差押えを違法とした裁判例として，福岡高判平5・3・8判タ834・275が挙げられる。同判決は，警察官らが事前に被告人

が覚醒剤を隠匿所持している旨の情報を得て捜査を開始し，被告人が知人女性X方に荷物を運び込むなどしたことから職務質問の機会をうかがっていたところ，被告人が荷物を持ってX方から出てきたことから職務質問を開始し，被告人が荷物を捨てて逃走を図ったためこれを取り押さえ，他方，X方から出てきたXにも職務質問を行い，その承諾を得てX及び被告人をX方内に任意同行した上で，被告人が投棄した荷物について承諾を得て開披して覚醒剤を発見，引き続き警察官がX方内を無令状で捜索して別の覚醒剤も発見したことから，被告人及びXを覚醒剤営利目的所持の疑いで現行犯逮捕したという事案において，原審が，X方の捜索は逮捕の現場における捜索・差押えとして適法としたのに対し，「本件のように，職務質問を継続する必要から，被疑者以外の者の住居内に，その居住者の承諾を得た上で場所を移動し，同所で職務質問を実施した後被疑者を逮捕したような場合には，逮捕に基づき捜索できる場所も自ずと限定されると解さざるを得ないのであって，X方に対する捜索を逮捕に基づく捜索として正当化することはできないというべきである。更に，X方に対して捜索がなされるに至った経過からすれば，X方の捜索は，……被告人が既に発見された覚せい剤以外にもX方に覚せい剤を隠匿しているのではないかとの疑いから，専らその発見を目的として実施されていることが明らかである。……一方の覚せい剤所持の被疑事実に基づく捜索を利用して，専ら他方の被疑事実の証拠の発見を目的とすることは，令状主義に反し許されないと解すべきである。そうすると，原判決のようにX方に対する捜索を現行犯逮捕に伴う捜索として正当化することもできないといわざるを得ない。」と判示した。

本問設例についてみると，相当説に立ったとしても，被疑者A方前の通路はAの管理権が及んでいるわけではなく，他方，Aの居室はAが排他的に管理しており，当然に令状が発付される状況とはいえず，「逮捕の現場」には当たらないと解される。そうなると，司法警察員KがAの居室内を無令状で捜索することは違法となろう。

他方，A方前では逮捕せずに職務質問を行い，Aの承諾を得てA方内に任意同行の上逮捕した場合，あるいはA方前で逮捕した場合でも，その直後にAが進んでKらをその居室内に招き入れたような場合であれば，「逮捕の現

場」といい得る余地は残ろうが，その場合でも，逮捕事実とは別事実の証拠物の発見を目的とするのであれば，違法とされる可能性がある。Kとすれば，A方を捜索するには改めて捜索差押許可状の発付を得て行う必要があろう。

Q 105

司法巡査KはAによる恐喝の現場を目撃し，現行犯逮捕しようとしたところAは逃げ出し，近所の「関係者以外立入禁止」と出入口に掲示されたマンションに逃げ込んだ。Kは，Aを逮捕するため同マンションの中に入ることはできるか。

A

入ることができる。

解説

刑訴法220条1項1号，3項によれば，検察官，検察事務官又は司法警察職員は，被疑者を逮捕する場合において必要があるときは，令状なくして，人の住居又は人の看守する邸宅，建造物若しくは船舶内に入り被疑者を捜索することができるとされている。この場合，住居や邸宅，建造物にはその敷地も含まれ，また，艦船のほか航空機，列車，自動車なども捜索し得るものと解されている（高田・注解刑訴（上）399頁，増井・注釈刑訴2巻263頁）。

ところで，刑訴法220条1項1号（以下「本号」という。）による「捜索」は，被疑者を発見するための処分であり，既に被疑者を発見し，逮捕するべく追跡を継続している場合には，人の住居等に立ち入る行為も「逮捕行為」に当たり，正当業務行為（刑法35条）として違法性が阻却され，本号が適用されるものではなく，したがって，捜索に対する各種規定（刑訴法222条1項により準用される同法114条等）も適用されない（伊藤＝河上・注釈刑訴3巻215頁）。

これに対し，追跡者がいったん被疑者を見失った後に人の住居等に立ち入るのは，本号によることになる。本号による捜索は「物」の捜索ではないが，物の捜索に関する規定が準用され（刑訴法222条1項，2項），これにより102

条2項も準用されるので，逮捕のためとはいえ第三者方の捜索が許されるのは被逮捕者の「存在を認めるに足りる状況のある場合」に限られることになろう。

ところで，本号による捜索の場合に，処分を受ける者に令状を呈示する必要があるか否かについては，議論が分かれている。令状呈示必要説は，刑訴法110条が「差押状，記録命令付差押状又は捜索状は，処分を受ける者にこれを示さなければならない。」と規定し，同法222条1項が本号による捜索の場合にも110条を準用していることから，被疑者の逮捕のための捜索の場合には逮捕状を被処分者に示す必要があるとする（坂本武志「被疑者逮捕のための第三者方への立入捜索と逮捕状呈示義務」判時427号2頁，金谷・令状基本（下）271頁。なお，この見解に立った下級審裁判例としては大阪地判昭38・9・17下刑集5・9＝10・875がある）。

しかし，刑訴法222条1項は，同法218条以下の捜査機関による差押え，捜索又は検証等に関し，包括的に，裁判所による強制処分に関する規定を準用する規定であり，110条を準用するとしても，「捜索の際」に「逮捕状」を呈示することを求めているとするのは無理があろう。そもそも令状呈示の趣旨からすれば，呈示されるべきは被処分者の受ける処分の内容が記載された令状であり，逮捕状には被逮捕者を「捜索すべき場所」について何ら記載されていない。そして，捜索自体は「令状は，これを必要としない。」（刑訴法220条3項）とされることから，結局，令状の呈示は求められていないと解するのが自然である。勾引や勾留の際にも無令状での対象者の捜索が認められており，この場合は110条を準用していない（刑訴法127条参照）が，令状呈示が求められる趣旨に照らし当然であろう。また，被疑者を逮捕する場合は通常逮捕だけでなく，現行犯逮捕や緊急逮捕の場合もあるが，現行犯逮捕や緊急逮捕の場合には令状自体が存在しない。必要説は，現行犯逮捕にせよ緊急逮捕にせよ，特別な緊急の必要に基づき例外的に許容されるものであり，それを根拠に令状呈示を要しないと解するのは転倒した論理と批判するが，逮捕状が発付されている被疑者や現行犯人，さらには緊急逮捕が可能な被疑者についてこれを逮捕しようとする状況は，もはや緊急事態といえる。かかる事態において建造物の看守者等を確認して令状を呈示するという

のは，甚だ迂遠である。必要説も，「緊急時にはこれを要しないと解すれば足りる。」（金谷・令状基本（下）274頁）として修正を図るが，そうであれば，そもそも令状呈示を要求すること自体に無理があろう。

　実際問題としても，被処分者にしてみれば令状の呈示なく住居等に立ち入られることは不愉快かもしれないが，そこに被逮捕者が存在する蓋然性のあることが前提であり，一般的には逮捕につき住居主の協力が得られ，あるいは協力を期待すべき状況といえる。他方，逮捕状に記載されている被疑者の氏名等を第三者に知らせることは，被逮捕者の個人情報保護，また，捜査情報の保秘の観点から問題は大きいといわざるを得ない。実際には，住居主等適当と認められる者に捜査官の身分や被疑者逮捕の必要性を説明し理解及び協力を求めるのは当然としても，法が令状呈示を要求していると解するのは無理があろう（前記昭和38年大阪地判の控訴審である大阪高判昭39・5・21高検速報（昭39）1は令状呈示を不要とする。なお，その上告審である最決昭40・9・16裁集刑156・437は特に判断を示すことなく上告を棄却した。）。

　したがって，本問設例の場合，被疑者Aを逮捕すべくその追跡を継続しながらマンション内に立ち入ることは逮捕の効力として可能であり，KがAをいったん見失ったものとしても，Aが同マンションに逃げ込んだ蓋然性が高い場合には，刑訴法220条1項1号によりマンション内への立入りは可能である。さらに，マンションの居室内にAが逃げ込んだ場合も，その追跡を継続していたものであれば，Kは同居室内にも立ち入ることは可能であるが，一般的にマンションの各居室にはそれぞれ別個の管理権が観念されることからすれば，Aを捜索するための各居室への立入りは，その居室にAが逃げ込んだ蓋然性がなければ許されないであろう。

(2) 逮捕状記載の引致場所と異なる警察署における留置の可否

Q 106

暴力団同士の抗争事件が発生し，A，B及びCを通常逮捕した。逮捕状にはいずれも引致すべき場所として甲警察署を記載しており，甲警察署に引致したが，留置の場所については，甲警察署，乙警察署及び丙警察署にそれぞれ留置することができるか。

A

それぞれ留置することができる。

解説

逮捕状により被疑者を逮捕する場合，被疑者を逮捕して，逮捕状に指定されている引致場所すなわち「引致すべき官公署その他の場所」（刑訴法200条1項）に被疑者を引致すれば，当該逮捕状の執行は一応終了する。その後刑訴法203条の手続を執った上，被疑者を引き続き留置することができる（刑訴法203条，205条）。

この留置は，逮捕の効力として，引致に引き続き認められるものであり，したがって被疑者の留置場所としては，その引致場所と同一の場所であるのを原則とすべきなのは当然であるとされる（新関＝小林・令状基本（上）185頁）。しかし，現実には，引致場所の施設の状況あるいは収容能力等の点から，その場所で引き続き被疑者を留置するのが困難あるいは不適当な場合が考えられる。本問設例のように暴力団同士の抗争事件などの組織犯罪において，被疑者数名を同一の刑事施設に留置すれば，いかに防ごうとしても被疑者同士が接触する機会が生まれ，口裏合わせをするなど罪証隠滅がなされるおそれがある。勾留中の被告人・被疑者の場合であれば，検察官は裁判所（又は裁判官）の同意を得て，その勾留場所を変更することができる（刑訴法207条，刑訴規則80条）。ところが，逮捕中における被疑者の留置場所の変更

については，直接明文の規定がないので問題となる。

　この点，法に規定がないのは法が予定していないから留置場所の変更は許されないという考え方，あるいは，裁判官が逮捕状を発付するに当たって，引致場所をどこにするかということは発付を決定する一つの要素となっているから，留置場所を変更することは，逮捕状の内容を実質的に変更することになり，逮捕後は許されないとする考え方もあり得よう。しかし，法に直接の明文の規定がないから許されないというのは，かえって不合理な結果を招くことになる（新関＝小林・令状基本（上）186頁）。

　そこで，裁判官の許可があれば，留置場所の変更をすることができるとする考え方もある（出射義夫・実務講座3巻612頁）。

　しかしながら，実務・通説は，留置場所の変更については，捜査機関の判断によって決定し，変更することができるとしている（渡辺・大コメ刑訴4巻455頁）。

　およそ刑訴法自体において，引致の場所と留置の場所とは必ずしも同一に観念されているわけではない。刑訴法209条は，勾引に関する刑訴法75条を準用しているが，被疑者を引致した場合に必要があるときは，これを刑事施設に留置することができる旨定めるのみである。刑訴法202条，204条によって検察事務官が逮捕状により被疑者を逮捕した場合は，逮捕状に記載される「引致すべき官公署」は検察庁とされるのが通例であろうが，留置の施設を持たない検察庁としては，刑訴法209条，75条によって最寄りの刑事施設に留置せざるを得ない（新関＝小林・令状基本（上）186頁）。そもそも逮捕状は，被疑者の身柄拘束の許可状であって，留置場所まで指定するものではなく，現行犯逮捕の場合には裁判官の関与の余地はなく，また被疑者の留置場所についての裁判官の審査は勾留の際になされる（刑訴法207条1項）ので，逮捕して被疑者を引致した後，どこを留置場所とするかは捜査機関の裁量であるとされる（安冨・刑訴111頁）。

　判例（最決昭39・4・9刑集18・4・127）も「所論は，逮捕状によって逮捕された被疑者は逮捕状に引致すべき官公署として記載されている警察署以外の警察署に押送拘置されることを受忍すべき義務はないのであるから，かかる違法な押送拘置の措置に抵抗しても公務執行妨害罪は成立しないと主張す

るものであるが,刑訴209条によって準用される同75条によると逮捕状の執行によって引致された被疑者を,必要ある場合には,監獄に留置することができ,かつ監獄法1条3項によると警察官署に附属する留置場は監獄に代用できるのであるから,逮捕状の執行によって引致された被疑者を,留置の必要ある場合に,他の警察署の代用監獄に押送拘置することは違法な措置ではない。」旨判示している。

　もっとも,勾留の場合と異なり,逮捕事実を弁護人その他被疑者の関係者に通知する義務がなく(刑訴法209条により同法79条は準用されない。),したがって,留置場所の変更も通知されない(刑訴規則80条は逮捕に準用されない。)のであるから,留置場所の決定・変更により弁護人の接見が困難となる場合も予想される。

　捜査機関は,留置の必要性(被疑者の逃亡・罪証隠滅のおそれの防止)を満たす適当な場所に被疑者を留置することができるが,捜査の合目的的要請と被疑者の人権保障との調和の観点から,適正に留置場所を決定する必要がある。一般的には,人権保障の観点から,被疑者の防御権行使を不当に制限していないか,捜査の必要性という観点から,留置施設の物理的事由の有無,罪証隠滅や逃亡のおそれの有無,捜査の秘密保持の必要性の有無,取調べの必要性,余罪捜査の必要性等,事情を総合的に考慮して判断することになろう(安冨・刑訴112頁)。

　留置施設の状況や捜査の必要上,合理的な理由がなく,弁護人の接見を困難ならしめる目的で留置場所の決定・変更を行うような場合,裁量権の逸脱として,その措置は違法となる場合があるとされる(渡辺・大コメ刑訴4巻455頁,北薗・新基本法コメ刑訴258頁)。

(3) 任意同行が先行する場合の 48 時間の起算点

Q 107

甲警察署刑事課の司法警察員Kは，あらかじめ窃盗被疑事件につき被疑者Aの逮捕状の発付を得た上，某年4月1日午前7時30分にA方を訪れ，Aを甲警察署へ任意同行し，同日午前8時から同日午前10時までの間，甲警察署において，Aの取調べを実施し，同日午前10時に前記逮捕状に基づきAを通常逮捕した。Kは，Aを検察官に送致することとしたが，いつまでに検察官に送致する手続をしなければならないか。

A

実務の運用上は，某年4月3日午前7時30分までに検察官に送致する手続をするべきである。

解 説

検察官送致の時間制限については，刑訴法 203 条 1 項が「司法警察員は，……留置の必要があると思料するときは被疑者が身体を拘束された時から 48 時間以内に書類及び証拠物とともにこれを検察官に送致する手続をしなければならない。」と規定している。48 時間の起算点は，逮捕の着手時ではなく，引致の時でもなく，逮捕による身柄拘束を開始した時である（渡辺・大コメ刑訴 4 巻 299 頁）。したがって，司法警察員は，逮捕による身柄拘束を開始した時から数えて 48 時間以内に検察官に送致する手続をしなければならない。

逮捕手続に先行して被疑者を任意同行することがあるが，その任意同行が実質的逮捕と認められる場合は，検察官送致の時間制限の 48 時間の起算点はその実質的逮捕を開始した時であり，実質的逮捕を開始してからその時間制限を超過する勾留請求は却下するのが判例の大勢である（渡辺・大コメ刑訴 4 巻 301 頁）。したがって，司法警察員は，任意同行が実質的逮捕と認められる場合は，実質的逮捕を開始した時から数えて 48 時間以内に検察官に送致する手続をしなければならない。

任意同行が実質的逮捕であるか否かについては、被疑者の拒絶、同行を求めた場所、時間（昼間か夜間か、自宅か路上か、同行を求めた場所と同行先の距離）、任意同行の方法（同行を求めた警察官の態度、同行の際の有形力の行使、警察官の数、警察車両の使用）、任意同行後の状況、特に取調べ時間、監視状況（取調べが夜間、早朝に行われたか、取調べが長時間に及んだか、取調べ中、取調べ前後、用便・休憩の際の監視状況）等の観点から判断される（渡辺・大コメ刑訴4巻239頁）。

このように、司法警察員は、任意同行が実質的逮捕と認められる場合は、実質的逮捕を開始した時から数えて48時間以内に検察官に送致する手続をしなければならないものの、他方で、任意同行が実質的逮捕と認められない場合は、本来は、刑訴法203条1項の規定上、逮捕による身柄拘束を開始した時から数えて48時間以内に検察官に送致する手続をすればよい。もっとも、任意同行が実質的逮捕であると認められて検察官送致の時間制限を超過した場合は、勾留請求が却下され、その後の捜査に重大な支障が生じるおそれがある。

そこで、実務の運用上は、司法警察員は、逮捕手続に先行して被疑者を任意同行する場合は、任意同行が実質的逮捕と認められると判断したか否かにかかわらず、慎重を期し、任意同行が実質的逮捕であると批判を受ける可能性があることを念頭に置き、検察官送致の時間制限の48時間の起算点はその任意同行を開始した時として、任意同行を開始した時から数えて48時間以内に検察官に送致する手続をするべきである。

本問設例では、逮捕による身柄拘束を開始したのは、Aを逮捕した某年4月1日午前10時であるので、本来は、刑訴法203条1項の規定上、その48時間後である同月3日午前10時までに検察官に送致する手続をすればよいことになる。

しかし、その逮捕に先行し、同月1日午前7時30分に任意同行を開始しているので、実務の運用上は、Kは、被疑者の明確な拒絶の意思に反して強度の有形力を行使した事情などがあり、任意同行が実質的逮捕と認められると判断した場合はもちろんのこと、任意同行が実質的逮捕と認められないと判断した場合であっても、その任意同行の48時間後である同月3日午前7

時30分までに検察官に送致する手続をするのが妥当であろう。

（4） 検察官送致の例外

Q 108

甲警察署の司法警察員Ｋは，バカラ賭博に係る賭博場開張図利事件の摘発のため，バカラ賭博が行われていると情報を得ていた遊技店に捜索に入ったところ，被疑者Ａら複数の客がバカラ賭博をしているのを現認したことから，Ａらを単純賭博罪の被疑事実で現行犯逮捕した。Ｋは，弁解録取後の取調べにおいて，Ａの身上関係を確認したところ，Ａが少年であることが判明した。Ｋは，Ａについて留置の必要があると考えたが，Ａの身柄についてどのような手続を執るべきか。

A

Ｋは，Ａの身柄を検察官に送致せず，家庭裁判所に直送しなければならない。

解説

司法警察員は，被疑者を逮捕したときは，弁解録取の手続後，留置の必要があると思料するときは，被疑者が身柄を拘束された時から48時間以内にその身柄を検察官に送致する手続をしなければならない（刑訴法203条1項）。「逮捕」は通常逮捕に限らず，緊急逮捕及び現行犯逮捕の場合も同様である（刑訴法211条，216条）。

被疑者が少年である場合においては，司法警察員は，当該事件について捜査を遂げた結果，罰金以下の刑に当たる犯罪の嫌疑があると思料するときは，検察官に送致することなく，家庭裁判所に送致しなければならない（少年法41条）。この手続を「直送」という。したがって，少年法41条は，刑訴法203条の特則である（松尾・条解390頁）。また，これは，司法警察員は犯罪の捜査後は速やかに検察官に事件を送致しなければならないとする刑訴法246条の例外でもある（松尾・条解481頁）。

少年法20条では，家庭裁判所が検察官に送致する事件について規定するが，そこには罰金以下の刑に当たる事件が列挙されていないから，罰金以下

の刑に当たる事件については，少年が刑事処分に付される余地はないため，検察官の手を経る必要がないので設けられたものである（田宮ほか編『注釈少年法』（有斐閣，第3版，2009）416頁）。

罰金以下の刑に当たる罪とは，法定刑が罰金・拘留・科料で選択刑として禁錮以上の刑が含まれていない事件をいう。このような事件が，禁錮以上の刑に当たる罪と併合罪・科刑上一罪の関係にあるときは，一般原則である刑訴法246条に従い，全部の事件を併せて検察官に送致すべきである。また，罰金以下の刑に当たる罪を犯した少年が死亡した場合には，一般原則に戻り，検察官に事件を送致すべきである（田宮ほか編・前掲416頁）。

これを本問設例についてみると，Aに対する被疑事実は単純賭博罪で，その法定刑は50万円以下の罰金又は科料（刑法185条）であるから，罰金以下の刑に当たる罪である。そして，Aは少年であるから，Aについて留置の必要があっても，Kは，Aの身柄を検察官に送致（刑訴法203条1項）せずに，家庭裁判所に直送しなければならない（少年法41条）。

Q 109

甲警察署の司法警察員Kは，外国人被疑者Aを職務質問した結果，不法残留の事実が判明したことから，Aを不法残留の事実で現行犯逮捕した。Aには余罪がない場合，Kは，必ずAの身柄を検察官に送致しなければならないか。

A

収容令書が発付される場合には，入国警備官に直送することができるから，Kは，Aの身柄を検察官に送致する必要はない。しかし，収容令書が発付されない場合には，Kは，留置の必要があればAの身柄を検察官に送致しなければならない。

解　説

司法警察員は，被疑者を逮捕したときは，弁解録取の手続後，留置の必要があると思料するときは，被疑者が身柄を拘束された時から48時間以内にその身柄を検察官に送致する手続をしなければならない（刑訴法203条1項）。「逮捕」は通常逮捕に限らず，緊急逮捕，現行犯逮捕の場合も同様であ

る（刑訴法211条，216条）。送致手続は48時間以内に完了していればよいのであって，その時間内に検察官の下に到着している必要はない（松尾・条解389頁）。

　被疑者が外国人である場合には，刑訴法203条1項の例外として，司法警察員は，一定の要件を満たす被疑者について，検察官に送致することなく入国警備官に引き渡す手続を執ることができる（出入国管理及び難民認定法（以下「出管法」という。）65条）。この手続を「直送」という。したがって，出管法65条は，刑訴法203条の特則である（松尾・条解390頁）。また，これは，司法警察員は犯罪の捜査後は速やかに検察官に事件を送致しなければならないとする刑訴法246条の例外でもある（松尾・条解481頁）。

　直送は，司法警察員が出管法70条の罪に係る被疑者を逮捕等した場合に，収容令書が発付され，かつ，その者が他に罪を犯した嫌疑のないときに限り，行うことができる（出管法65条1項）。

　出管法70条の罪とは，出入国管理の基本秩序を担保するためのものであって，同条1項9号の罪を犯した者を除き，同条の罪に係る被疑者は退去強制事由に該当する外国人である。よって，直送は，出管法70条の罪を犯した外国人がそれ以外の罪を犯した嫌疑のない場合には，その外国人について刑事手続を進めるよりも退去強制の速やかな実現を図る方が国益に合致することがあり得ることを考慮して設けられたものである（坂中英徳＝齋藤利男『出入国管理及び難民認定法逐条解説』（日本加除出版，改訂第4版，2012）944頁）。出管法70条の罪には，不法入国，不法上陸，不法残留，資格外活動等があるが，直送される事件は，悪質性の少ない単純な不法残留事件が多い。

　収容令書は，入国警備官の請求により，その所属官署の主任審査官が発付し（出管法39条2項），入国警備官は，退去強制手続において，収容令書により，退去強制事由に該当する容疑者を収容することができる（出管法39条1項）。収容令書が発付されていることは直送の要件であるから，司法警察員においては，退去強制手続を所管する入国管理当局との調整が必要である（坂中ほか・前掲944頁）。入国管理当局が閉庁日であるなどの事情により収容令書が発付されない場合には，直送することはできないから，刑訴法203

条の原則どおり，司法警察員は，検察官に被疑者の身柄を送致することとなる。

直送する場合には，被疑者が身柄を拘束された時から48時間以内に，当該被疑者を引き渡す手続をしなければならない（出管法65条2項）。この時間制限は，司法警察員が被疑者を逮捕した場合に検察官に事件を送致するための時間制限（刑訴法203条1項）と同一の48時間以内とされているから，司法警察員は，この時間内に検察官に送致すべき事件か入国警備官に引き渡す事件かを決定し，検察官に送致しない場合には，入国警備官に引き渡す手続をしなければならない（坂中ほか・前掲945頁）。「引き渡す手続をしなければならない」とは，刑訴法上の検察官に対する送致の手続と同様に，必ずしもこの制限時間内に被疑者の身柄とともに引き渡さなければならないというものではなく，引渡しの手続を行わなければならないという趣旨である（坂中ほか・前掲945頁）。

なお，司法警察員から退去強制事由に該当する容疑者の身柄の引渡しを受けた入国警備官は，収容令書により容疑者の身体を拘束した時から48時間以内にその身柄を入国審査官に引き渡し（出管法44条），身柄の引渡しを受けた入国審査官は通常の手続により違反審査（容疑者が退去強制対象者に該当するか審査すること）を行う（出管法45条）。

これを本問設例についてみると，Aの逮捕事実である不法残留は，出管法70条1項3号，3号の2，5号，7号，8号，8号の2ないし4があるが，いずれにしても出管法70条の罪に該当する。そして，Aには余罪がないのであるから，「他に罪を犯した嫌疑のないとき」（出管法65条1項）に当たる。

したがって，収容令書が発付された場合には，Kは，Aを入国警備官に直送できるから，検察官に送致しなくてもよい。しかし，休日等で収容令書の発付がない場合には，Kは，Aを留置する必要があると思料するときは，Aの身柄を検察官に送致しなければならない。

(5) 検察官送致と逮捕前置主義

Q110

甲警察署刑事課の司法警察員Kは，出入国管理及び難民認定法の旅券不携帯の被疑事実で現行犯逮捕された外国人の被疑者Aについて，捜査したところ，旅券を携帯していたことが判明するとともに，同法の不法残留の被疑事実が判明したので，検察官にAを不法残留の被疑事実で送致して勾留請求をしてもらおうと考えた。Kは，旅券不携帯の被疑事実について現行犯逮捕したAを釈放した上，不法残留の被疑事実でもAを逮捕すべきか。

A

逮捕すべきである。

解説

　被疑者を勾留するには逮捕を先行させなければならない。これを逮捕前置主義という。被疑者の勾留を定める刑訴法 207 条 1 項が「前 3 条の規定による勾留の請求を受けた裁判官は……」として逮捕に引き続く検察官からの請求による勾留のみを規定していることが，逮捕前置主義の規定上の根拠である。また，逮捕前置主義の趣旨は，被疑者の身柄拘束の初期段階では，嫌疑及び身柄拘束の必要性についての判断は多分に浮動的なものであるので，まず第 1 段階として 48 時間ないし 72 時間という比較的短期の身柄拘束である逮捕による身柄拘束を先行させ，その間の捜査によってもなお嫌疑及び身柄拘束の必要性が認められる場合に限って，裁判官の判断を経て第 2 段階として 10 日間の勾留を認めるという慎重な手続を執ることが，被疑者の人身保護の要請にかなう，ということにある（渡辺・大コメ刑訴 4 巻 355 頁，金谷・令状基本（上）261 頁）。

　具体的な適用例であるが，A事実で逮捕した後，B事実では勾留できない（渡辺・大コメ刑訴 4 巻 357 頁）。例えば，A事実で逮捕した後，さらにB事実が判明したが，A事実の嫌疑が消滅した場合，B事実のみで勾留できない。この場合，B事実については逮捕が先行していないので，B事実のみで勾留

するのは，逮捕前置主義に反するからである。この場合，B事実のみで勾留するためには，それに先行してB事実で逮捕する必要がある。

また，A事実で逮捕した後，B事実を付加し，A事実及びB事実で勾留できるかについては，逮捕前置主義に反せず，勾留できる（渡辺・大コメ刑訴4巻356頁，金谷・令状基本（上）262頁）。この場合，A事実について逮捕が先行しており，これにB事実が付加されても，被疑者の不利益はなく，むしろB事実について逮捕から繰り返されるよりも身柄拘束時間の点で被疑者の利益になるからである。なお，この場合，A事実とB事実の両事実について勾留の要件を満たさなければならないので，A事実について勾留の要件を満たさない場合は，A事実及びB事実で勾留できない。

本問設例では，不法残留の被疑事実については，逮捕が先行していないので，このままでは勾留できない。旅券不携帯の被疑事実に不法残留の被疑事実を付加し，旅券不携帯の被疑事実及び不法残留の被疑事実で勾留できるかについて検討するも，旅券不携帯の被疑事実の嫌疑が消滅し，その勾留の要件を満たさないので，旅券不携帯の被疑事実及び不法残留の被疑事実でも勾留できない。

したがって，Kは，旅券不携帯の被疑事実についてAを釈放するとともに，不法残留の被疑事実でAを逮捕すべきであり，その上で，不法残留の被疑事実で検察官送致すべきである。

判例索引

〈大正 8〜昭和 29 年〉

大判大 8・8・30 刑録 25・963 ……………………………………………… 94
大判大 15・9・28 刑集 5・387 ……………………………………………… 94
最大判昭 24・12・14 刑集 3・12・1999 ………………………………… 18, 20
仙台高秋田支判昭 25・3・29 高刑判特 8・79 ……………………………… 88
最判昭 25・6・20 刑集 4・6・1025 ………………………………………… 8
東京高判昭 25・12・19 高刑判特 15・51 ………………………………… 209
名古屋高判昭 26・3・3 高刑集 4・2・148 ………………………………… 107
広島高松江支判昭 27・6・30 高刑判特 20・185 ………………………… 117
東京高判昭 28・5・19 東時 3・6・259 …………………………………… 81
福岡高判昭 28・6・5 高刑判特 26・23 …………………………………… 65
福岡高判昭 29・5・29 高刑集 7・6・866 ………………………………… 116

〈昭和 30〜39 年〉

最判昭 30・12・16 刑集 9・14・2791 ………………… 116, 128, 131, 134
福岡高判昭 30・12・27 刑集 10・10・1444 ……………………………… 63
仙台高秋田支判昭 31・1・17 高検速報（昭 31）24 ……………………… 199
最決昭 31・3・9 刑集 10・3・303 ………………………………………… 207
名古屋高金沢支判昭 31・4・27 下民集 7・4・1071 ……………………… 6
最決昭 31・10・25 刑集 10・10・1439 …………………………………… 63
広島高松江支判昭 32・5・8 下民集 8・5・873 ………………………… 163
最判昭 32・5・28 刑集 11・5・1548 ……………………………………… 12
大阪高判昭 32・7・22 高刑集 10・6・521 …………… 198, 200, 209, 213
大阪高判昭 33・2・28 刑資 236・67 …………………………………… 88, 91
最決昭 33・6・4 刑集 12・9・1971 ………………………………………… 65
東京高判昭 34・4・21 高刑集 12・5・473 …………………………… 198, 209
東京高判昭 34・4・30 高刑集 12・5・486 …………………………… 207, 213
高松高判昭 34・6・15 下民集 10・6・1241 ……………………………… 163
広島地呉支判昭 34・8・17 下民集 10・8・1686 ………………………… 165
東京地判昭 35・4・5 訟月 6・5・914 …………………………………… 163
大阪地決昭 35・12・5 判時 248・35 ……………………………………… 18

最大判昭 36・6・7 刑集 15・6・915 ……………………………………… 237
大阪高判昭 36・12・11 下刑集 3・11＝12・1010 ………………… 208, 214
東京高判昭 37・2・20 下刑集 4・1＝2・31 …………………………… 148
新潟地長岡支判昭 37・7・30 訟月 8・9・1408 ……………………… 164
札幌高函館支判昭 37・9・11 高刑集 15・6・503 ……………………… 68
東京高判昭 38・4・18 東時 14・4・70 ………………………………… 161
大阪地判昭 38・9・17 下刑集 5・9＝10・875 ………………………… 246
大阪地決昭 39・2・25 下刑集 6・1＝2・150 …………………………… 16
最決昭 39・4・9 刑集 18・4・127 …………………………………… 224, 249
東京地決昭 39・4・15 刑資 236・400 …………………………………… 49
大阪高判昭 39・5・21 高検速報（昭 39）1 …………………………… 247
東京地決昭 39・10・15 下刑集 6・9＝10・1185 ……………………… 196

〈昭和 40〜49 年〉

大森簡判昭 40・4・5 下刑集 7・4・596 ………………………………… 86
大阪地判昭 40・4・23 下刑集 7・4・628 ……………………………… 147
最決昭 40・9・16 裁集刑 156・437 …………………………………… 247
大阪高判昭 40・11・8 下刑集 7・11・1947 …………………………… 64
東京高判昭 41・1・27 下刑集 8・1・11，判時 439・16 ……… 65, 86, 100
最決昭 41・4・14 判時 449・64 ………………………………………… 90
東京高判昭 41・6・28 東時 17・6・106 ………………………………… 86
京都地決昭 41・10・20 下刑集 8・10・1398 ………………………… 121
東京地判昭 42・7・14 下刑集 9・7・872 ……………………………… 135
仙台高判昭 42・8・22 下刑集 9・8・1054 ……………………………… 64
釧路地決昭 42・9・8 下刑集 9・9・1234 ……………………………… 91
最決昭 42・9・13 刑集 21・7・904 …………………………………… 116, 141
東京地決昭 42・11・9 判タ 213・204 ………………………………… 130
東京地決昭 42・11・22 判タ 215・214 ………………………………… 64
最決昭 42・12・20 裁集刑 165・487 …………………………………… 191
大阪地決昭 43・3・26 下刑集 10・3・330 …………………………… 191
函館地決昭 44・3・20 刑裁月報 1・3・340 …………………………… 191
仙台高判昭 44・4・1 刑裁月報 1・4・353 …………………………… 125
福岡地小倉支決昭 44・6・18 刑裁月報 1・6・720 …………………… 128
東京高判昭 44・6・20 高刑集 22・3・352 …………………………… 235
京都地決昭 44・11・5 判時 629・103 ………………………………… 155
京都地決昭 44・11・8 判時 615・100 ………………………………… 184

京都地決昭 45・3・3 判時 598・100 ……………………………………………… 183
京都地決昭 45・10・2 判時 634・103 ……………………………………………… 28
大阪地判昭 45・10・30 刑裁月報 2・10・1127 ……………………………………… 208
神戸地決昭 46・9・25 刑裁月報 3・9・1288 ………………………………………… 18
東京高判昭 46・10・27 刑裁月報 3・10・1331, 東時 22・10・285 ………… 123, 125
札幌地決昭 47・1・24 刑裁月報 4・1・221 ……………………………………… 191
福岡地決昭 47・1・26 刑裁月報 4・1・223 ……………………………………… 184
札幌地判昭 47・3・9 刑裁月報 4・3・516 ……………………………………… 148
東京地決昭 47・4・4 刑裁月報 4・4・891 ……………………………………… 176
大阪地判昭 47・8・26 刑裁月報 4・8・1513 ……………………………………… 80
東京高判昭 47・10・13 刑裁月報 4・10・1651 …………………………………… 116
東京地決昭 48・2・15 刑裁月報 5・2・182 ……………………………………… 96
東京地命昭 48・3・2 刑裁月報 5・3・362 ……………………………………… 161
釧路地決昭 48・3・22 刑裁月報 5・3・372 ……………………………………… 91
大津地決昭 48・4・4 刑裁月報 5・4・845 ……………………………………… 64
浦和地決昭 48・4・21 刑裁月報 5・4・874 ……………………………………… 50
東京地命昭 48・5・11 判時 719・104 …………………………………………… 161
東京簡命昭 48・6・13 刑裁月報 5・6・1068 ……………………………………… 161
青森地決昭 48・8・25 刑裁月報 5・8・1246 ……………………………………… 88
東京高判昭 48・10・16 刑裁月報 5・10・1378 …………………………………… 191
新潟地長岡支決昭 49・2・8 刑裁月報 6・2・176 ………………………………… 191
東京高判昭 49・2・28 東時 25・2・13 …………………………………………… 65
福井地判昭 49・9・30 判時 763・115 ……………………………………………… 88
神戸地決昭 49・12・4 判時 769・114 …………………………………………… 185

〈昭和 50〜59 年〉

最判昭 50・4・3 刑集 29・4・132 …………………………………… 68, 74, 147
大阪高判昭 50・11・19 判時 813・102 …………………………………………… 26
大阪高判昭 50・12・2 判タ 335・232 …………………………………………… 164
最決昭 52・8・9 刑集 31・5・821 ………………………………………………… 181
東京高判昭 53・5・31 刑裁月報 10・4 = 5・883 ………………………………… 204
東京高判昭 53・6・29 東時 29・6・133 …………………………………………… 88
最判昭 55・4・15 裁集刑 217・421 ……………………………………………… 204
東京高判昭 55・10・7 刑裁月報 12・10・1101 …………………………………… 109
東京高判昭 57・3・8 判時 1047・157 …………………………………………… 143
広島高判昭 58・2・1 判時 1093・151 ……………………………………………… 26

大阪地決昭 58・6・28 判タ 512・199 ……………………………………… 23, 222
最決昭 59・2・13 刑集 38・3・295 ……………………………………… 203

〈昭和 60〜63 年〉
東京高判昭 60・3・19 刑裁月報 17・3 = 4・57 ……………………… 198
東京高判昭 60・4・30 判タ 555・330 …………………………………… 91
東京地判昭 62・4・9 判時 1264・143 …………………………………… 71
東京高判昭 62・4・16 判時 1244・140 ………………………………… 138
大阪高判昭 62・9・18 判タ 660・251 ………………………………… 65, 71
東京高判昭 62・11・24 東時 38・10 = 12・106 ……………………… 182
盛岡地決昭 63・1・5 判タ 658・243 ………………………………… 23, 223

〈平成元〜9 年〉
名古屋高判平元・1・18 判タ 696・229 ………………………………… 136
浦和地決平元・11・13 判タ 712・286 ………………………………… 152
東京高判平 2・11・29 判時 1375・139 ………………………………… 201
大阪地判平 3・3・7 判タ 771・278 …………………………………… 19, 20
奈良地判平 3・3・27 判タ 764・157 …………………………………… 145
東京高判平 4・4・8 判時 1434・141 …………………………………… 21
東京高判平 4・7・20 判時 1434・143 ………………………………… 21
福岡高判平 5・3・8 判タ 834・275 ……………………………………… 243
最決平 8・1・29 刑集 50・1・1 ……………………………… 115, 117, 141, 241
大阪高判平 8・9・26 判タ 1597・81 …………………………………… 124
東京高判平 8・12・12 東時 47・1 = 12・145 ……………… 209, 213, 214

〈平成 10〜19 年〉
最判平 10・9・7 裁集民 189・613 ……………………………………… 174
最決平 14・10・4 刑集 56・8・507 ……………………………………… 153
東京地判平 15・4・16 判時 1842・159 ………………………………… 210
仙台高判平 15・10・30 高検速報（平 15）172 ………………………… 77
横浜地判平 17・7・11 公刊物未登載 …………………………………… 73
東京高判平 17・11・16 高検速報（平 17）214 ………………………… 73
東京高判平 18・9・12 高検速報（平 18）155 ………………………… 156
東京地判平 19・11・27 公刊物未登載 ………………………………… 145

〈平成 20〜25 年〉

東京高判平 20・5・15 判時 2050・103 …………………………………………… 100
東京高判平 21・1・20 LEX/DB25450406 ……………………………………… 100
大阪高判平 21・3・3 判タ 1329・276 ……………………………………………… 91
大阪地決平 21・6・11 判タ 1321・283 …………………………………………… 185
東京地決平 22・2・25 判タ 1320・282 …………………………………………… 152
東京高判平 25・3・27 判タ 1415・180 …………………………………………… 148

逮捕手続の実務 〜疑問解消 110事例〜／編著者紹介

(令和3年2月現在)

【編著者】

東山 太郎（ひがしやま たろう）　　千葉地方検察庁刑事部長，前東京高等検察庁検事，元出入国在留管理庁総務課長，元法務省国際刑事管理官，元東京地方検察庁公安部副部長，元東京大学大学院法学政治学研究科教授

【著 者】

吉野 太人（よしの たいじん）　　津地方検察庁次席検事，前東京地方検察庁刑事部副部長，元一橋大学大学院法学研究科法務専攻特任教授・元立教大学大学院法務研究科特任教授

津田 敬三（つだ けいぞう）　　大阪地方検察庁公判部副部長，前大阪地方検察庁堺支部副支部長，元慶應義塾大学大学院法務研究科教授／検事

松本 貴一朗（まつもと きいちろう）　　福岡地方検察庁検事，前広島地方検察庁検事，元東京地方検察庁検事，元慶應義塾大学大学院法務研究科教授・元創価大学大学院法務研究科教授

相原 健一（あいはら けんいち）　　東京地方検察庁検事，前仙台地方検察庁検事，元横浜国立大学大学院国際社会科学府・研究院法曹実務専攻教授／検事

髙橋 理恵（たかはし りえ）　　東京地方検察庁検事，前千葉地方検察庁検事，元学習院大学大学院法務研究科教授・元筑波大学大学院ビジネス科学研究科法曹専攻非常勤講師／検事

★本書の無断複製（コピー）は，著作権法上での例外を除き，禁じられています。また，代行業者等に依頼してスキャンやデジタルデータ化を行うことは，たとえ個人や家庭内の利用を目的とする場合であっても，著作権法違反となります。

逮捕手続の実務 ～疑問解消 110事例～

平成29年8月10日　第1刷発行
令和3年4月10日　第4刷発行

編著者　東　山　太　郎
発行者　橘　　　茂　雄
発行所　立　花　書　房

東京都千代田区神田小川町3－28－2
電話　　03－3291－1561（代表）
FAX　03－3233－2871
http://tachibanashobo.co.jp

Ⓒ2017　Taro Higashiyama　　　（印刷・製本）倉敷印刷
乱丁・落丁の際は本社でお取り替えいたします。